Bauwelt Fundamente 152

Vitruv gewidmet,
dem Begründer der Architekturtheorie
als Theorie des Fachgebiets Architektur

Vorwort zur zweiten, durchgesehenen und korrigierten Auflage

Die lebhafte Nachfrage, die schon nach relativ kurzer Zeit eine Neuauflage von *Architekturtheorie für Architekten* erforderlich macht, könnte Indiz für ein tiefer gehendes Bedürfnis gerade der angehenden Architektinnen und Architekten sein: Je unübersichtlicher und heterogener die praktische Architektentätigkeit erscheint, desto notwendiger scheint die Besinnung auf die theoretischen Grundlagen des Berufes, auf das, was alle Architektinnen und Architekten von ihrem Fach und von ihrer Rolle im Bauprozess als Minimum wissen sollten, um ein eigenes Selbstverständnis ihrer Tätigkeit zu entwickeln. Dazu gehören die historischen Entwicklungslinien ebenso wie die aktuelle Position im Gedränge der Nachbardisziplinen, vor allem aber die Analyse und Würdigung der Entwurfstätigkeit als zentrales Merkmal der Architektentätigkeit und die Aufnahme der Entwurfstheorie in den innersten Kern der Architekturtheorie.

Oktober 2018
Günther Fischer

Günther Fischer

Architekturtheorie für Architekten

Die theoretischen Grundlagen des Faches Architektur

Bauverlag
Gütersloh · Berlin

Birkhäuser
Basel

Die Reihe Bauwelt Fundamente wurde von Ulrich Conrads 1963 gegründet und bis 2013 herausgegeben (einschließlich Band 149), seit Anfang der 1980er Jahre gemeinsam mit Peter Neitzke.

Vordere Umschlagseite: © Jörg Behrens
Hintere Umschlagseite: © Renzo Piano Building Workshop

Library of Congress Control Number: 2018956978

Bibliografische Information der Deutschen Nationalbibliothek
Die Deutsche Nationalbibliothek verzeichnet diese Publikation in der Deutschen Nationalbibliografie; detaillierte bibliografische Daten sind im Internet über http://dnb.dnb.de abrufbar.

Dieses Buch ist auch als E-Book (ISBN 978-3-0356-1895-2) und E-PUB (ISBN 978-3-0356-1893-8) erschienen.

Der Vertrieb über den Buchhandel erfolgt ausschließlich über den Birkhäuser Verlag.

2. überarbeitete Auflage

bau||verlag

Gedruckt auf säurefreiem Papier, hergestellt aus chlorfrei gebleichtem Zellstoff. TCF ∞

Printed in Germany
ISBN 978-3-0356-1846-4

9 8 7 6 5 4 3 2 1 www.birkhauser.com

Inhalt

Einleitung

I

Architekturtheorie für Architektinnen und Architekten – das klingt wie eine Tautologie oder ein Pleonasmus. Wer sonst sollte Adressat einer Abhandlung über Architekturtheorie sein? Bauherren? Architekturkritiker? Kunsthistoriker? Inhaber von Lehrstühlen für Architekturtheorie (wie heute fast ausschließlich)? Oder brauchen Architektinnen und Architekten selbst gar keine Theorie, so daß eine solche Besonderheit extra im Titel aufgeführt werden müßte? Stimmt es, daß sie lieber Architektur *machen* als darüber zu *reden,* und daß sie nicht erst eine theoretische Abhandlung lesen müssen, bevor sie mit dem Entwerfen beginnen können?

Ja, Letzteres stimmt! Aber – und das wird der Gang der Untersuchung zeigen – sie brauchen trotzdem, wie jeder andere akademische Berufsstand, eine theoretische Fundierung ihres Handelns, ihrer Rolle und der Inhalte ihrer Profession.

Darum aber ist es schlecht bestellt. Die grundlegenden Fragen: Was ist Architektur? Was ist ein Architekt oder eine Architektin? werden in der Literatur schon lange nicht mehr gestellt, geschweige denn beantwortet. Dies allerdings nicht, weil die Antworten sich von selbst verstünden, sondern weil hundert Jahre nach dem Beginn der modernen Architektur (zuzüglich hundert Jahre Inkubationszeit) eindeutige Antworten gar nicht mehr möglich erscheinen: zu zahlreich die Häutungen, welche die Architektur vollzogen hat, zu vielfältig der Wandel ihrer Inhalte und Bedeutungen, zu vielstimmig der Chor der Akteure und Kommentatoren. Betrachtet man stellvertretend den Lehrbetrieb der Architekturhochschulen, wo es diese Antworten ja geben müßte, weil dort schließlich „Architektur" unterrichtet wird, so wird man auch dort eine Vielzahl zersplitterter Einzelangebote finden: von Statik, Konstruktion und Bauphysik über Computerkurse, Städtebau- und Entwurfsseminare bis hin zu Kursen über Gestaltungslehre und Architekturgeschichte – aber keine gemeinsame Vorstellung davon, was denn Inhalt und Ziel der Ausbildung sei. Solche Curricula werden darüber hinaus von Akkreditierungskommissionen evaluiert, die sehr viel vom Bologna-Prozeß und dem Europäischen Credit-Transfer-System verstehen – nur von einem nichts: was architektonische Qualität ist und wie sie zu erreichen wäre.

Andererseits wird in Fachkreisen, im Architektur-Feuilleton, in Theorie- und Architekturzeitschriften Woche für Woche unendlich viel Wissenswertes über Architektur geschrieben, das dann zusätzlich in Vorträgen, Podiumsdiskussionen, Ausstellungen, Vernissagen, Büchern und Buchbesprechungen seinen Widerhall findet – von spektakulären Großbauten international agierender Architekturbüros bis zu neuesten Konzepten der Avantgarde, von aktuellen gesellschaftspolitischen Problemen wie der neuen Wohnungsnot und den Auswirkungen des Klimawandels bis zu hochtheoretischen Diskursen über den sogenannten *digital turn.* Aber die Beiträge – jeder für sich genommen oft sehr interessant und informativ – laufen allesamt unverdaut und unverbunden nebeneinander her, so daß das Spektrum der behandelten Themen in seiner Heterogenität und Vielstimmigkeit nur die restlose Überdehnung des Begriffs *Architektur* und die aus solcher Überfrachtung entstehenden Kommunikationsprobleme, das Aneinander-Vorbeireden und die Begriffsverwirrung zeigt, welche die Diskussionen über Architektur inzwischen so beliebig und letztlich so unergiebig machen. Nähme man noch die Hochglanzmagazine in den Bahnhofskiosken hinzu, die immerhin den größten Teil der medialen Aufmerksamkeit absorbieren und in denen Architektur und Lifestyle inzwischen nahtlos ineinander übergehen, wäre jeder ernsthaften Diskussion darüber, was denn Architektur sei, endgültig der Boden entzogen.

Es stellt sich allerdings die Frage, ob eine solche ‚pluralistische' Anwendung und Auslegung des Architekturbegriffs in einer pluralistischen Gesellschaft nicht völlig legitim wäre. Ob die Beantwortung der Frage nicht einfach dem öffentlichen Prozeß der Meinungsbildung überlassen werden sollte, in dem die aktuellen Architekturereignisse diskutiert, bewertet, kritisiert und abgewogen werden und als dessen Ergebnis sich – wenn auch diffus und verschwommen und für die Akteure selbst oft gar nicht erkennbar – die jeweilige Vorstellung von Architektur als Teil des allgemeinen Zeitgeistes manifestiert.

Für die *Rezipientenseite,* für die medialen Diskurse *über* Architektur, in denen es um Fragen der *Bewertung* oder der *Kritik* von Konzepten, Projekten und gebauten Ergebnissen geht – um Fragen also, ob das jeweilige Ergebnis ‚gute' oder ‚schlechte', ‚avantgardistische' oder ‚überholte', ‚faszinierende' oder ‚langweilige' Architektur sei –, ist ein solcher Umgang mit dem Thema durchaus möglich: die Definition von Architektur als Ergebnis eines immer neuen Aushandlungsprozesses auf dem Markt der Meinungsbildung.

Für die *Produzentenseite* aber, für die Architektinnen und Architekten selbst und die Studierenden der Architektur, ist ein solches Vorgehen schwierig, wenn nicht gar unmöglich. Sie müssen wissen, was sie tun. Und sie müssen verstehen, warum sie es tun. Wenn sie nicht nur dem Zeitgeist hinterherlaufen wollen – was fatal wäre, weil dieser immer schon weitergezogen ist, wenn ihre Projekte endlich realisiert oder sie mit dem Studium endlich fertig sind –, müssen sie eine klare Vorstellung von den Inhalten und Zielen ihres Faches und von ihrer Aufgabe und Rolle als Architekten haben. Und eine Architekturtheorie, die diesen Namen verdient, muß Antworten auf diese Fragen geben, zumindest aber eine begriffliche Grundlage liefern, die Klarheit darüber schafft, was unter dem Fachgebiet „Architektur" zu verstehen ist: Bauen, Baukunst, gebaute Umwelt insgesamt? Fachgebiet, Kunstgebiet, Lehrgebiet, Hochbaugebiet? Technik, Wissenschaft oder Kunst?

2

Das ist allerdings leichter gesagt als getan. Spätestens in dem Moment, in dem man tatsächlich versucht, eine tragfähige Definition des Begriffs *Architektur* zu formulieren, wird deutlich, daß die Aufgabe in direktem Anlauf überhaupt nicht zu bewältigen ist:

- Der Inhalt des Begriffs *Architektur* hat sich im Laufe der Geschichte mehrfach verändert oder teilweise sogar gänzlich ausgetauscht: vom Fachgebiet über das Kunstgebiet bis zum Hochbaugebiet.
- Gleichermaßen hat sich der Inhalt des Begriffs *Architekt* im Laufe der Geschichte mehrfach verändert oder ausgetauscht: vom Obersten Bauleiter über den Bildenden Künstler bis zum Ingenieur oder Planer.
- Schließlich hat sich auch der *Umfang* des Fachgebiets und der Tätigkeit der Architekten im Laufe der Geschichte mehrfach verändert oder ausgetauscht: vom Generalisten und Verantwortlichen für das gesamte Bauen bis zum reinen Entwurfsarchitekten oder Spezialisten für Gebäudedesign.

Architekturtheorie wäre demnach die Theorie eines Faches, dessen Inhalt sich ebenso häufig geändert hat wie Art und Umfang der Tätigkeiten in diesem Fach, und in dem trotzdem die meisten Bedeutungen als Rückstände, Ablagerungen und Sedimente einer 2500 Jahre alten Disziplin weiterhin in Kraft und im Bewußtsein der Allgemeinheit präsent sind – eine denkbar schlechte Ausgangsposition für einen terminologischen und inhaltlichen Neuanfang.

Was blieb also übrig, als auf eine Doppelstrategie auszuweichen: zunächst in einer *historischen* Untersuchung eine Übersicht über die im Laufe der Jahrtausende aufgetauchten Bedeutungsvarianten des Begriffs *Architektur* zu geben; und anschließend in einer *vergleichenden* Betrachtung den gemeinsamen Kern aller Varianten zu isolieren: das, was trotz aller Veränderungen gleich geblieben war oder weshalb das jeweilige Phänomen weiterhin als „Architektur" und nicht etwa als „Bauen", „Kunst", „Wissenschaft" oder „Bautechnik" bezeichnet wurde.

Ferdinand de Saussure, der Begründer der strukturalistischen Sprachwissenschaft, hatte dieses Verfahren auf die Analyse der Sprache angewandt oder es überhaupt erst zu diesem Zweck entwickelt: Sprache als ein System syntagmatischer und paradigmatischer Beziehungen. Was damit gemeint ist, machte er unter anderem an der Funktionsweise des Schachspiels deutlich. Betrachtet man etwa den Spielstand in einem Schachrätsel (beispielsweise fünf Züge bis zum Matt), so ist dieser einerseits das Ergebnis aller vorangegangenen Züge, ist also ohne Betrachtung der zeitlichen (vertikalen) Dimension nicht zu verstehen und zu erklären; andererseits kann er aber völlig unabhängig von der Kenntnis der vorangegangenen Züge analysiert werden, und es kann allein aus der Stellung der aktuell sichtbaren Figuren (horizontale Achse) eine Strategie für das weitere Vorgehen abgeleitet werden.

Es galt also im ersten Schritt der vorliegenden Untersuchung eine historische Betrachtung des Architekturbegriffs vorzunehmen, allerdings weder als „Geschichte der Architektur", noch als „Geschichte der Architekturtheorie", noch als „Geschichte des Begriffs Architektur", sondern als „Geschichte des Bedeutungswandels des Begriffs Architektur". Geklärt werden sollte,

- *wann* der Begriff *Architektur* erstmals aufgetaucht war und *was* zu jener Zeit damit gemeint war oder hätte gemeint sein können;
- *was* die Menschen in den nachfolgenden Epochen jeweils unter dem Begriff *Architektur* verstanden haben;
- *wann* sich das Verständnis von Architektur jeweils änderte – und *was* vielleicht die Ursachen für diese Veränderung waren;
- *welche* und *wie viele* Bedeutungswandel der Begriff insgesamt erfahren hat und welche Auswirkungen diese Vielfalt auf unser heutiges Architekturverständnis hat.

Eine solche Geschichte des Bedeutungswandels des Begriffs *Architektur* ist noch nicht geschrieben worden. Eine wesentliche Schwierigkeit lag schon darin, nicht ständig in die übliche Architektur- und Stilgeschichte oder auch in eine Geschichte der Architekturtheorie zurückzufallen. Denn solche ‚Geschichten' verlaufen ja chronologisch, während die Geschichte des Bedeutungswandels von Wendepunkt zu Wendepunkt springt und viele andere bedeutsame Veränderungen wie etwa technologische oder stilistische Entwicklungen außer Acht läßt.

Die entscheidende Herausforderung lag aber darin, diese Wendepunkte überhaupt zu identifizieren und aus dem kontinuierlichen Gang der Geschichte zu extrahieren, also anhand der schriftlichen Äußerungen zu architektonischen Themen der jeweiligen Zeit und der diesen jeweils zugrunde liegenden Vorstellungen von Architektur die Abfolge der Bedeutungsänderungen sichtbar zu machen. Von daher bedarf dieser Versuch sicherlich an vielen Stellen der Ergänzung und Verbesserung. Um den Gründen für den Bedeutungswirrwarr in der Gegenwart auf die Spur zu kommen, war ein solches Vorgehen jedoch unerläßlich.

Nicht minder schwierig war es, die auf diesem Wege identifizierten Bedeutungsvarianten in einer vergleichenden Betrachtung auf Schnittmengen und Unterschiede hin zu überprüfen. Dabei wurden zunächst Versuche betrachtet, die Architektur unter benachbarte Phänomene wie *Bildende Kunst* oder *Wissenschaft* zu subsumieren. Die Abwägung der Argumente für und gegen eine solche Subsumierung ergab aber letztlich, daß solche Zuordnungen nicht nur sachlich unzutreffend (und nur aus einem bestimmten historischen Kontext heraus zu erklären) sind, sondern das Verständnis der besonderen Eigenart der Architektur geradezu verstellen oder verschleiern. Denn von den anderen Künsten trennt die Architektur der Graben der Zweckgebundenheit, von den Wissenschaften trennt sie die Tatsache, daß sie nicht Wissen schafft, sondern Bauwerke – daß sie also Phänomene nicht entdeckt oder analysiert, sondern neue Phänomene hervorbringt.

Bei den verschiedenen bau-internen Bedeutungsvarianten ging es dagegen weniger um *unzutreffende* als um *fehlende* Begriffe und Differenzierungsmöglichkeiten. Denn die in erschreckendem Maße vorhandenen Qualitätsunterschiede der gebauten Realität werden in der Regel gar nicht mehr mit separaten Bezeichnungen benannt, sondern mit dem alles überspannenden Begriff *Architektur* zugedeckt – sowohl die großartigen Kunstwerke auch unter modernen Bauten (die niemand mehr „Baukunst" zu nennen wagt, um nicht altmodisch zu erscheinen) als auch die große Masse qualitätsloser Machwerke (die aber weiterhin als Architektur, bestenfalls noch als ‚schlechte' Architektur bezeichnet werden). Das ist jedoch ein Ausmaß begrifflicher Unschärfe, das für eine Theorie der Architektur und das Selbstverständnis des Berufsstandes nicht hinnehmbar ist. Darum mußten neue inhaltliche und terminologische Grenzen definiert werden, sowohl gegenüber der Baukunst als Sonder- und Glücksfall der Architektentätigkeit als auch gegenüber der gestaltlosen Bauproduktion ohne jeden Qualitätsanspruch. Anhand von fünf Kriterien wurde Architektur als eigenständige Qualität, als Disziplin ‚sui generis' zwischen beiden Polen neu etabliert: Architektur per se weder als Bauen noch als Baukunst, sondern als ‚Kunst des Bauens'.

Dieses Vorgehen bietet mit seinen nicht zu vermeidenden normativen Setzungen ebenfalls viele Angriffsflächen und viel Stoff für Diskussionen und Kontroversen, kann aber zumindest für sich in Anspruch nehmen, eine Definition von Architektur zu liefern, die auf einer rationalen Diskussionsgrundlage beruht und daher an jedem Punkt überprüfbar ist.

3

Die Beantwortung der Frage *Was ist Architektur?* war nur möglich, nachdem sie von der Frage *Was ist ein Architekt oder eine Architektin?* abgekoppelt worden war. Denn nach den ersten Versuchen, auf eine gesonderte Betrachtung zu verzichten, wurde sehr schnell deutlich, daß die einfache Formel – Architekt oder Architektin ist, wer Architektur macht – ebenso wenig zutrifft wie deren Umkehrung: Architektur ist, was eine Architektin oder ein Architekt macht. Zum einen hatte es schon einige Jahrtausende, bevor der Begriff *Architektur* überhaupt existierte, Architekten (oder Menschen, die diese Tätigkeit ausübten) gegeben, zum anderen war der Wandel der Tätigkeitsbereiche und Rollenmerkmale der Architekten zeitlich und inhaltlich vom Wandel der Bedeutungen des Architckturbegriffs abgekoppelt. Für dic Betrachtung der Architektur war es beispielsweise nicht maßgeblich, ob deren Erzeugnisse von einem Priester oder einem Werkmeister, von einem bildenden Künstler oder einem Baubeamten, von einem Diplomingenieur oder von einem Designer hervorgebracht wurden – für das Verständnis der Rolle der Architekten aber sehr wohl.

Deshalb mußte in einem zweiten Anlauf wiederum nicht die Geschichte des oder der Architekten geschrieben werden (obwohl selbstverständlich auf die entsprechende Literatur zurückgegriffen wurde), sondern die „Geschichte des Wandels der Rolle der Architekten“ – und diese wiederum nicht kontinuierlich entlang der Zeitachse, sondern anhand der Wendepunkte, an denen sich jeweils ein neues Rollenverständnis manifestierte. Dabei wurde nicht nur die erstaunliche Vielfalt der Rollen deutlich, die Architekten im Laufe ihrer Geschichte übernommen haben – Organisator, Konstrukteur, Werkmeister, Künstler, Baubeamter, Planer, Ingenieur et cetera –, sondern zugleich das Ausmaß der Orientierungskrise, in die der Berufsstand zwangsläufig geraten mußte, als die führenden Protagonisten der modernen Architektur noch einmal versuchten, diese völlig gegensätzlichen Rollenbilder zu einer neuen Einheit zusammenzuzwingen.

Unabhängig davon war die Übersicht über den im Laufe der Geschichte erfolgten Rollenwandel des Architektenberufs notwendig, um in einem zweiten Schritt erneut die unterschiedlichen Rollen miteinander vergleichen und gegeneinander abgrenzen zu können, vorrangig natürlich diejenigen, die noch heute in Kraft sind und in der aktuellen Diskussion nicht nur ständig vermengt werden, sondern oft schon als Synonyme benutzt werden, wie etwa die Berufsbezeichnungen für Architekten und Designer. Im Ergebnis dieser vergleichenden Betrachtung stellte sich erneut heraus, daß bei allen Schnittmengen mit den Nachbardisziplinen ein unverwechselbarer Kern der Architektentätigkeit übrig blieb, der nicht weiter delegierbar ist: Architekten als diejenigen, *die einem Raumprogramm einen Körper, einem Nutzungswunsch eine Gestalt geben,* außerdem als *‚Spezialisten für das Ganze‘,* deren Aufgabe – trotz oder gerade wegen der immer weiter voranschreitenden Differenzierung der Tätigkeitsbereiche – das Integrieren der zahllosen und unterschiedlichen Einzelaspekte in eine überzeugende Gesamtgestalt bleibt.

Zugleich wurde aber auch deutlich, daß dem Berufsstand eine noch größere Verantwortung als ‚Sachwalter‘ architektonischer Qualität zugewachsen ist, seit die Architektentätigkeit gegen Ende des neunzehnten Jahrhunderts qua Gesetz und Planvorlageberechtigung auf das gesamte Hochbaugebiet ausgeweitet wurde. Gerade weil – im Gegensatz zum weitaus größten Teil der Baugeschichte – kaum noch ein Gebäude ohne Architekten errichtet werden kann, sind die Anforderungen an eine sorgfältige und bis ins Detail durchgearbeitete Gestaltung nicht kleiner, sondern größer geworden.

4

Wenn aber Architektur als ‚Kunst des Bauens' definiert wurde – also ganz im Sinne der ursprünglich von den Griechen und Römern verwendeten Bezeichnungen *techne* und *ars* als *Fertigkeit* und *Können, als spezielle Qualifikation,* die nicht nur Phänomene analysiert oder beschreibt, sondern neue Phänomene hervorbringt oder zumindest *Entwürfe* für neue, zukünftige Bauwerke –, dann konnte eine Theorie der Architektur nicht bei einer inhaltlichen Bestimmung der Grundbegriffe stehen bleiben, sondern mußte dieses Schaffen, Kreieren, Etwas-Neues-Hervorbringen selbst, also das *architektonische Handeln* zum Gegenstand ihrer Untersuchung machen. Die Trennung von Architekturtheorie und Entwurfstheorie, wie sie im akademischen Bereich immer noch üblich ist, wurde damit hinfällig und das Entwerfen als zentraler Teilbereich des architektonischen Handelns (zusammen mit dem Planen und dem Organisieren) zu einem elementaren Bestandteil der Architekturtheorie.

Zunächst einmal aber galt es, die terminologisch bis in die Begrifflichkeit der Ämter und Verordnungen hinein miteinander verschmolzenen Begriffe *Entwerfen* und *Planen* wieder voneinander zu trennen. Im Alltag ist es ja längst üblich, Architekten als ‚Planer' zu bezeichnen, obwohl Entwerfen und Planen zwei höchst unterschiedliche Tätigkeiten sind, die nicht nur unterschiedliche Berufszweige begründen, sondern jeweils eigenständige mentale Strategien erfordern und unterschiedliche Begabungen voraussetzen. Architekten müssen zwar beides können und tun, aber beide Tätigkeiten müssen getrennt voneinander untersucht und besprochen werden.

Die fehlende Unterscheidung zwischen *Entwerfen* und *Planen* wurde besonders bei der Betrachtung der traditionellen Entwurfs- und Planungsmodelle deutlich, in denen das kreative, hervorbringende Element sträflich vernachlässigt wurde (oder gar nicht vorkam), weil der Entwurf zur ‚Lösung eines Problems' degradiert wurde und sich angeblich aus der rationalen Analyse der Aufgabenstellung wie von selbst ergab. Zwar wurden diese technokratischen Entwurfsmodelle durch Untersuchungen von Rittel, Lawson, Dorst und vielen anderen längst ad absurdum geführt und die Besonderheiten architektonischer Entwurfsprobleme herausgestellt (als Unterscheidung zwischen ‚zahmen' und ‚bösartigen' Problemen), aber auch diese Autoren konnten sich nicht gänzlich von dem ‚Problem-Lösungs-Ansatz' der Planungstheorie trennen. Das architektonische Entwerfen ist aber nicht nur das rationale Lösen eines Problems (und damit ein Planungsakt), sondern darüber hinaus das Hervorbringen einer neuen Konzept- und Gestaltidee (und damit ein kreativer Akt).

Zudem versuchten auch neuere Entwurfstheorien immer noch, den Entwurfsprozeß als Ganzen in mehr oder minder komplexen Stufenmodellen abzubilden, während sich dieser in Wirklichkeit aus einer molekularen Mikrostruktur von vier Stufen und aus einer diese Mikrostruktur tausendfach wiederholenden Makrostruktur zusammensetzt. Erst durch diese Sichtweise wurde außerdem deutlich, wie sehr die Entwerfenden mit ihrer ganzen Person in den Prozeß involviert sind, da in jedem einzelnen Mikroprozeß immer auch eine persönliche Entscheidung enthalten ist, die in der Summe dann etwa bei einem Wettbewerb für die erstaunliche Vielfalt der Lösungen trotz immer gleicher Aufgabenstellung verantwortlich ist.

Aber auch das *Planen* mußte als weiteres, wesentliches Handlungsfeld der Architekten nicht nur grundsätzlich von den gängigen *strategischen* Planungen anderer Planungsberufe, die sich vorrangig in der Dimension der Zeit bewegen, unterschieden werden, sondern, um in seiner ganzen Komplexität dargestellt werden zu können, in verschiedene Tätigkeitsbereiche untergegliedert werden, deren Bearbeitung jeweils andere Vorgehensweisen und Qualifikationen erfordert: *Vermaßen, Strukturieren, Koordinieren, Integrieren, Detaillieren, Fixieren.* Nur so konnte dieser äußerst komplexe Vorgang auf vielen Ebenen, der heutzutage pauschal als ‚Planen' bezeichnet wird, einer genaueren Analyse zugänglich gemacht werden.

5

Trotz oder wegen der notwendigen Klärung der Grundlagen und des Auffächerns der Tätigkeit in unterschiedliche Handlungsfelder, Abläufe und Phasen mußte die Darstellung architektonischen Handelns, gerade was den Entwurfsprozeß angeht, auf relativ hohem Abstraktionsniveau und letztlich auf der Oberfläche kategorialer Bestimmungen bleiben. „Dry, abstract descriptions of a very exciting occupation"[1], wie Kees Dorst das Problem beschreibt. Was wirklich beim Entwerfen geschieht (und worüber sich Außenstehende oder Studierende vielleicht Aufschluß erhoffen), blieb letztlich offen und ungesagt. Deshalb wurde dem Kapitel über das architektonische Handeln ein weiteres über die *Facetten des Entwerfens* hinzugefügt, das sich dem Geheimnis des Entwurfsvorgangs einen weiteren Schritt zu nähern sucht und sich als Versuch der Beschreibung kreativer Prozesse und Phänomene schon in den

Überschriften und dann auch im Duktus von den vorangegangenen Kapiteln unterscheidet, entsprechend dem Motto: „If we are to gain any real insight into the complexities of the design process, then we must study not only what theoreticians say, but also what practitioners do.“[2] Da Architektur keine Wissenschaft, sondern eine *Tun*-schaft ist, kann sie auch nicht allein mit wissenschaftlichen Begriffen beschrieben werden.

Allerdings wurde gar nicht erst versucht, einen Entwurfsprozeß als Ganzes darzustellen (was unmöglich ist, weil jeder Entwurfsprozeß anders verläuft und jede Architektin oder jeder Architekt anders entwirft), sondern anhand von zehn Stationen die charakteristischen Aspekte zu beleuchten, die in jedem Entwurfsprozeß eine wesentliche Rolle spielen:

- Daß schon vor Beginn des Entwurfs aus einer einzigen *Bauaufgabe* dreißig verschiedene *Entwurfsaufgaben* werden (wenn beispielsweise dreißig Büros an einem Wettbewerb teilnehmen);
- daß jeder neue Entwurf – auch für die routiniertesten Entwerfer – eine Reise ins Unbekannte ist; und daß genau dies letztlich den Reiz des Entwerfens ausmacht;
- daß bestimmte mentale und situative Voraussetzungen gegeben sein müssen, damit ein kreativer Prozeß überhaupt zustande kommen kann;
- daß bestimmte, speziell für den Architektenberuf entwickelte Werkzeuge und Methoden für das Erzeugen, Einfangen und Festhalten von Ideen unerlässlich sind (und daß diese Werkzeuge nicht vollständig durch Computer ersetzt werden können);
- daß das Ordnen des Programms und die Festlegung des Aufbaus und der grundlegenden Gebäudestruktur immer noch den innersten Kern der Architektentätigkeit ausmachen;
- daß aber zum Ordnen die Gestaltbildung und das Schaffen einer unverwechselbaren Gebäudeidentität hinzutreten müssen, und daß es eine reziproke Beziehung zwischen Wahrnehmungs- und Gestaltungsprozessen gibt, die sich die Entwerfenden zunutze machen können;
- daß während des Entwurfs in den Entwerfenden ein ständiger Rollentausch zwischen Produzieren und Betrachten/Bewerten stattfindet, und daß nicht nur äußere, sondern auch innere Restriktionen bis hin zur Selbstzensur das Handeln bestimmen;
- daß jeder Entwurf viele Väter (oder Mütter) hat und niemand sagen kann, auf welchen verschlungenen Wegen er zu seiner endgültigen Gestalt gelangt ist;

- daß gute Architektur nicht allein mit dem Verstand gemacht und nicht nur mit dem Verstand rezipiert wird, daß also Entwerfen immer auch ein zutiefst emotionaler Prozeß ist;
- und daß schließlich jeder Entwurf eine Geschichte erzählt – oder erzählen muß –, wenn er ein totes Stück umbauten Raumes in einen gestalteten Teil der gebauten Umwelt verwandeln will.

6

Bis zu diesem Punkt ging es ausschließlich um die Architektur als Fachgebiet der Architektinnen und Architekten, also um Belange der *Produzentenseite.* Aber im allgemeinen Sprachgebrauch wird unter „Architektur" auch – und vorrangig – eine bestimmte Auswahl *fertiggestellter Gebäude* und die baulich-räumliche Gestaltung der Umwelt insgesamt verstanden. Mit deren Betrachtung und Einordnung beschäftigt sich die *Rezipientenseite,* zum einen die *Architektur- und Kunstgeschichte,* zum anderen die *Architekturkritik,* das *Feuilleton* und die *allgemeinen Kulturwissenschaften.*

Dabei richten *Kunsthistoriker* ihr Augenmerk eher auf seit langer Zeit fertiggestellte Kunstwerke unter den Bauwerken, da sich immer erst mit einigem zeitlichen Abstand entscheidet, welche Gebäude überhaupt in den Kanon der Baukunst aufgenommen werden. Aufgrund dieses anderen Blickwinkels und der Konzentration auf formale, ästhetische und stilistische Fragen, die immer nur einen Teilaspekt der Architektur erfassen, ist die *Baukunstgeschichte* also eine eigenständige und von der *Architekturtheorie* unabhängige Disziplin, die sich vorrangig mit der Einordnung fertiggestellter Baukunstwerke in größere Zusammenhänge, mit stilistischen Untersuchungen, Beziehungen und Querverbindungen zu anderen Kunstzweigen sowie mit Fragen der Ästhetik, speziell der Rezeptionsästhetik auseinandersetzt. Hinzu kommt die Darstellung von Leben und Werk bedeutender Architekten der Baugeschichte in der Tradition Vasaris, ergänzt um den ständig wachsenden Markt der Bildbände über berühmte Architektinnen und Architekten unserer Zeit. Alle genannten Bereiche, vor allem auch die immer neuen Anläufe, einen verbindlichen Kanon von Baukunstwerken für eine bestimmte Periode aufzustellen, können nicht Inhalt einer Abhandlung über Architekturtheorie sein.

Im Sinne einer klaren Abgrenzung der Fachgebiete wäre es allerdings hilfreich, wenn Kunsthistoriker bei der Betrachtung baulicher Kunstwerke auf ihre frühere, exakt den Sachverhalt treffende Bezeichnung „Baukunst“ oder „Baukunstwerk“ zurückgreifen würden, da das Wort „Architektur“ – wie bereits dargelegt – ein anderes Segment des Baugeschehens umfaßt. Auch eine saubere Trennung zwischen den Fächern Baugeschichte, Architekturgeschichte und Baukunstgeschichte würde einen wesentlichen Beitrag zu mehr begrifflicher Klarheit leisten.

Für die *Kulturwissenschaften, die Architekturkritik und das Feuilleton* wiederum ist die Architektur ein zentraler Gegenstand der Untersuchung kultureller und gesellschaftlicher Phänomene insgesamt: als in Bauwerken konserviertes Spiegelbild vergangener Epochen ebenso wie als Seismograph aktueller oder virulenter gesellschaftlicher Entwicklungen. Gerade weil Architektur wie kein anderes kulturelles Phänomen ständig und überall in der Öffentlichkeit präsent ist und sich daher nicht in exklusiven Nischen subventionierter Hochkultur unsichtbar machen kann, sondern den schwierigen und widersprüchlichen Prozeß ihrer Modernisierung mit allen Rückschlägen und Tiefpunkten ständig vor den Augen der Öffentlichkeit vollziehen muß – weil sie alle angeht und keiner ihr entkommen kann, wird sie zu einem kulturellen und gesellschaftlichen Phänomen par excellence.

Neben der Theorie des Faches selbst, der Architekturtheorie für Architektinnen und Architekten, gab und gibt es daher – als dessen komplementäre Ergänzung – das weite Feld der theoretischen Auseinandersetzungen über *Inhalte, Ausdrucksformen und Auswirkungen* der Architektur: Architekturtheorie als Reflexion *über* Architektur. Das betrifft sowohl die Architekten selbst in ihrer ständigen Auseinandersetzung mit den überfachlichen Rahmenbedingungen ihres Handelns wie auch das Fachpublikum und die Gesellschaft insgesamt. Weil eine solche Geschichte der theoretischen Reflexionen und Diskussionen *über* Architektur jedoch nicht Gegenstand dieser Abhandlung ist und sein kann, wurden zumindest einige der wichtigsten Diskurse der vergangenen Jahrzehnte und der Gegenwart – kurz und ohne jeden Anspruch auf Vollständigkeit – als Exkurs hinzugefügt, darunter vorrangig jene, die unmittelbaren und entscheidenden Einfluß auf die Architekturentwicklung hatten und haben und die schlaglichtartig das Wechselspiel zwischen den Wandlungen der Architektur und denen der Gesellschaft und Kultur, deren Teil sie ist, beleuchten.

Deutlich wurde in den Diskursen aber auch, daß die Architekten als Akteure in einem zentralen Bereich menschlicher Lebenspraxis allzu oft entweder in die völlig unrealistische Rolle des Weltenretters gedrängt oder aber pauschal für alle Mißstände der gebauten Umwelt haftbar gemacht werden, obwohl in den meisten

Fällen gar nicht von „Architektur", sondern lediglich von Auswüchsen einer unkontrollierten Bauwirtschaft die Rede ist.

7

Mit der Vielzahl der Themen, die behandelt werden mußten, wird aber auch das Dilemma der Abhandlung sichtbar: eigentlich sind es fünf Bücher in einem. Das Thema *Die Entstehung und der Bedeutungswandel des Begriffs Architektur* könnte allein schon den doppelten Umfang des vorliegenden Buches einnehmen. Gleiches gilt aber auch für den Wandel der Rolle der Architekten, für eine Theorie des architektonischen Handelns, für eine neue Entwurfstheorie oder für eine Darstellung der vergangenen und aktuellen Reflexionen *über* Architektur. Wenn die extrem verkürzte Darstellung jedes einzelnen dieser Themen dennoch in Kauf genommen wurde, so läßt sich als Rechtfertigung nur der Wunsch (oder die Notwendigkeit) anführen, einmal die Theorie des Fachgebiets Architektur in Gänze neu aufzustellen, zumindest aber das Territorium und die Provinzen abzustecken, die erschlossen werden müssen, auch wenn es noch nicht gelungen ist, alle Regionen und Themen in ihrer ganzen Vielfalt und Komplexität zu besetzen.

Dennoch gab es immer wieder Anlässe zum Abbruch des Vorhabens. Das Problem waren ja nicht nur der Stoffumfang und die Themenvielfalt des Ganzen, sondern die vielen Einzel- und Unterthemen, die einerseits unbestreitbar eine wichtige Rolle spielen, andererseits aber nicht in der notwendigen Tiefe untersucht werden konnten, im historischen Bereich beispielsweise: die schriftlichen Äußerungen zum Bauen in der Antike vor Vitruv, Vasaris Disegno-Begriff, die Umwälzungen des Architektenberufs im neunzehnten Jahrhundert etc. Oder im vergleichenden Bereich: die Architektur zwischen Wissenschaft und Kunst, der Unterschied zwischen Architektur und Design, die Frage von Generalist und Spezialist etc. Schließlich im fachlichen Bereich: das äußerst umfangreiche Gebiet der Entwurfs- und Planungstheorien, aber auch die Bedeutung der Gestalttheorie, deren Bezug zu kreativen Prozessen von Theoretikern wie beispielsweise Christian Norberg-Schulz oder Rudolf Arnheim immer wieder hervorgehoben wurde, die aber in der Wissenschaft durchaus kontrovers diskutiert wird, so daß es notwendig war, auf der Basis der wenigen gesicherten Grundlagen die Zusammenhänge mit dem Entwurfsvorgang selbständig herzustellen. Das ist in der Kürze der Darstellung wissenschaftlich durchaus problematisch und bietet den jeweiligen Fachwissenschaftlern genügend Anlässe, mit erhobenem Zeigefinger auf ungenaue Darstellungen, unzulässige Interpretationen, mangelnde Recherche oder sträfliche Unterlassungen hinzuweisen und das Unternehmen als Ganzes in Frage zu stellen.

Andererseits ist gerade eine Gesamtdarstellung, oder besser: eine inhaltliche Strukturierung des Gesamtthemas bis hinein in seine einzelnen Facetten und Verästelungen, die Einordnung der zahllosen Einzelaspekte an den richtigen Stellen oder dort, wo diese überhaupt erst wieder separat diskutiert werden können und das Thema nicht sofort im Strudel übergeordneter Aspekte untergeht, so notwendig wie nie zuvor. Ohne die getrennte Betrachtung von Produzenten- und Rezipientenseite, von historischer und vergleichender Sichtweise, von Architektur und Baukunst, von Planen und Entwerfen und das dadurch mögliche Entflechten und Auffächern der Gesamtthematik, in der ansonsten alles mit allem zusammenhängt, erscheint das universelle Wissen über Architektur wie in einem dicken Folianten abgelegt, dessen Seiten durch einen langen Alterungsprozeß inzwischen unlösbar miteinander verklebt sind, so daß ein einfacher, offener und klar strukturierter Zugang so lange nicht mehr möglich scheint, wie die Seiten nicht in mühevoller Kleinarbeit wieder voneinander gelöst und die vielen Facetten in den ihnen zukommenden Zusammenhängen wieder sichtbar gemacht werden.

Es kommt aber noch ein weiteres Argument für eine kompakte Darstellung hinzu: Es handelt sich um ein Buch für Architektinnen und Architekten und für solche, die es werden wollen. Man wird von beiden Gruppen nicht verlangen können, dreißig, fünfzig oder hundert Bücher über Architekturtheorie und die mit ihr verbundenen Spezialthemen zu lesen, nur weil sie sich für die theoretischen Grundlagen ihres Faches interessieren. Das Buch möchte daher den Mitgliedern des Berufsstandes mit möglichst kurzgefaßten Beiträgen zu den einzelnen Themen einen Überblick über die historischen und theoretischen Grundlagen ihres Handelns, ihrer Rolle und der Inhalte ihrer Profession bieten und damit möglicherweise einen Anstoß zur dringend notwendigen Reflexion über ihre Rolle und Funktion in einem sich immer schneller verändernden Umfeld geben.

Noch eine letzte Anmerkung: Natürlich ist dies ein Buch für *alle* Angehörigen des Berufsstandes, Architektinnen und Architekten gleichermaßen. Aber die deutsche Sprache mit ihrer – im Gegensatz zum Englischen – extrem geschlechtsspezifisch und darüber hinaus männlich dominierten Grundierung macht es einem nicht leicht, dies zum Ausdruck zu bringen. Die in bürokratischen Texten und Verwaltungsvorschriften benutzten Auswege der ständigen Verdoppelung von Wörtern und Pronomina (der/die Architekt/-in) mit Schrägstrich oder mit Klammern oder die Verwendung des großen „I“ im Plural (ArchitektInnen) oder neuerdings des Unterstrichs (Gender Gap) oder des Gendersterns verboten sich in ihrer den Gedankenfluß ständig unterbrechenden Umständlichkeit oder Unleserlichkeit für ein durchlaufendes Buchmanuskript. Auch die Voranstellung einer lediglich der *political correctness* geschuldeten Präambel bei ansonsten durchgängig maskulinen Formulierungen erschien nicht als adäquater Umgang mit dem Problem.

Andererseits fühlte sich der Autor weder berufen noch in der Lage, für diese dringend notwenige Anpassung der deutschen Sprache eine allgemein überzeugende Lösung zu finden. Daher wurde versucht, einerseits an den markanten Stellen, an denen die Akteure als *Personen* direkt angesprochen wurden, die weibliche und die männliche Form in voller Länge auszuschreiben und andererseits, wenn es allgemein um den *Beruf* ging, weitestgehend auf den Plural (die Architekten) auszuweichen, in dem dann beide Geschlechter inbegriffen sein sollen, wohl wissend, daß es korrekterweise auch dann noch „Architekt/inn/en“ oder ähnlich heißen müßte. Aber in allgemeinen fachlichen Zusammenhängen ist der immer neue Verweis auf ein geschlechtsspezifisches Problem der *Sprache* (nicht der Architektur) eher störend und für das Verständnis des eigentlichen Inhalts hinderlich.

In den Kapiteln, in denen es direkt um das Entwerfen ging, waren Formulierungen teilweise leichter zu finden, da die substantivierte Verbform „die Entwerfenden“ zumindest im Plural tatsächlich geschlechtsneutral ist. Im Kapitel „Die Rolle des Architekten im Wandel der Zeit“ machte hingegen eine Neutralisierung der geschlechtsspezifischen Berufsbezeichnungen keinen Sinn, da die angesprochenen Tätigkeiten in der gesamten Geschichte des Berufsstandes bis zum Beginn des zwanzigsten Jahrhunderts tatsächlich nur von Männern ausgeübt wurden.

Das hat sich heute erfreulicherweise geändert und daher wäre der Zeitpunkt überfällig, mit der *gesellschaftlichen* Veränderung einhergehend auch neue *sprachliche* und vor allem texttaugliche Formulierungen zu entwickeln, die dieser Veränderung Rechnung tragen würden.

1 Was ist Architektur?

Historische Betrachtung: Entstehung und Bedeutungswandel des Begriffs Architektur

Vorab: Antike bis Vitruv

Der Begriff *Architektur* kommt in der gesamten Antike bis zum ersten Jahrhundert v. Chr. nicht vor, auch nicht in den Schriften der Blütezeit Griechenlands. In der griechischen Sprache findet sich allerdings seit dem fünften Jahrhundert v. Chr. bei Herodot[3] das zusammengesetzte Wort „archi-tekton", von dem die Römer dann später die Bezeichnungen „architectus" und „architectura" ableiteten. (Das lateinische Wort *architectus* läßt sich zuerst bei dem Komödiendichter Plautus, drittes bis zweites Jahrhundert v. Chr., nachweisen[4].) „Arche" bedeutet im Griechischen so viel wie „Anfang, Ursprung", aber auch „Herrscher" oder in der Verbform „Erster sein, den Oberbefehl haben", „tekton" war im Altgriechischen der „Holzarbeiter"[5] (Schiffsbauer, Zimmermann, Schreiner etc.), später auch der Steinarbeiter oder – in der Ausdehnung auf „alle diejenigen Tätigkeiten, bei denen das Behauen die Hauptrolle spielt"[6] – der „Handwerker" allgemein. Ein „architekton" war also derjenige, der die Zimmerleute beim Schiffsbau oder beim Hausbau oder der die Handwerker allgemein auf der Baustelle anleitete, die Arbeiten überwachte und die Oberleitung über alles hatte.

Aus dem Wortstamm „tekton" leitet sich auch das Wort „tektonike" ab – von Platon beispielsweise in seinem Dialog *Philebos* benutzt[7] –, also „Zimmermannskunst", „Holzbaukunst" oder auch allgemeiner „Hausbaukunst" („episteme tektonike", das „Wissen des Zimmermanns"[8]), das aber seit der Zeit des Idealismus durchgängig mit „Baukunst" übersetzt und dadurch in seiner inhaltlichen Aussage völlig verfälscht wurde. Denn beim Wort „Baukunst" denkt man, gerade wenn es um Griechenland geht, etwa an die großartigen Tempelanlagen auf der Akropolis, während es bei Platon lediglich um die Rangordnung der handwerklichen Berufe „nach dem Gesichtspunkt des Genauen, Sauberen und Klaren"[9] geht. Gradmesser ist hier der Anteil mathematischen Wissens in den jeweiligen Tätigkeitsfeldern, und in diesem Zusammenhang ordnet Platon die Holzbaukunst höher ein als etwa die Musik, die Heilkunst, den Landbau etc.: „Die Holzbaukunst [tektonike] aber, glaube ich, welche sich der meisten Maße und Werkzeuge bedient, wird durch das, was ihr so viele Genauigkeit sichert, auch kunstreicher als die meisten anderen, [...], sowohl wenn sie Schiffe baut als wenn sie Häuser aufführt und auch in vielen anderen Zweigen, welche in Holz arbeiten. Denn sie bedient sich des Richtscheites, denke ich, und des Rundhobels und des Zirkels und der Schnur und noch eines anderen preiswürdigen Werkzeuges."[10] Diese Gegenüberstellung bedeutet aber nicht, daß Platon der Zimmermannskunst oder dem Hausbau („oikodomia"[11]) insgesamt einen hohen Rang einräumt. Sie verbleiben vielmehr – zusammen mit der „Landwirtschaft, der Herstellung von Gerätschaften, dem Schmiedehandwerk, der Töpferkunst"[12] etc. – auf der Ebene des Handwerklichen. „Allen diesen Gruppen wird bescheinigt, daß sie den Menschen zwar Nützliches und Vorteilhaftes bereitstellen, für Unterhaltung sorgen, ihm in vielen Situationen Hilfe bringen, aber in keiner Weise dazu beitragen, daß der Mensch durch sie wirklich sophos [weise] wird."[13] Der Weg zur Weisheit wird nur „über das Geschenk der Zahl und die von dieser ermöglichten rein theoretischen Wissenschaften Arithmetik, Geometrie, Astronomie und Musik erreicht – [durch] die Wissenschaften, die später [im Mittelalter] das Quadrivium bilden sollten."[14]

Auch bei Aristoteles geht es in den immer wieder zum Stichwort „Baukunst" angeführten Texten nicht um Kunst oder Architektur im heutigen Sinne, sondern um Einordnungen oder Rangordnungen, in denen der Hausbau, die „oikodomike techne", nur als ein Fachgebiet unter vielen auftaucht wie etwa im sechsten Buch der *Nikomachischen Ethik*[15]. In seiner *Physik* ist zwar die Rede von der „architektonike"[16], der Kunst des Handwerksmeisters, aber diese wird wiederum an einem Beispiel aus dem Schiffsbau illustriert. Und im ersten Buch der *Metaphysik*, in dem zweimal das Wort „architekton" auftaucht, geht es nur um das menschliche Wissen und um die Stufen, die dorthin führen: Wahrnehmung, Erinnerungsvermögen, Erfahrung, Fachwissen, Einsicht in die Ursachen, schließlich theoretisches Wissen. „Wir halten die Fachkundigen [technitas] für weiser als die Erfahrenen [empeiron] [...] und dies deshalb, weil die einen die Ursache kennen, die anderen nicht. Denn die Erfahrenen [empeiroi] kennen nur das Daß, aber nicht das Warum; jene aber kennen das Warum und die Ursache. Deshalb stehen auch die Handwerksmeister [architektonai] in jedem einzelnen Gebiete in höherer Achtung, wie wir meinen, und wissen mehr und sind weiser als die Handwerker [cheirotechnai], weil sie die Ursachen dessen, was hervorgebracht wird, wissen."[17] Es geht also in dieser Textstelle um den „architekton" als Beispiel für einen „Werkmeister" oder „Leitenden Handwerker" allgemein, der auf der Skala vom einfachen Handwerker bis zum theoretischen Wissenschaftler einen vergleichsweise hohen Rang einnimmt. „Daher gilt, wie gesagt, der Erfahrene [empeiros] für weiser als der, welcher irgendwelche Sinneswahrnehmungen besitzt, der Fachkundige [technites] für weiser als der Erfahrene [empeiron] und wieder der Werkmeister [architekton] vor dem Handwerker [cheirotechnon], die theoretischen Wissenschaften [theoretikai] aber vor den hervorbringenden [poietikon]."[18]

Man findet das Stichwort „Hausbau" (oikodomous) noch in vielen anderen Dialogen Platons und Aristoteles', aber immer nur im Kontext mit anderen Fachgebieten und als Beispiel unter anderen im Rahmen von Klassifizierungsversuchen menschlicher Betätigungen. Mit „Architektur" als eigenständigem Thema oder gemäß unserem heutigen Verständnis haben sich die griechischen Philosophen nicht befaßt. Das ist auch nicht weiter verwunderlich, denn das Bauen gehörte als produzierendes Gewerbe nicht zu den Themen, welche die Verfasser theoretischer Schriften, also vorrangig Philosophen, Rhetoriker und Geschichtsschreiber, einer Beschäftigung für würdig erachtet hätten. Und diejenigen, die tatsächlich bauten oder große Baustellen leiteten, schrieben keine Bücher, weil eine solche Betätigung ebenfalls gänzlich außerhalb ihres Berufsfeldes und ihrer Ausbildung lag. Sofern sie dennoch schriftliche Dokumente verfaßten, waren es vorrangig Bauverträge, Materialaufstellungen, Rechnungen etc. Trotzdem müssen einige Leiter der großen Tempelbaustellen ein Bedürfnis verspürt haben, das von ihnen vielleicht ganz neu entwickelte System der Proportionen, des Aufbaus oder einer modifizierten Säulenordnung festzuhalten und der Nachwelt zu überliefern, denn Vitruv berichtet in seinem Literaturverzeichnis (Vorrede zum siebenten Buch)[19] von einer Vielzahl berühmter und auch weniger bekannter griechischer Architekten, deren Erläuterungsschriften und Aufzeichnungen ihm noch zur Verfügung standen, in der Folgezeit aber in Gänze verloren gegangen sind. Von theoretischen Reflexionen der Griechen über Architektur, also über einen Begriff, der als Abstraktum damals noch gar nicht existierte, berichtet Vitruv nichts.

Daß das Fehlen jeglicher Architekturtheorie in der Antike (vor Vitruv) an dieser Stelle überhaupt noch einmal thematisiert wird – obwohl auch Hanno-Walter Kruft mit seiner *Geschichte der Architekturtheorie* aus gutem Grund erst bei Vitruv beginnt –, liegt nur an der Fülle der immer wieder herangezogenen Zitate von Platon bis Aristoteles, die das Gegenteil suggerieren, ohne zum Verständnis der Anfänge der Architekturtheorie Erhellendes beizutragen.

Exkurs: Techne – Kunst

Der mißbräuchliche Umgang mit den Quellen resultiert auch aus der fehlerhaften deutschen Übersetzung des griechischen Wortes „techne" mit „Kunst". Das Wort „techne" taucht zum ersten Mal in einem Vers der *Ilias* auf, in dem es um die handwerkliche Präzision oder „Technik" eines Schiffszimmermanns beim Heraushauen eines Schiffsblocks geht.[20] „Können der Handwerker"[21] ist insofern zu diesem Zeitpunkt eine angemessene Übersetzung, bald erweitert um den Inhalt „praktisches Wissen", noch später dann ausgeweitet auf die „Verfahren und Methoden für jede Art von Tätigkeit"[22], die gelernt und gelehrt werden können. Ausgehend von dem Können und der Qualifikation des Zimmermanns oder Schiffsbauers umfaßt der Rahmen der „techne" schließlich nicht nur alle handwerklichen Berufe (beispielsweise „Metallarbeiter, Töpfer, Koch, Schuster, Steinmetz, Tischler etc."[23]), sondern auch die „wissenschaftlichen" oder „freien" Betätigungen Rhetorik, Dialektik, Grammatik, Arithmetik, Geometrie, Astronomie und Musik, insgesamt also die bei den Römern dann als „artes liberales" bezeichneten „freien Künste". Malerei, Bildhauerei und Hausbau gehörten allerdings bei den Griechen in den handwerklichen Bereich der „techne". „Einen Begriff [...], der nur die schönen Künste, Architektur, Malerei und Skulptur, mit Ausschluß der Handwerke, umfaßt hätte, besaßen die Griechen nicht."[24] „Alles, was wir heute mit Kunst bezeichnen, aber damit nur eine bestimmte Gruppe aller ‚Künste' meinen, nämlich die ‚schönen' Künste", fiel unter das, „was mit dem Wort ‚techne' bezeichnet wurde."[25] „Sie unterschieden sich nicht von den Handwerken, und das blieb so bis zum Ende des Altertums."[26]

„Interessanterweise verhält es sich mit der ursprünglichen Bedeutung des Wortes ‚Kunst' im Deutschen ähnlich. Im Althochdeutschen steht es noch für ‚Wissen, Kenntnis, Fertigkeit' und löst sich erst im sechzehnten Jahrhundert allmählich von dieser Bedeutung ab. Der Gegensatz zwischen Kunst und Handwerk oder Wissenschaft bildet sich sogar erst im Übergang vom achtzehnten ins neunzehnte Jahrhundert aus."[27] Wenn jedoch seit jener Zeit die handwerkliche „techne" des Häuserbauens (tektonike, oikodomike) im Deutschen stereotyp mit dem Wort „Baukunst" übersetzt wurde und bisher keine Notwendigkeit gesehen wurde, diese nach heutigem Verständnis ‚fehlerhafte' Übersetzung zu korrigieren, bleiben Mißverständnisse und Fehlurteile weiterhin die logische Folge. (Gleiches gilt im übrigen für das lateinische Wort „ars", das als Übersetzung des griechischen Wortes „techne" zu ähnlichen Fehlinterpretationen in der kunstgeschichtlichen Literatur geführt hat.[28])

Architektur als Fachgebiet

In der Zeit des Hellenismus, also vom dritten bis zum ersten Jahrhundert v. Chr., muß sich jedoch allmählich – unabhängig von oder neben der handwerklich-praktischen Hausbaukunst (techne tektonike) – ein eigenständiger Begriff für die notwendige Planungs-, Organisations- und Leitungstätigkeit auf den großen öffentlichen Baustellen herausgebildet haben. Das ergibt sich aus der Tatsache, daß das Wort „architectura", als es in der römischen Literatur des ersten Jahrhunderts zunehmend gebraucht wurde, nicht auf das griechische Stammwort „tekton" zurückgriff, sondern auf den „archi-tekton", den „Leiter der Handwerker". „Architectura" war demnach das Fachgebiet, in dem das notwendige Wissen und Können eines Bauleiters oder Werkmeisters über die Planung, Ausführung und Organisation der Arbeiten auf den großen und besonders aufwendigen Baustellen zusammengefaßt wurde.

Für Cicero (106–43), der den Begriff in seinem Werk *De officiis* erwähnt, gehört die „architectura" allerdings weiterhin in den Bereich der handwerklichen Berufe, hebt sich aber schon als „ehrenvoll" von den „sordidae artes"[29] (den „schmutzigen" Berufen wie Fisch- oder Geflügelhändler, Koch, Metzger, Gerber, Schausteller und anderen) ab, weil bei dieser „entweder größere Klugheit beteiligt ist oder durch sie ein nicht mittelmäßiger Nutzen gesucht wird wie bei der Medizin."[30] Und bei Varro (116–27), dem großen Gelehrten der spätrepublikanischen Zeit, hat die „architectura" bereits den Sprung in die „novi libri disciplinarum"[31] geschafft, die neben den erwähnten Gebieten (Architektur und Medizin) die sieben angesehensten Fächer, die „artes liberales", umfaßten. Varro soll auch innerhalb seiner neunbändigen Abhandlung einen ganzen Band der Architektur gewidmet haben, nachdem ein römischer Schriftsteller namens Fuficius „als erster über dieses Gebiet ein einbändiges Buch herausgegeben"[32] hatte, gefolgt von P. Septimus mit zwei Bänden (Vitruv, siebentes Buch, Vorrede, alle verschollen).

Bezeichnung, Begriff und Vorstellung von der *architectura* als eigenständigem Fachgebiet des Architekten waren also schon vorhanden, ebenso Erläuterungsberichte und Einzelaufzeichnungen griechischer Autoren sowie erste Beschreibungen in Büchern, als der römische Architekt Vitruv um ca. 30 v. Chr. den Plan faßte, ein Lehrbuch über das „Gesamtgebiet"[33] der Architektur zu schreiben. Das war für sich genommen schon eine große Leistung, aber Vitruv, der im Gegensatz zu seinem ‚banausischen' Umfeld, über das er sich in den Vorreden seines Traktats immer wieder beschwert, eine außergewöhnlich hohe Bildung besessen haben muß, blieb nicht bei der Zusammenfassung des bisherigen Stoffwissens stehen, sondern ging noch einen entscheidenden Schritt weiter: Er brachte, wie er selbst in der Vorrede zum vierten Buch sagt, „vorab das Gesamtgebiet des Faches in eine systematische Ordnung"[34] und entwickelte für die junge Disziplin einen eigenständigen theoretischen Überbau, wie er nach der damaligen Vorstellung für den Aufstieg aus dem Handwerksberuf in die „artes liberales" zwingend erforderlich war. Erst durch diesen zweiten Schritt, die theoretische Fundierung des damals noch relativ neuen Fachgebiets, wurde Vitruv tatsächlich zum Begründer der Architekturtheorie und sein Werk der Ausgangspunkt für die theoretischen Erörterungen der nächsten zweitausend Jahre.

Im Rahmen dieser theoretischen Fundierung, die bis heute wenig von ihrer Bedeutung verloren hat und deren einzelne Aspekte in den jeweiligen Kapiteln noch ausführlich besprochen werden, legte Vitruv auch Inhalt und Umfang des Fachgebiets fest. Dieser war einerseits wesentlich größer als heute – er umfaßte neben dem Bauen selbst auch noch den Wasser-, den Uhren- und den Maschinenbau, also den gesamten Ingenieurbau inklusive Festungsbau –, andererseits aber auch wesentlich kleiner, weil Vitruv den Privatbau auf herrschaftliche Stadthäuser und ausgedehnte Villen auf dem Lande beschränkte. Der größte Bereich der alltäglichen Bautätigkeit, der Wohnungsbau für die normale Bevölkerung, war also nicht Gegenstand des Fachgebiets, das insofern auf herausragende Einzel- und Sonderbauten begrenzt blieb. Für diese galt als weitere Einschränkung die Forderung, daß neben den Kriterien *firmitas* (Festigkeit) und *utilitas* (Nützlichkeit) gleichrangig auch *venustas* (Schönheit) als ästhetische Qualität erfüllt sein mußte. Mit diesen Einschränkungen waren bereits zwei Aspekte definiert, die bis ins zwanzigste Jahrhundert hinein grundlegende Wesensmerkmale der *architectura* blieben.

Die Definition der *architectura* als Fachgebiet des Architekten blieb bis in die Renaissance hinein in Kraft, in der erstmals nach dem Niedergang des Römischen

Reiches und den wenigen Äußerungen des Mittelalters wieder ausführliche theoretische Abhandlungen über Architektur verfaßt wurden. Leon Battista Alberti, der mit seinem Traktat *De re aedificatoria* direkt an Vitruv anknüpfte, spricht gleich im ersten Satz seines Vorwortes von den „multas et varias artes“[35], also von den „vielen und unterschiedlichen“ Fachgebieten, „welche zu einer guten und glücklichen Lebensführung beitragen“ und unter denen die „architectura“ sowohl „öffentlich als privat für das Menschengeschlecht besonders geeignet“[36] sei. Allerdings grenzt er das notwendige Wissen und Können des Architekten auf die planende Tätigkeit ein und delegiert die Bauleitung an die Handwerksmeister vor Ort. Die spezielle Eigenart des Fachgebiets als Kombination von *fabrica* und *ratiocinatio*[37], also von handwerklicher Praxis und theoretischer Überlegung[38], wie sie Vitruv definiert hatte, geht dabei verloren. Zudem ersetzt er Vitruvs sechs Planungskategorien durch sechs ganz anders geartete, neutralere Grundelemente[39] und legt einen wesentlich stärkeren Akzent auf die Behandlung der *venustas* (Schönheit) und des *ornamentum* (Bauschmuck), denen er die Bücher 6 bis 9 von *De re aedificatoria* widmet.

In der Nachfolge Albertis wurden weitere Lehrbücher über das Fach – mit jeweils anderen Schwerpunkten – geschrieben, etwa von Antonio Averlino, genannt Filarete, von Francesco di Giorgio Martini, Sebastiano Serlio, Philibert del'Orme und Andrea Palladio, allerdings nicht mehr in Latein wie noch bei dem Humanisten Alberti, sondern in der Landessprache, um einen größeren Leserkreis zu erreichen. Aber auch Vitruvs *De architectura* erlebte mit Nachdrucken und Übersetzungen eine Renaissance und stieg für lange Zeit zur ‚Bibel' der Architekturtheorie auf.

Architektur als Teilbereich der Bildenden Künste

Ein entscheidender Wandel der Bedeutung des Wortes „architectura“ setzt erst mit Giorgio Vasari ein, einem vielbeschäftigten toskanischen Maler (und später auch Architekten) des sechzehnten Jahrhunderts, der vor allem durch seine Künstlerbiographien, die *Vite,* berühmt geworden ist. In seinen Vorworten und Einführungen zu diesen *Vite* zieht er die Architektur mit der Malerei und Bildhauerei unter dem neuen Oberbegriff des *Disegno* zu einem einzigen Fachgebiet zusammen, den „tre arti del disegno“[40]. Zwar waren die Verbindungen zwischen den Disziplinen auch vor Vasari schon sehr eng, weil es den eigenständigen Berufsstand des Architekten noch nicht gab und die Entwürfe für die repräsentativen Bauten daher im wesentlichen von Malern, Bildhauern oder Goldschmieden stammten, aber im Bereich der Theorie waren die Gebiete noch eindeutig getrennt. Bestes Beispiel ist Alberti, der seine Bücher *De Pictura*[41], *De Statua*[42] und *De re aedificatoria*[43] einzeln und unabhängig voneinander verfaßte. Aber das Aufkommen der großen Universalgenies der damaligen Zeit, die mühelos und frei zwischen den einzelnen Disziplinen hin und her wechselten, konnte auf Dauer nicht ohne Einfluß auf die Theorie bleiben. Wahrscheinlich gehen Vasaris Überlegungen sogar unmittelbar auf sein bewundertes Vorbild Michelangelo zurück. In der Aufzeichnung eines Gespräches aus dem Jahre 1538 mit dem portugiesischen Maler Francisco de Hollanda soll Michelangelo über den *Disegno* gesagt haben: „Im Zeichnen, das man mit anderem Namen auch Entwerfen nennt – im Zeichnen gipfeln Malerei, Bildhauerei und Architektur; die Zeichnung ist Urquell und Seele aller Arten des Malens und die Wurzel jeder Wissenschaft. Wer so Großes erreicht hat, daß er des Zeichnens mächtig ist, dem sage ich, daß er einen köstlichen Schatz besitzt, denn er kann Gestalten schaffen, höher als irgendein Turm, er kann sie mit Pinsel oder Meißel schaffen, und jede Mauer, jede Wand wird zu eng und klein sein für die Unbegrenztheit seiner Phantasie."[44] Michelangelo rühmt hier nicht die mechanische Fähigkeit oder gar Perfektion des Zeichnens, sondern die durch dessen Beherrschung gegebene Möglichkeit, im Geist entwickelte Bilder, Vorstellungen, Ideen oder Entwürfe auf dem Papier sichtbar zu machen, aus der virtuellen in die visuelle Welt zu übertragen. In diesem Sinne definiert dann auch Vasari den *Disegno* als „Vater unserer drei Künste Architektur, Bildhauerei und Malerei, der aus dem Geist hervorgeht, [...] als eine anschauliche Gestaltung und Darlegung jener Vorstellung, die man im Sinn hat, von der man sich im Geist ein Bild macht und sie in der Idee hervorbringt."[45] *Disegno* umfaßt also beides: das künstlerische Vorstellungsvermögen – und dessen Verkörperung in der (schnell hingeworfenen) Skizze oder Zeichnung. (Vgl. auch Vitruvs Definition der *Dispositio* als Entwurf und Entwurfsdarstellung im zweiten Kapitel des ersten Buches von *De architectura*). „Die Vorstellungen des Geistes und jede beliebige Sache zeichnend zum Ausdruck bringen"[46] lautet ein weiteres Zitat Vasaris aus seiner *Einführung in die Künste der Architektur, Bildhauerei und Malerei.*

Tatsächlich wird unter dem Oberbegriff *Disegno* eine gemeinsame Schnittmenge von Malerei, Bildhauerei und Architektur sichtbar: der schöpferische Vorgang des Entwerfens, des Entwickelns einer visuellen Vorstellung von einem Gemälde, einer Skulptur oder einem Gebäude. Auch ein Gebäude kann ja nicht unmittelbar aus dem Kopf heraus in Stein oder Beton umgesetzt werden, sondern muß zunächst vor dem geistigen Auge gesehen, dann in einer Ideenskizze festgehalten und schließlich in Zeichnungen fixiert werden. (Daß manche Bildhauer nicht den Weg über die Zeichnung gehen, sondern direkt über das Ton- oder Wachsmodell, weil sie „nicht sehr viel Übung mit Linien und Umrissen“[47] haben, wie Vasari selbst sagt, sei an dieser Stelle vernachlässigt.)

Fatal ist allerdings, daß Vasari die Architektur in seinen Vorstellungen und Überlegungen weitgehend auf den Bereich der gemeinsamen Schnittmenge reduziert. „Für den Architekten bedeuten sie [die Zeichnungen] Anfang und Ende ihrer Kunst, da alles Übrige mittels der aus den Linien abgeleiteten Holzmodelle ausschließlich die Arbeit von Steinmetzen und Maurern ist.“[48] Außerdem färbt die Nähe von Malerei und Skulptur – und damit das malerische und dekorative Element dieser Künste – sehr stark auf Vasaris Vorstellung von der Architektur ab (sicherlich auch dadurch verstärkt, daß er selbst Maler war und die Architektur mit den Augen eines Malers betrachtete). Dies zeigt sich in den sogenannten ‚technischen‘ Einführungen in die drei Künste des *Disegno* (im Kapitel über die Architektur): „Im Dienst unserer Künstler und aller Wißbegierigen werde ich ausschließlich davon sprechen, wie die Bauwerke im allgemeinen auszusehen haben, über harmonische Proportionen und die Anordnung der Teile, durch die man die gewünschte anmutige Schönheit erreicht.“[49] Für alle anderen Aspekte – also für den größten Teil des Fachgebiets – verweist er auf die Ausführungen Vitruvs und Albertis.[50] Die wenigen architektonischen Elemente, die er dennoch in der technischen Einführung behandelt, sind „das einfache und das skulptierte Quaderwerk“[51]; die fünf Säulenordnungen toskanisch, dorisch, ionisch, korinthisch und komposit (als Bauschmuck, losgelöst vom Bauwerk); die Herstellung der Stuckuntersicht von Gewölben (Kassetten, Gesimse, Friese); die Gestaltung von Brunnen oder Grotten mit Rustikaornamenten, Kieselinkrustrationen, Versteinerungen etc.; schließlich Mosaikfußböden, darunter auch solche, die „die Farbenvielfalt der Malerei nachahmen“[52]. In einem kurzen Kapitel zum Schluß geht er auch noch auf das „gut proportionierte Gebäude“[53] und dessen Teile ein, auch hier die „ausführliche Betrachtung den Architekturtheoretikern überlassend“[54]. Zu beachten sei ein passender Bauplatz, ein „anmutiges und adäquates Maßverhältnis“[55], eine vernünftige Verteilung der Nutzungen (mit einem Beispiel Vitruvs illustriert) und die Einhaltung der Regeln des *Decor* insgesamt. Dann folgt die konkrete Beschreibung eines Palastes aus auffallend anthropomorpher Perspektive: „Im Ganzen und in den Teilen muß das Gebäude nach dem Vorbild des menschlichen Körpers gestaltet sein"[56], also die Fassade als Gesicht (Tür als Mund, Fenster als Augen), der ganze Aufbau symmetrisch wie beim Menschen; die Eingangshalle als Gaumen, der Innenhof als Leib und die Treppenhäuser als Arme und Beine des Baukörpers.[57] Schließlich müssen auch die Säle und Zimmerfluchten vernünftig ausgerichtet werden. Geschehe dies nicht, „so würde man hinkende, entstellte, schief gewachsene und verkrüppelte Menschen veranschaulicht haben."[58]

Diese ‚malerischen' Schilderungen tragen zu einem Verständnis der architektonischen Grundlagen des Faches nur wenig bei. Vasari geht es in der Architektur vorrangig um das ‚Verschönern' repräsentativer Innen- und Außenräume in der neuen ‚klassischen' Manier, um die Gestaltung eines angemessen dekorativen Vorder- oder Hintergrunds, auch als Aufstellort für Bilder und Skulpturen. Dabei konnte er sich mit seiner gedanklichen Trennung von Gebäudestruktur und äußerem Schmuck durchaus auf Koryphäen wie Alberti berufen (und auch auf dessen Höherbewertung der *venustas* und des *ornamentum* gegenüber den Kategorien *firmitas* und *utilitas*). Aber in seinen zehn Büchern *Über das Bauwesen (De re aedificatoria)* hatte Alberti immer noch das gesamte Fachgebiet der Architektur fest im Blick. Für Vasari und seine Generation hingegen steht das dekorative Potential der Architektur im Hinblick auf die Schaffung eines repräsentativen klassischen Ambientes im Vordergrund – auch wenn er an einigen Stellen zwischen der Architektur als „der umfassendsten, notwendigsten und nützlichsten (Kunst)" und der Malerei und Skulptur, die ihr „dienen und die sie verzieren"[59], unterscheidet.

Nur am Rande sei bemerkt, daß die „Tre arti" bei Vasari eher „Due e mezzo" sind. In der Gesamteinleitung zu den *Vite* findet der Paragone (Wettstreit) um den Vorrang der Künste nur zwischen Malerei und Skulptur statt. In der Vorrede zum ersten Teil entwickelt Vasari eine rudimentäre Ursprungslegende der Malerei und der Skulptur, beginnt aber bei der Geschichte der Architektur erst mit der Nachantike (obwohl er bei diesem Thema ausgiebig auf Vitruv und Alberti hätte zurückgreifen können). Und in der Vorrede zum dritten Teil werden nach fünf einleitenden Kategorien auf der ersten Seite, die auch auf die Architektur zutreffen, nur noch Gemälde und Skulpturen behandelt.

Mit seiner Theorie der „Tre arti del Disegno" verschiebt Vasari den Inhalt des Begriffs *Architektur* von der ursprünglichen Bedeutung „Fachgebiet des Architekten" in Richtung auf einen „Teilbereich der Bildenden Künste" und schweißt damit etwas zusammen, das – bis auf die kleine Schnittmenge des Disegno-Bereiches –

nicht zusammengehört. Es ist die erste gravierende Bedeutungsveränderung in der Geschichte des Architekturbegriffs. Festzuhalten bleibt aber auch, daß es sich bei den Bildenden Künsten Vasaris immer noch um *Tätigkeitsbereiche* der Maler, Bildhauer und Architekten handelt, nicht um die Bildende Kunst als Abstraktum, die es in der Vorstellung der Zeitgenossen so noch gar nicht gab. Die Worte „Künste" (dt.), „artes" (lat.), „arti" (it.) bezeichnen bei ihm immer noch Fächer und Fertigkeiten, nicht spezielle Kunstgebiete. Die Protagonisten entstammten lediglich anderen Zünften, nicht mehr der Zunft der Maurer oder Steinmetze, sondern beispielsweise der Zunft der Maler oder Goldschmiede.

Architektur als Wissenschaft

Sechs Jahre nach der ersten Ausgabe von Vasaris *Vite* erschien 1556 Daniele Barbaros kommentierte Vitruv-Übersetzung, „die gewissenhafteste und durchdachteste des sechzehnten Jahrhunderts."[60] Das immer gründlichere Studium Vitruvs, das mit dieser Ausgabe einen ersten Höhepunkt erreichte (nachdem 1542 in Rom bereits eine Vitruvianische Akademie gegründet worden war), leitete eine weitere Bedeutungsverschiebung des Architekturbegriffs ein: Architektur als Wissenschaft oder anders gesagt: Aus der wissenschaftlichen Auseinandersetzung mit den Lehren Vitruvs als der einzig rechtmäßigen Quelle für den Bereich der antiken Architektur sollte ein klar umrissenes, wissenschaftlich fundiertes Lehrgebäude des Fachgebiets entstehen.

Der erste bedeutende Vertreter dieser Architekturauffassung wurde Vincenzo Scamozzi (1548–1616), ein vielgereister und sehr erfolgreicher oberitalienischer Architekt, der in seinem umfangreichen Traktat *L'idea della architettura universale* (1615) „sämtliche (bisher) gedruckten und ungedruckten Texte"[61] zur Architekturtheorie verarbeitete. „Die Architektur ist nach Vitruvs Definition eine Wissenschaft"[62], schreibt er in der Einleitung der von ihm besorgten Serlio-Ausgabe. (Inwieweit diese Aussage auf einer Fehlinterpretation des berühmten ersten Satzes von Vitruvs *De architectura* beruht, sei dahingestellt. Bei Vitruv heißt es nicht „architectura est scientia", sondern „architecti est scientia"[63], also nicht „Die Architektur ist eine Wissenschaft", sondern „Das Wissen des Architekten ist [geschmückt durch...]". Wichtig ist vielmehr, daß Scamozzi damit die Architektur – in extremer Gegenbewegung zu Vasari – wieder „aus dem Zusammenhang der bildenden und nachahmenden Künste herauszulösen bestrebt ist, um sie an die Spitze der Wissenschaften zu stellen"[64]. Als solche hält er die Architektur auch „in einem hohen Maße [...] für lernbar"[65].

Das gleiche Verständnis der Architektur als Wissenschaft findet sich gegen Ende des siebzehnten Jahrhunderts auch bei dem norditalienischen Barockarchitekten und Theatinerpater Guarino Guarini. Dieser nähert sich der Architektur von der Mathematik her und fordert für die Architekten eine „umfassende Ausbildung in den Wissenschaften und den Künsten, vor allem aber in der Mathematik und Geometrie."[66] Allerdings löst er sich bald von einem auf die richtige Auslegung Vitruvs beschränkten Dogmatismus und läßt auch neue Entwicklungen und vor allem neue Erfindungen zu (wie sie sich dann in seinen grandiosen Kirchenentwürfen zeigen). Damit ist seine Haltung „in mancher Hinsicht derjenigen von Claude Perrault vergleichbar"[67], der im Kommentar zu seiner sehr gründlichen Vitruv-Übersetzung ebenfalls den Absolutheitsanspruch der vitruvianischen Proportionsregeln in Frage gestellt hatte. Perrault war der Gegenspieler von François Blondel, dem Vorsitzenden der 1671 gegründeten *Académie Royale d'Architecture,* deren Aufgabe es war, „eine verbindliche Architekturlehre aufzustellen."[68] In den ‚wissenschaftlichen' Diskussionen über die Grundzüge einer solchen allgemeingültigen oder staatlich anerkannten Doktrin kristallisierten sich sehr bald zwei unterschiedliche Richtungen heraus, auf der einen Seite die von Blondel vertretene „normative Architekturästhetik"[69], auf der anderen deren Infragestellung und Relativierung durch Perrault. Aber in dem hier behandelten Kontext ist nicht die daraus entstandene Kontroverse von Belang, sondern der Umstand, daß „die wichtigsten Architekturtheoretiker des französischen Absolutismus Naturwissenschaftler waren"[70]: Blondel Ingenieur und Mathematiker in militärischen und diplomatischen Diensten, Perrault Physiologe und Pathologe, der auch „Bücher zur Medizin, zum Maschinenbau und zur Tiergeschichte"[71] veröffentlicht hatte. In das Bild paßt auch, daß einer der bedeutendsten englischen Architekten des siebzehnten Jahrhunderts, Sir Christopher Wren, eigentlich Mathematiker und experimentierender Naturwissenschaftler war, ebenso wie die damals wichtigsten Theoretiker des deutschsprachigen Raums, Nicolaus Goldmann (1611–1665) und dessen Herausgeber und Kommentator Leonhard Christoph Sturm (1669–1719): Goldmann veröffentlichte mehrere Werke zur Geometrie, Sturm war Mathematikprofessor in Wolfenbüttel.[72] Ganz allgemein läßt sich für das siebzehnte Jahrhundert eine Dominanz der Mathematiker und Naturwissenschaftler in der Architekturtheorie feststellen, die sich entsprechend in der Interpretation des Architekturbegriffs als „wissenschaftlicher Disziplin“ niederschlug.

Architektur als Baukunst

Gleichzeitig blieb aber auch die von Vasari begründete Vorstellung von der Architektur als ‚Teilbereich der Bildenden Künste‘ in Kraft und führte in der Folge zu einer weiteren inhaltlichen Verschiebung des Architekturbegriffs. In einer zweihundertjährigen Inkubationszeit führte diese Entwicklung von Federico Zuccari (um 1540–1609), dem Begründer der römischen Accademia del Disegno (1593), über Liebhaber wie Sir Henry Wotton (1568–1639) in England zu Giovanni Pietro Bellori (1613–1696), dem Sekretär der Accademia di San Luca in Rom, und schließlich zu Johann Joachim Winckelmann (1717–1768). In dessen Büchern *Anmerkungen über die Baukunst der Alten* von 1762 und *Geschichte der Kunst des Altertums* von 1764 wurde die „architettura“ vom Tätigkeitsbereich des Künstlers, der sie bei Vasari immer noch gewesen war, zum Interessengebiet des Kunstbetrachters, über das „ein Gelehrter, welcher die Alterthümer aufmerksam untersuchet und die erforderlichen Kenntnisse dazu hat, eben so gründlich als ein Baumeister reden“[73] kann. Mit seiner *Geschichte der Kunst des Altertums* wollte Winckelmann daher als „vornehmsten Endzweck“ ein „Lehrgebäude“ über „das Wesen der Kunst“ liefern, in welchem „die Geschichte der Künstler wenig Einfluß hat, und diese, welche von anderen zusammengetragen worden [Vasari, Bellori], hat man also hier nicht zu suchen.“[74] Winckelmann vollzog damit den entscheidenden Schritt von der Künstlergeschichte zur Kunstgeschichte und wird aus diesem Grund oft auch als ‚Vater der Kunstgeschichte‘ bezeichnet. Wenig später (1771–1774) gab Johann Georg Sulzer (1720–1779) bereits seine *Allgemeine Theorie der Schönen Künste* heraus, die neben Dichtung und Musik auch Malerei, Bildhauerei und Architektur in Form eines Lexikons erfaßte. Die Formierung einer neuen Disziplin, der Kunstgeschichte, war damit eingeleitet und eine neue Lesart des Begriffs *Architektur* als „Teilgebiet der Kunstgeschichte“ endgültig etabliert.

Zugleich wurde damit eine Entwicklung befördert, in der Fragen der Architektur nicht länger „auf den engen Kreis der Bauschaffenden beschränkt [waren], sondern von einer breiten Öffentlichkeit diskutiert“[75] wurden. Laien wie der Abbé Jean-Louis de Cordemoy, der Franziskanerpater Carlo Lodoli (1690–1761) und vor allem der Jesuitenpater Marc-Antoine Laugier (1713–1769), dessen *Essai sur L'architecture* als ‚Manifest des Klassizismus' beachtliches Interesse in Frankreich fand, meldeten sich verstärkt zu Wort, es gab ausgedehnte private Briefwechsel zu architektonischen Themen und ab 1789 sogar das erste *Allgemeine Magazin der Bürgerlichen Baukunst*.[76] Hinzu kam eine wachsende Anzahl von Architekturveröffentlichungen, unter anderem die bahnbrechenden Antikenpublikationen der Engländer James Stuart und Nicholas Revett sowie des Franzosen Julien-David LeRoy über die griechischen Tempel, die bis dahin weitgehend unbekannt gewesen waren und deren Veröffentlichung das „Greek revival" einleitete. Liebhaber oder aufgeklärte Bürger in adeligen Diensten absolvierten die obligatorische Bildungsreise nach Italien, studierten Vitruv und Palladio und verfaßten – in ihre Heimatländer zurückgekehrt – ausgedehnte Reisebeschreibungen oder experimentierten in ihrem Umfeld mit klassizistischen Architekturvorstellungen (wie etwa Goethe).

Winckelmann selbst, der „in seinem Hauptwerk die Architektur ausklammert"[77], trug allerdings wenig zur Entwicklung des neuen Teilgebietes bei, sondern beschränkte sich in einer Veröffentlichung von 1762 auf einen Bericht über Paestum und auf relativ knapp gehaltene *Anmerkungen über die Baukunst der Alten*. Deren erster Teil beschäftigt sich mit dem „Wesentlichen der Baukunst"[78], für Winckelmann das Material, die Konstruktion, die Form der Gebäude und die Beschreibung der Gebäudeteile. Hier nimmt er immer wieder auf Vitruv als primäre Quelle Bezug und weist ebenso oft auf Fehler und Mißverständnisse in Claude Perraults Vitruv-Übersetzung hin. Das Thema Gebäudeform reduziert er allerdings radikal, zunächst auf die Tempel und dann weiter auf die Säulenordnungen, die damit – anders als bei Alberti, der sie im siebenten Buch in das Thema „Schmuck der Sakralbauten" einordnet – unter das „Wesentliche der Baukunst" fallen, ohne daß Zweck, Funktion oder Konstruktion der Säule selbst thematisiert werden.

Im zweiten Teil behandelt Winckelmann die „Zierlichkeit in der Baukunst"[79] (also den Schmuck), denn „ein Gebäude ohne Zierde" sei „wie die Gesundheit in Dürftigkeit"[80]. Die „Zierrathen" eines Gebäudes seien „als die Kleidung anzusehen, welche die Blöße zu decken dienet"[81], formuliert er in Anlehnung an Alberti. („Denn nackt soll man ein Bauwerk zu Ende führen, bevor man es bekleidet."[82]) Und „wenn die Zierde in der Baukunst sich mit Einfalt [Schlichtheit] gesellet, entsteht Schönheit."[83] Die Formulierung knüpft an die in seinem Frühwerk *Gedanken über die Nachahmung der griechischen Werke in der Malerei und Bildhauerkunst* aufgestellte

Forderung nach „edler Einfalt und stiller Größe“[84] an. Diese sieht er durch die Auswirkungen der Barockarchitektur gefährdet, angefangen schon bei Michelangelo und fortgesetzt durch Francesco Borromini, der „ein großes Verderbnis in die Baukunst“[85] eingeführt habe. In solchen Verfallszeiten würde die Zierlichkeit vom „Zusatz“ zum Wesentlichen und „hierdurch entstand die Kleinlichkeit in der Baukunst.“[86] In seinen *Anmerkungen über die Baukunst der Alten* erweist sich Winckelmann damit als Vorreiter und Wortführer des aufkommenden Klassizismus, bleibt aber ansonsten in seiner Darstellung ohne tiefergehende Einsicht in die strukturellen Besonderheiten der Architektur.

Um so entscheidender ist seine *inhaltliche* Neuausrichtung des Architekturbegriffs: vom Fachgebiet zum Kunstgebiet. Diese Umwertung setzte allerdings voraus, daß auch das Wort „Kunst“ einen entsprechenden Bedeutungswandel erfahren hatte: von einem beliebigen Fach, einem Können, einer Kunst, die man beherrscht, zu einem Abstraktum, das als Begriff die einzelnen Kunstwerke sozusagen überwölbte und zusammenfaßte, etwa „Die Kunst des Altertums“. Als solche erhielt diese dann auf einmal ein Eigenleben und eine eigene Geschichte, durchlebte – im Ansatz schon bei Vasari – Phasen des Aufstiegs, des Höhepunkts, des Abstiegs und des endgültigen Zusammenbruchs. Vor allem aber wurde „Kunst“ damit zugleich zu einem *Qualitätsbegriff.* Denn es wurden keineswegs alle, sondern immer nur die herausragenden Werke in den jeweiligen Kanon aufgenommen und durften „Kunst“ genannt werden. Dies war der Einstieg in die niemals endende Diskussion über Bewertungskriterien in der Kunst und der Urteilsästhetik insgesamt.

Gleiches geschah nun mit der Architektur, die als „Baukunst“ auf einmal nicht mehr das Fachgebiet, sondern eine ausgewählte Gruppe berühmter Bauwerke der Baugeschichte bezeichnete, etwa „Die Architektur der Griechen“ oder „Die Baukunst der Renaissance“ etc. Auch hier führte die Verdoppelung des Begriffsinhalts – hier Fachgebiet, dort Kunstgebiet, hier Tätigkeitsbereich, dort Qualitätsmerkmal – zu einer Vermengung von Architekturvorstellungen, die bis heute anhält.

Korrekterweise muß man klarstellen, daß Winckelmann selbst in seiner *Geschichte der Kunst des Altertums* immer nur von „Baukunst“ spricht und nicht von „Architektur“. Aber andererseits zitiert er dort ständig Vitruv, der seinerseits nur über die „architectura“ geschrieben hatte. Offensichtlich sind für ihn die Begriffe *Architektur* und *Baukunst* identisch, und seit dieser Zeit gilt dies auch für die entsprechende Literatur bis ins zwanzigste Jahrhundert hinein.

Architektur als technische Disziplin und Lehrgebiet

Bis zum Ende des achtzehnten Jahrhunderts war das zentrale Aufgabengebiet der Architekten weitgehend mit den *sakralen, feudalen* und *repräsentativen* Bauaufgaben identisch, die von ihrer künstlerischen Qualität her meist problemlos in den Kanon der Baukunstwerke aufgenommen werden konnten. Das änderte sich jedoch schlagartig, als die gesellschaftlichen Umwälzungen der Französischen Revolution und der gewaltige technische Fortschritt der Industriellen Revolution eine Vielzahl neuer Bauaufgaben hervorbrachten (Bild 1). Allein die ungeheure *quantitative* Ausweitung der Bauaufgaben konnte nicht mehr nur durch ‚Künstler' bewältigt werden. Hinzu kam aber gleichzeitig ein kompletter *qualitativer* Wandel. Im Laufe des neunzehnten Jahrhunderts wurden die Inhalte der Bauaufgaben, der gesamte Korpus der Architektur, fast vollständig ausgetauscht (Bild 2). An die Stelle der traditionellen Aufgaben für Klerus und Adel rückten staatliche Repräsentationsbauten wie Theater, Opernhäuser, Museen, Bibliotheken, Universitäten, Gerichte, aber auch Infrastrukturbauten wie Schulen, Postämter, Kasernen, Finanzämter und sonstige Behördenbauten, Bahnhöfe (allein in Deutschland 7750), Eisenbahnbrücken, Ausstellungs- und Messehallen etc. Außerdem war gleichberechtigt neben den Staat ein neuer Typus des Bauherrn getreten, dessen Hauptinteresse als Fabrikant, Geschäftsmann oder Unternehmer nicht mehr in der Zurschaustellung sakraler oder weltlicher Macht lag, sondern in der Erfüllung nüchtern-bürgerlicher Kriterien wie Zweckerfüllung, Leistungsfähigkeit und Wirtschaftlichkeit. Bauten für Industrie, Gewerbe, Handel und Dienstleistungen wurden weitere wichtige Bauaufgaben. „Wenn man vergleicht, was unsere Zeit im Verhältnis zu früheren Epochen an baulichen Organismen aus dem Nichts der Traditionslosigkeit zu schaffen hat, bekommt man erst den richtigen Maßstab für die ungeheuren Ansprüche, die an sie gestellt werden,"[87] schreibt Fritz Schumacher 1926 rückblickend.

Diese grundlegende qualitative Veränderung der Bauaufgaben, die jetzt Gegenstand der Arbeit von Architekten wurden, mußte die Vorstellung von dem, was „Architektur" sei, erneut tiefgreifend verändern und den Inhalt des Begriffs in Richtung „Technische Disziplin" verschieben. Außerdem mußten dringend neue Ausbildungsformen und -kapazitäten geschaffen werden, da der Bedarf durch die Architekturklassen an den Kunstakademien nicht einmal mehr ansatzweise gedeckt werden konnte. Daher wurde schon 1795, im ersten Jahr nach dem Sturz Robespierres, in Paris die *École Polytechnique* (zunächst als *École Centrale des Travaux*

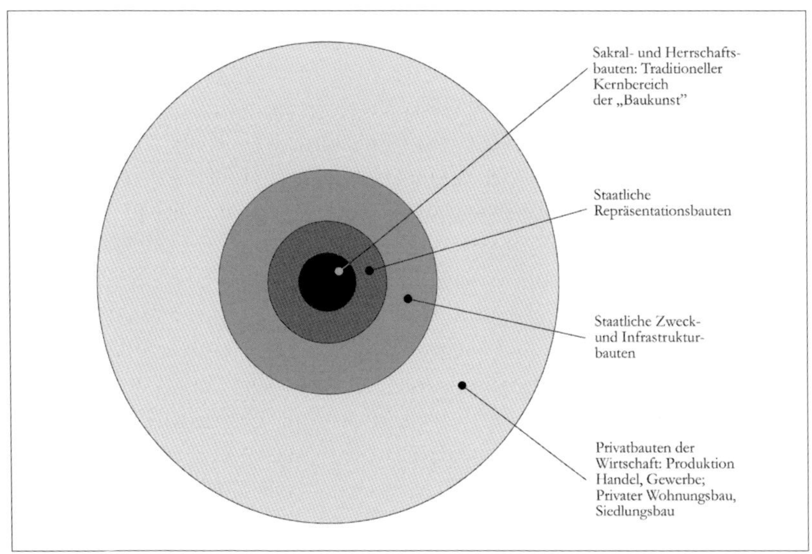

1 Quantitative Verteilung der Bauaufgaben im 19. Jahrhundert

	Festungs-, Verteid.-Bau	Sakralbau	Repräsent. Herrschaftsbau	Repräsent. Öffentliche Bauten	Privater Villenbau	Staatliche Infrastrukt.-Bauten	Privater u. Massen-Wohn.-Bau	Industrie-, Gewerbebau	Bauten für Handel, Dienstleist.
Antike									
Mittelalter									
15./16. Jahrhundert									
17./18. Jahrhundert									
19. Jahrhundert	Umbruchzone							Umbruchzone	
1920er-Jahre									
Nachkriegszeit									

2 Qualitative Schwerpunktverlagerung der Aufgabengebiete für Architekten

Publics) eröffnet, 1797 folgte die Gründung der *École spéciale de peinture, de sculpture et d'architecture* (seit 1819 offiziell *École des Beaux Arts*), nur zwei Jahre später zog Preußen mit der Gründung der *Berliner Bauakademie* nach.

Wichtig in dem hier behandelten Zusammenhang ist, daß der entscheidende Einfluß auf die weitere Architekturentwicklung nicht von der *École des Beaux Arts* oder von den weiterbestehenden Kunstakademien ausging, sondern von den neuen polytechnischen Hochschulen. Das lag auch an dem Einfluß des langjährigen Lehrers an der *École Polytechnique,* Jean-Nicolas-Louis Durand (1760–1834), der die Architektenausbildung durch ein neues, einheitliches Curriculum, neue Fächer und vor allem durch eine institutionalisierte Verschränkung von Theorie und Praxis revolutionierte. „Zu den damals erfundenen Lehr- und Lernformen gehörten neben der praxisorientierten Vorlesung Übungen und Projekte im Zeichensaal, Praxiskurse in Labor und Werkstatt, Exkursionen und Baustellenbesuche, Ferien- und Feldarbeit sowie Praktikum."[88] Hinzu kam das berühmt-berüchtigte „Système quadrillage"[89], das Entwerfen auf einem standardisierten karierten Zeichenpapier, das Gottfried Semper veranlaßte, Durand später als ‚Schachbrettkanzler' zu verspotten. Allerdings waren die Formalisierung und Rationalisierung unter anderem dem Umstand geschuldet, daß Durand an der neuen Schule in wesentlich kürzerer Zeit sehr viel mehr Studenten ausbilden mußte und die Ausbildung schon von ihrem Namen her eher ‚technisch' orientiert war. Im übrigen hielt Durand „von Anfang an fest, daß in der kurzen Studienzeit die Studenten in einer effizienten und wirksamen Art in den wesentlichen Grundlagen, keinesfalls aber zu ‚vollwertigen' Architekten ausgebildet werden konnten."[90]

Trotzdem breitete sich der Ruf der neuen Schule wie ein Lauffeuer in Europa aus, und Durands zusammengefaßte Vorlesungen wurden unter dem Titel *Précis des leçons d'architecture* „zum folgenreichsten Architekturtraktat der ersten Hälfte des neunzehnten Jahrhunderts."[91] Aus Deutschland reisten so bedeutende Architekten wie Friedrich Gilly (der Lehrer Schinkels und Klenzes), Friedrich von Gärtner, Friedrich Weinbrenner, Franz Christian Gau, Jakob Ignaz Hittorff (die beiden letzteren Lehrer von Gottfried Semper) nach Paris und machten sich mit Durands Lehre vertraut. Zu seinen Schülern gehörten Clemens Wenzeslaus Coudray, Leo von Klenze und auch Peter Joseph Lenné.[92] In die Heimat zurückgekehrt gründete beispielsweise Weinbrenner in Karlsruhe eine private Bauschule, aus der zusammen mit der Ingenieurschule von Johann Gottfried Tulla 1825 eine der ersten polytechnischen Schulen Deutschlands und 1865 die Technische Hochschule Karlruhe hervorgingen.[93] Es folgten weitere polytechnische Hochschulen, etwa in München 1827, in Stuttgart 1829, in Dresden 1851. Gottfried Semper gehörte zu den ersten Professoren des 1855 eröffneten Eidgenössischen Polytechnikums (heute ETH) in Zürich. Später folgten die Polytechnischen Hochschulen in München 1868, in Dresden 1871, in Braunschweig 1877[94] und schließlich 1879 die Technische Hochschule in Berlin mit „fünf selbständigen Abteilungen: Architektur, Bauingenieurwesen, Maschinenbau (mit Schiffsbau), Chemie und Hüttenkunde sowie allgemeine Wissenschaften."[95]

Daß das Fach Bauingenieurwesen jetzt als eigenständiges Studienfach neben der Architektur erschien, ging ebenfalls auf die Entwicklung in Frankreich zurück. Dort hatte sich, ausgehend von der *École Polytechnique,* bereits 1829 ein weiterer Ableger gebildet, die *École Centrale des Arts et Manufactures,* eine industriell orientierte Schule für Architekten und Ingenieure, in der hauptsächlich das neue Gebiet der industriellen Baukonstruktion unterrichtet wurde. Charles-Louis Mary[96], ein Schüler Durands, bildete hier unter anderen Camille Polonceau („Polonceau-Binder"), Gustave Eiffel, Victor Contamin (Galerie des Machines) und auch William Le Baron Jenney aus, der wiederum zum Begründer der *Chicago School of Architecture* wurde und mit seinen Schülern Holabird und Roche „eine ganze Gruppe führender Architekten Chicagos (Burnham, Root, Sullivan u. a.)"[97] beeinflußte.

In der zweiten Hälfte des neunzehnten Jahrhunderts hatte sich damit eine weitere neue Vorstellung von der Architektentätigkeit und der Architektur herausgebildet, die sich auch in einer ebenso stark veränderten Form der Ausbildung niederschlug. Im Mittelpunkt standen nicht mehr die (weiterhin bestehenden) Architekturklassen an den Kunstakademien, sondern der Architekturunterricht an den Polytechnischen Hochschulen (die dem Namen nach eigentlich Technik- oder Ingenieurschulen waren). Und der Schwerpunkt der Aufmerksamkeit und auch die gesamtgesellschaftliche Bedeutung hatten sich eindeutig zu den technischen Bereichen hin verschoben: Die bedeutendsten Architekten lehrten nicht mehr an den Kunstakademien, sondern, wie etwa Schinkel und Semper, an der Berliner Bauakademie oder am Eidgenössischen Polytechnikum. Und die aufsehenerregendsten baulichen Leistungen des neunzehnten Jahrhunderts wie die gigantischen Eisenbahnbrücken, Bahnhofshallen, Weltausstellungsgebäude oder auch der Eiffelturm wurden sogar von Ingenieuren gebaut.

3a Getreidesilo Buenos Aires. Walter Gropius, 1913

Architektur als neue ‚Zweckbau'-Kunst

Das *Ausmaß* der Veränderungen (die Le Corbusier zu Recht als „Revolution"[98] bezeichnete) und die *Schnelligkeit* der Veränderungen (mit denen das Bewußtsein der Einzelnen nicht Schritt halten konnte) führte ab Mitte des neunzehnten Jahrhunderts zu einer lang anhaltenden Phase der Ratlosigkeit, des orientierungslosen Nebeneinanders unterschiedlicher Auffassungen, der Suche nach neuen Ansätzen und dem verzweifelten Festhalten an überkommenen Lösungsmustern. Hinzu kam der Niedergang der Architektur als ‚Stilbaukunst', deren vorrangig griechisch-römisches Standard-Repertoire sich in endlosen Neuauflagen gänzlich verschlissen hatte. Stellvertretend für die herrschende Ratlosigkeit sei hier nur der Titel einer Abhandlung von Heinrich Hübsch erwähnt: *In welchem Style sollen wir bauen?*[99]. Diese schwierige und spannungsreiche Zeit des Umbruchs ist in unzähligen Veröffentlichungen über die Anfänge der modernen Architektur ausführlich und in allen Facetten beschrieben worden.

Zwangsläufig hatten die aufgetretenen Probleme und krisenhaften Erscheinungen aber auch tiefgreifende Auswirkungen auf das Bild der Architektur und die Vorstellung der Menschen, was denn Architektur überhaupt noch leisten konnte und sollte. Und eine Klärung war deshalb so schwierig, weil die alten und neuen Vorstellungen gleichermaßen Gültigkeit beanspruchten:

3b Getreidesilo in Kanada. Le Corbusier, 1922

- Architektur als handwerklich-baumeisterliches Fachgebiet
- Architektur als immer neue Stile hervorbringendes Baukunstgebiet
- Architektur als rationales Technikgebiet.

Die daraus resultierenden Irritationen lassen sich an den unterschiedlichen und oft eklatant widersprüchlichen Äußerungen gerade der Begründer der modernen Architektur sehr gut nachvollziehen. Walter Gropius ließ schon 1913 im *Jahrbuch des Deutschen Werkbundes* reihenweise amerikanische Silos aufmarschieren, die weder von Architekten entworfen worden waren noch irgendeinen künstlerischen Anspruch erhoben[100] und die Le Corbusier dann mit entlarvenden Retuschen in seine Streitschrift *Vers une architecture* übernahm[101] (Bild 3b). Sechs Jahre später verkündete er hingegen als Ziel des Bauhauses „die Wiedervereinigung aller werkkünstlerischen Disziplinen – Bildhauerei, Malerei, Kunstgewerbe und Handwerk – zu einer neuen Baukunst als deren unablösliche Bestandteile. Das letzte, wenn auch ferne Ziel des Bauhauses" sei „das Einheitskunstwerk."[102] Weitere sieben Jahre später standen wieder Technik und Funktion im Vordergrund: „Das Bauhaus sucht durch systematische Versuchsarbeit in Theorie und Praxis [...] die Gestalt jedes Gegenstandes aus seiner natürlichen Funktion und Bedingtheit heraus zu finden."[103] Und an anderer Stelle: „Haus und Hausgerät sind Angelegenheit des Massenbedarfs, ihre Gestaltung mehr eine Sache der Vernunft als eine Sache der Leidenschaft."[104] Schließlich sprach er im ersten Band der Bauhausbücher mit dem Titel *Internationale Architektur* von einer veränderten „Baugestalt, die nicht um ihrer selbst willen da ist, sondern aus dem *Wesen* des Baues entspringt, aus seiner Funktion, die er erfüllen soll."[105] Ähnlich äußerte sich auch sein journalistischer Mitstreiter Adolf Behne in seinem Buch *Der moderne Zweckbau:* „Anstelle einer formalen Auffassung von Baukunst trat eine funktionale."[106] Ludwig Mies van der Rohe wiederum postulierte 1923, Baukunst sei „raumgefaßter Zeitwille"[107], dachte aber ein Jahr später in der Zeitschrift *G* schon über Industrialisierung und Montagecharakter nach: „In der Industrialisierung des Bauwesens sehe ich das Kernproblem unserer Zeit. Gelingt es uns, diese Industrialisierung durchzuführen, dann werden sich die sozialen, wirtschaftlichen, technischen und auch künstlerischen Fragen leicht lösen lassen."[108] Bruno Taut negierte 1919 die rhetorische Frage „Gibt es heute Architektur?" in einem Flugblatt des Arbeitsrats für Kunst – „denn wir nennen es nicht Architektur, tausend nützliche Dinge, Wohnhäuser, Büros, Bahnhöfe, Markthallen, Schulen, Wassertürme, Gasometer, Feuerwachen, Fabriken und dgl. in gefällige Formen zu kleiden"[109] –, schrieb aber später in seiner Architekturlehre: „Ich zögere keinen Augenblick, diese Frage [Was ist Architektur?] so zu beantworten: Architektur ist eine Kunst."[110] Ebenso Fritz Schumacher, ein bedeutender Vertreter der Zwanziger-Jahre-Moderne in Hamburg, der sein Buch *Das bauliche Gestalten* mit der Überschrift „Das Bauen als Kunst"[111] einleitete. Schließlich Le Corbusier, dessen Schrift *Vers une architecture* von 1922 in weiten Teilen eine einzige Propagandaschrift für Typisierung, Rationalisierung, Standardisierung und Industrialisierung ist und unter Bezugnahme auf Ozeandampfer, Flugzeuge und Autos in dem berühmten Ausspruch gipfelt: „Das Haus ist eine Wohnmaschine."[112] Aber im gleichen Buch widmet er ein ganzes Kapitel der „Baukunst" und nennt sie dort eine „reine Schöpfung des Geistes"; sie rufe „den gestaltenden Künstler auf den Plan"[113]. Sechs Jahre später wiederum, in der Erklärung von La Sarraz, dem Gründungsmanifest des CIAM (Congrès Internationaux d'Architecture Moderne), das maßgeblich von Le Corbusier mitbestimmt und von führenden Architekten aus ganz Europa unterzeichnet wurde, war die Baukunst endgültig kein Thema mehr: „Das Problem der Architektur im modernen Sinne fordert in erster Linie die intensive Verbindung ihrer Aufgabe mit den Aufgaben der allgemeinen Wirtschaft. Wirtschaftlichkeit ist im technisch-produktiven Sinne zu verstehen und bedeutet den möglichst rationellen Arbeitsaufwand. [...] Die Konsequenzen sind Rationalisierung und Standardisierung."[114] Später ist die Rede von der „neuen Einstellung des Architekten, seiner notwendigen und gewollten Einordnung in den Produktionsprozeß" sowie von der „modernen Architektur, die den Willen hat, das Bauen von der rationellen, wirtschaftlichen Seite her zu betreiben."[115] Von diesen Äußerungen war es nur noch ein kleiner Schritt zu der zur gleichen Zeit (1928) formulierten These von Hannes Meyer, dem Gropius-Nachfolger am Dessauer Bauhaus, „Architektur als ‚Affektleistung des Künstlers'" sei „ohne Daseinsberechtigung". [...] „Bauen" sei „nur Organisation: soziale, technische, ökonomische, psychische Organisation."[116]

Damit war ein Endpunkt erreicht. Die endgültige Umwertung der Architektur von der Baukunst zu einer technischen Dienstleistung war vollzogen – zumindest auf dem Papier, auf der Ebene der Theorie. In der Praxis hingegen blieben die Protagonisten selbst Künstler und empfanden sich auch weiterhin völlig selbstverständlich und zu Recht als solche. Sie schufen die großen Kunstwerke der modernen Architektur, ohne sich dabei von ihren theoretischen Äußerungen beirren zu lassen.

Architektur als Hochbaugebiet

Es blieb der Architektengeneration nach dem Zweiten Weltkrieg vorbehalten, den Worten (und der Theorie der zwanziger Jahre) Taten folgen zu lassen. Funktionalismus, Industrielles Bauen, Normierung, Standardisierung, Vorfertigung, Serie wurden jetzt die Themen, die bis Mitte der siebziger Jahre die Architekturdebatten bestimmten. Die Architekten gingen zum „Hochbauamt", in den Architekturzeitschriften wurden die neuesten Ergebnisse der Bauforschung und der Industrialisierung erörtert und ein optimierter Reihenhausgrundriß oder eine gelungene funktionale Lösung im Krankenhausbau, ein neues Betonbaudetail oder die Weiterentwicklung einer Stahl-Glas-Fassade standen tatsächlich im Zentrum der „Architektur"-Diskussion. Und den Studierenden an den Hochschulen wurden genau diese Themen als Architektur ‚verkauft'. Die Architekten wurden zu nüchtern-strategischen Organisatoren eines rationalen Bauprozesses, eine Müllverbrennungsanlage hatte den gleichen Stellenwert wie ein Museum und wurde auch mit den gleichen Planungsstrategien und -instrumenten entworfen. Das neue Verständnis von Architektur als *technokratische Disziplin und professionelle Dienstleistung* setzte sich auf allen Ebenen durch. Architektur wurde zum Synonym für Hochbau insgesamt.

Begleitet wurde diese Entwicklung durch eine weitere, unterschwellige Argumentationsebene der zwanziger Jahre, die sich tief ins Bewußtsein der Nachkriegsgeneration eingegraben hatte. Die meisten Protagonisten der modernen Architektur argumentierten nämlich nicht nur technisch-funktional oder konstruktiv, sondern erstaunlicherweise auch *moralisch* – und führten damit eine Kategorie ein, die bis dahin noch nicht zu den Ausgangsbedingungen architektonischen Denkens und Handelns gerechnet worden war. Schon bei Frank Lloyd Wright, aber später auch bei Adolf Loos *(Ornament und Verbrechen*[117]*)*, bei Walter Gropius („Die Bauten unserer Umwelt aus innerem Gesetz zu gestalten ohne Lügen und Verspieltheiten"[118]), bei Bruno Taut („Was wahr ist, wird gewiß auch einmal schön sein"[119]) und vor allem bei Le Corbusier („Stile sind Lüge"[120]) ging es immer auch um ‚richtig' oder ‚falsch', um ‚Wahrheit' oder ‚Lüge'. 1925 formulierte Le Corbusier in einem Artikel unter anderem „Das Gesetz des Ripolin"[121]. (Ripolin war der Markenname einer strahlend weißen Kalkfarbe, die er seinerzeit bei seinen Bauten benutzte und deren Anwendung für ihn ein „moralischer Akt"[122] war.) Die Folge dieser von moralischem Pathos durchdrungenen Architekturauffassung waren die endlosen und vor allem fruchtlosen Debatten über konstruktive ‚Ehrlichkeit' und Material-‚gerechtigkeit', deren Erfüllung für die Architekten der Nachkriegsgeneration zum fast alleinigen Gradmesser für die Qualität von Architektur wurde.

Den Anfang hatte allerdings schon Louis Sullivan mit seiner später auf die Formel „Form follows function" reduzierten Äußerung gemacht: „immer folgt die Form der Funktion."[123]. In dem kurzen Aufsatz von 1896, in dem der Autor die Auffassung vertrat, daß die äußere Form moderner Bürohochhäuser stets deren inneren Aufbau abbilden, ihm also ‚folgen' müsse, sprach auch er von einem „Gesetz". Und – so fragte er gleich in einem der nächsten Sätze – „dürfen wir also dieses Gesetz täglich in unserer Kunst übertreten?"[124] Ungewollt leistete er damit jener unheilvollen Autosuggestion Vorschub, die da lautete: Wenn ich alles ‚richtig' mache, wenn ich außen exakt abbilde, was im Inneren vor sich geht, wenn ich also vollkommen ‚ehrlich' bin und das ‚Gesetz' befolge, dann mache ich auch ‚gute' Architektur. Oder umgekehrt – und damit wird der fatale Fehlschluß erst vollends sichtbar, der später den Funktionalismus einleitete: Ich brauche doch ‚nur' das „Gesetz" zu befolgen, ehrlich zu sein, im Äußeren das Innere abzubilden – dann entsteht *automatisch* gute Architektur!

Mit dieser Argumentation eröffnete die Sullivansche Zauberformel – und das machte ja erst ihre durchschlagende Wirkung aus – scheinbar einen direkten Weg zu ‚guter' Architektur: man brauchte nur das „Gesetz" zu befolgen. Und genau dies haben die Architekten nach dem Zweiten Weltkrieg dann ja auch millionenfach getan – und vor allem haben sie tatsächlich geglaubt, damit gute Architektur zu machen. Selten ist ein ganzer Berufsstand theoretisch und ideologisch derart auf ein falsches Gleis geraten.

Resümee

Diese Zeiten sind längst vorbei. Aber die Diskussionen über die Frage, was denn nun Architektur sei, sind es nicht. Der kurze historische Überblick hat eine erstaunliche Vielfalt von Antworten zutage gefördert: Bauen, Baukunst, Wissenschaft; Fachgebiet, Kunstgebiet, Lehrgebiet, Berufsgebiet etc. *Was davon jeweils als Architektur bezeichnet oder darunter verstanden wurde, hing letztlich eher von den Vorstellungen der Theoretiker, Kunsthistoriker oder interessierten Laien ab als von den Architekten selbst.*

Dabei schließen viele der Bedeutungen einander aus, sind aber dennoch weiterhin in Kraft und laufen in den theoretischen Diskussionen unverbunden nebeneinander her. Die Sprache hat hier die Rolle eines weiten Mantels übernommen, unter dem die unterschiedlichsten Interpretationen problemlos Platz finden. Einerseits läßt sich dadurch sehr leichtfüßig oder tiefsinnig oder gelehrt über Architektur diskutieren, ohne sich näher festlegen zu müssen, ob man gerade über Kunst, Technik, Wissenschaft, über Gebäude allgemein oder Baukunst im besonderen spricht. Andererseits entstehen aber durch den unterschiedlichen und wechselnden Gebrauch des Wortes Architektur *für alles und jedes* ständig neue Mißverständnisse und Unklarheiten unter allen Beteiligten und in der entsprechenden Fachliteratur. Um hier Abhilfe zu schaffen, werden auf den folgenden Seiten die einzelnen Bedeutungsvarianten in einem zweiten, horizontalen Schnitt noch einmal inhaltlich voneinander abgegrenzt.

Vergleichende Betrachtung: Abgrenzung der Disziplinen

Keine Bildende Kunst

Es ist bis heute üblich, die visuell und räumlich gestaltenden Künste unter dem Oberbegriff *Bildende Künste* zusammenzufassen und von den darstellenden Künsten wie Schauspiel, Tanz und Medienkünsten, aber auch von der Literatur und der Musik abzugrenzen. Grund dafür waren die überaus engen Verbindungen zwischen den „Tre arti del disegno", die jahrhundertelange wechselseitige Beeinflussung von Malerei, Skulptur und Architektur über poröse und fließende Grenzen hinweg. Darüber hinaus ließen sich gleiche stilistische Einflüsse in allen drei Gebieten wiederfinden, und immer wieder gab es das Zusammenwirken der drei Künste in grandiosen Gesamtkunstwerken. Noch 1919 postulierte Walter Gropius im Bauhaus-Manifest: „Das Endziel aller bildnerischen Tätigkeit ist der Bau! Ihn zu schmücken, war einst die vornehmste Aufgabe der bildenden Künste, sie waren unablösliche Bestandteile der großen Baukunst."[125] Und am Bauhaus selbst wurde die Einheit von Malerei (Lyonel Feininger, Paul Klee, Wassily Kandinsky und andere), Bildhauerei (Gerhard Marcks) und Architektur (Walter Gropius, Hannes Meyer) geradezu exemplarisch vorgelebt. Wesentliche Impulse für den 1932 von Philip Johnson und Henry-Russel Hitchcock proagierten Internationalen Stil kamen unter anderem von der holländischen Künstlergruppe *De Stijl* um Theo van Doesburg und von den russischen Konstruktivisten um Kasimir Malewitsch und El Lissitzky, von Le Corbusier und dem Purismus ganz zu schweigen. Anscheinend waren diese drei Kunstgattungen aufs Engste miteinander verbunden und keine übergeordnete Kunst- und Stilgeschichte kam ohne den ständigen Vergleich zwischen den Entwicklungen in Malerei, Skulptur und Architektur aus.

Andererseits verschleiern solche historisch gewachsenen Klassifizierungen, die im übrigen heute längst obsolet geworden sind, den tiefen und nicht zu überbrückenden Riß, der zwischen allen Künsten auf der einen und der Architektur auf der anderen Seite klafft: bildende, gestaltende, darstellende Künste ebenso wie Literatur und Musik haben ihren Zweck in sich selbst, oder anders gesagt: Sie dienen, je nach Ausrichtung und Intention, der Erweiterung unseres Denkens, Fühlens und Wahrnehmens, der sinnlichen, emotionalen und ästhetischen Bereicherung, der Transzendierung oder Transformation des Alltags und der Realität; oder aber auch, wie es frühere Zeiten profaner ausgedrückt haben, der *voluptas,* der Erbauung und dem Vergnügen, im Gegensatz zur *necessitas* und *utilitas*, der *Notwendigkeit* und dem *Nutzen*. Architektur aber beginnt genau dort: bei der Notwendigkeit und dem Nutzen. Häuser sind keine Bilder. Sie dienen nicht der Betrachtung, sondern dem geschützten Aufenthalt. „Der Mensch baut ursprünglich, um sich zu schützen – gegen Kälte, gegen Tiere, gegen Feinde. Die Not zwingt ihn, und wären nicht bestimmte, sehr nahe und drängende Zwecke, so würde er nicht bauen. Seine ersten Bauten haben einen rein funktionalen Charakter“[126], schreibt Adolf Behne 1923 in seinem Buch *Der moderne Zweckbau*. Später werden zwar aus diesen Ursprüngen auch Meisterwerke der Baukunst entstehen, aber es bleiben grundlegend andere Ursprünge als diejenigen der anderen Künste. Darum brauchen Maler oder Bildhauer oder eben auch moderne Objekt-, Video- oder Performance-Künstler ‚nichts zu lernen außer ihrer Kunst‘ (was schwer genug ist und ein Leben lang dauern kann), während Architekten zunächst die fachlichen Grundlagen des Bauens, also Material- und Baustoffkunde, Konstruktion, Bauphysik, Gebäudelehre und Typologie, Entwurf, Gestaltung, Darstellung und vieles andere mehr erlernen müssen, um ein Gebäude so entwerfen zu können, daß es – jenseits potentieller ästhetischer Qualitäten – hält und funktioniert.

Dieser hohe Anteil an zweckorientierten und technisch-konstruktiven Elementen hat dazu geführt, daß die Architektur in anderen Klassifizierungsversuchen unter die sogenannten ‚Angewandten Künste‘ eingeordnet wurde, zusammen mit Produkten des Kunstgewerbes und neuerdings des Designs. Damit sollten eben jene Disziplinen charakterisiert werden, die beiden Seiten (verkürzt also: Funktion und Ästhetik) gleichermaßen gerecht werden müssen. Allerdings gibt es kaum einen Terminus, der mehr oder gründlicher in die Irre führt. Adolf Loos spricht von einem „lügnerischen Schlagwort“ und von dem „großen Mißverständnis, daß die Kunst etwas ist, das einem Zweck angepaßt werden kann.“[127] Tatsächlich ist es ja genau umgekehrt: Kunst – wenn es denn Kunst ist – paßt sich nie an, sondern wächst über die selbstverständliche und mühelose Erfüllung der Zwecke in die freie Sphäre des Ausdrucks und der Gestaltung hinein. Die Charakterisierung der Architektur als *Angewandte Kunst* führt letztlich zu ähnlich fragwürdigen Ergebnissen wie die kunstgewerbliche Praxis des neunzehnten Jahrhunderts, als ‚Künstler‘ die an der Akademie erworbenen Kenntnisse über griechische Skulptur beispielsweise für den Unterbau einer Obstschale nutzbar machten. Es gibt keine angewandte Kunst.

Loos selbst geht in seinem Aufsatz *Architektur* sogar noch einen Schritt weiter: „Nur ein ganz kleiner Teil der Architektur gehört der Kunst an: Das Grabmal und das Denkmal. Alles andere, das einem Zweck dient, ist aus dem Reiche der Kunst auszuschalten."[128] Und weiter: „Das Haus hat allen zu gefallen. Zum Unterschiede vom Kunstwerk, das niemandem zu gefallen hat. Das Kunstwerk ist eine Privatangelegenheit des Künstlers. Das Haus ist es nicht. Das Kunstwerk wird in die Welt gesetzt, ohne daß ein Bedürfnis dafür vorhanden wäre. Das Haus deckt ein Bedürfnis. [...] Das Kunstwerk will die Menschen aus ihrer Bequemlichkeit reißen. Das Haus hat der Bequemlichkeit zu dienen. [...] Das Kunstwerk weist der Menschheit neue Wege und denkt an die Zukunft. Das Haus denkt an die Gegenwart."[129] Diese apodiktische Gegenüberstellung geht sicherlich zu weit, denn selbstverständlich gibt es Baukunstwerke nicht nur bei Grab- und Denkmälern oder nur bei Tempeln, Schlössern oder Kathedralen, sondern auch bei unzähligen Bauten, die einem profanen Zweck dienen – aber ebenso zweifelsfrei ist Architektur eine *andere Art von Kunst* als Malerei oder Skulptur oder deren moderne Entsprechungen. *Kunst in der Architektur entspringt anderen Wurzeln, muß andere Probleme lösen und kommt auf anderen Wegen zu ihrem Ziel.* Es ist eine Kunst ‚sui generis', deren terminologische Vermengung mit den anderen ‚Bildenden Künsten', wie sie bei Vasari ihren Anfang genommen hatte und bis heute fortdauert, den wahren Kern dieser Kunst gerade verschleiert und das Verständnis ihrer Andersartigkeit verstellt.

Keine Wissenschaft

Immer wieder taucht in theoretischen Abhandlungen die Frage auf, ob Architektur nicht doch oder zumindest *auch* eine Wissenschaft sei. Das kann sich bis zur Umdeutung der Architektur in eine neue – alte – Universalwissenschaft steigern.[130] Hinzu kommt neuerdings der Kampf der Hochschulen um Forschungsgelder und Drittmittel, in dem die Architekturfakultäten traditionell einen schweren Stand haben. Entwerfen, so wird argumentiert, sei ebenfalls eine Form der Forschung, ein Mittel der Erkenntnisgewinnung. Auch Entwerfen generiere neues Wissen, auch Architekten seien nach jedem Entwurf klüger, wüßten mehr über die Entwurfsaufgabe und ihre Lösungsmöglichkeiten als vorher. Außerdem benötigten sie für ihre Arbeit viel eigenes Wissen und benutzten die wissenschaftlichen Erkenntnisse anderer Disziplinen. Definiere man Wissenschaft als ein durch Forschung, Lehre und Fachliteratur geordnetes, kumuliertes und gesichertes System von Wissen, so genüge ein Blick in die Bibliotheken der Architekturfakultäten, um den Anspruch des

Fachgebiets auf einen wissenschaftlichen Status zweifelsfrei zu untermauern. Und gliedere man die Wissenschaft nach ihren Zielen, also in theoretische und angewandte Wissenschaften, so gehöre die Architektur zu den angewandten Wissenschaften; sortiere man nach der Methode, also nach induktivem oder deduktivem Vorgehen, gehöre die Architektur zu den empirischen oder Erfahrungswissenschaften, die über Experiment, Versuch und Irrtum, Variantenbildung, Verifizierung und Falsifizierung zu ihren Ergebnissen kämen. Zudem gäbe es auch beim Entwerfen systematische Forschung und organisiertes Wissen, man denke nur an die Laborarbeit der russischen Konstruktivisten oder an die streng rational und wissenschaftlich ausgerichtete Lehre von Hannes Meyer am Bauhaus in Dessau. Unabhängig davon hätten wissenschaftliche und mathematische Gesetzmäßigkeiten der Wahrnehmungslehre, der universellen Proportionsgesetze und der musikalischen Harmonielehre in der gesamten Architekturgeschichte immer eine große Rolle gespielt und – wie oben (S. 33) erwähnt – in verbindlichen Regelwerken und einer wissenschaftlichen Betrachtung der Architektur ihren Niederschlag gefunden.

Das ist alles richtig. Aber sämtliche Analogien verdecken nur die grundlegenden Unterschiede:

- Wissenschaft untersucht *vorhandene* Phänomene (bekannte und unbekannte), Architektur bringt *neue* Phänomene hervor. Architektur ist keine *Wissen*schaft, sondern eine *Tun*-schaft.
- Wissenschaft schafft Wissen *(immateriell),* Architektur schafft Räume und Körper *(materiell).*
- Ziel der Wissenschaft ist die Vermehrung von *allgemeingültigem* Wissen, Ziel der Architektur ist die Lösung *spezieller* Bauaufgaben.
- In der Wissenschaft gelten *objektive* Gesetze oder Gesetzmäßigkeiten, der fertige Entwurf ist immer die Summe *subjektiver* Auswahl- und Verknüpfungsentscheidungen. Zwar benutzen auch Architekten objektive wissenschaftliche Erkenntnisse – und hier ist kein Platz für subjektive Interpretationen –, aber *welche* Fakten sie in *welcher* Form in ihren Entwurf übernehmen, ist ihre individuelle Entscheidung.
- Die Wissenschaft sucht nach der *einen, richtigen* Lösung, in der Architektur gibt es immer *viele* und *unterschiedliche* Lösungen.
- Schließlich die *ästhetische* Dimension als letzte, unüberbrückbare Differenz: In der Wissenschaft ist Schönheit kein Kriterium, in der Architektur aber sehr wohl.

Keine Baukunst per se

Das Wort „Baukunst" wird heute nur noch ungern verwendet. Der Begriff ist zu eng mit dem Kanon der ‚Alten' Architektur verbunden, zu rückwärtsgerichtet auf die Bauten Griechenlands, Roms, der Renaissance etc. (beim Barock schieden sich lange Zeit schon die Geister). Baukunst war *Stilbaukunst,* anders als im „Gänsemarsch der Stile"[131] konnten Baukunstwerke bis zum Ende des neunzehnten Jahrhunderts nicht gedacht werden. Als sich dann langsam und mühselig eine ‚Neue' Architektur entwickelte, *die nicht mehr Stilbaukunst war* und gänzlich auf das alte, verschlissene Repertoire verzichtete, zögerte man begreiflicherweise, deren herausragende Ergebnisse ebenfalls als „Baukunst" zu bezeichnen. Man konnte damit das ‚Wesen' der modernen Architektur, das Fortschrittliche, Technologische, Konstruktive, die Tatsache, daß es nicht mehr um Sakral- oder Repräsentationskunst ging, sondern um die Schaffung neuer Funktions-, Konstruktions- und Ausdrucksformen für gänzlich veränderte Anforderungen, nicht erfassen. Unmerklich und schleichend wurde das Wort „Baukunst" durch das Wort „Architektur" ersetzt und verschwand mehr und mehr aus dem Sprachgebrauch.

Seitdem wird also von „Architektur" gesprochen, auch wenn weiterhin Kunstwerke gemeint sind wie etwa Mies van der Rohes Barcelona-Pavillon oder Le Corbusiers Villa Savoye. Buchtitel wie „Die Architektur des 20. Jahrhunderts" zeigen ausschließlich die Ikonen der modernen *Baukunst.* Und an den Hochschulen wird die „Geschichte der modernen Architektur" mit dem immer gleichen Kanon der künstlerischen Höhepunkte der Moderne gelehrt. „Architektur" ist damit zu einem Synonym für die Meisterwerke, die Ikonen geworden: Das ist Architektur! Zugleich steht das Wort aber weiterhin für das Fachgebiet, das Berufsgebiet, das Lehrgebiet und den Hochbau insgesamt. Es ist also inzwischen mehrfach codiert: zum einen inhaltlich, zum anderen qualitativ, als höchste Qualitätsstufe, als neue Bezeichnung für die Kunstwerke unter den Bauwerken. Und dann gibt es auch noch ‚gute' Architektur, die merkwürdigerweise eine Stufe unterhalb der Spitzenwerke rangiert.

Das ist terminologisch eine äußerst unerquickliche Situation, die letztlich für die nicht enden wollenden Mißverständnisse in den Architekturdebatten verantwortlich ist. Besonders betroffen von dem Fehlen einer separaten Bezeichnung für die „Kunstwerke unter den Bauwerken" ist jedoch der Berufsstand selbst. Wenn es Architekten, die nicht Wochen und Monate auf eine künstlerische Inspiration warten können, sondern ‚auf Knopfdruck' einen Entwurf produzieren müssen, nicht gelingt, ein Bau-Kunstwerk zu schaffen (und das ist die Regel) – sind ihre Entwürfe dann keine „Architektur"? Oder ‚schlechte' Architektur? Müßte es nicht, wenn das Wort „Architektur" bereits für die Spitzenwerke belegt ist, zumindest einen *eigenen Qualitätsbegriff für den Bereich jenseits der Kunst geben?* Denn nicht alle Architekten können, wollen oder müssen Künstler sein und nicht jedes ausgezeichnete Bauwerk gleich ein Kunstwerk! Zudem ist das Entstehen eines architektonischen Kunstwerks weder vorhersehbar noch programmierbar, „es geschieht – oder geschieht nicht – im Rahmen jahre- oder jahrzehntelanger Bemühungen einzelner Personen oder kleiner Gruppen."[132] Architekten können nicht, wie Mies van der Rohe gesagt haben soll, ‚jeden Montag' eine neue Architektur entwickeln, selbst wenn sie Künstler wären. Und überhaupt sind nur die wenigsten Architekten in der Lage, ein *neues* künstlerisches Konzept zu formulieren. Denn das setzt, über die kreativen und gestalterischen Fähigkeiten hinaus, zwei weitere und sehr seltene Begabungen voraus: *Originalität* und *Ausdrucksvermögen*. Originalität, um überhaupt aus den gängigen ästhetischen Bahnen und Sehgewohnheiten ausbrechen und neue Wege beschreiten zu können; Ausdrucksvermögen, um es nicht nur irgendwie ‚anders' zu machen, sondern dem „Zeitwillen"[133], wie es Mies van der Rohe ausgedrückt hat und wie es ihm so perfekt gelungen ist, zu einem neuen Gesicht zu verhelfen, ihn überhaupt erst sichtbar werden zu lassen. Der Barcelona-Pavillon ist deshalb ein Kunstwerk, die teilweise noch heute nach Art der Klassischen Moderne entworfenen Villen sind es nicht – aber sie können durchaus gute Architektur sein: fehlerfrei gebaut und technisch auf dem letzten Stand, alle Nutzerbedürfnisse perfekt erfüllend und von oft bewundernswerter Eleganz und Gestaltqualität.[134]

Von daher wäre es sinnvoll, die Terminologie wieder auf eine logische Basis zu stellen: Kunstwerke in der Architektur wieder als solche, also als Architektur-Kunst (oder Baukunst), zu bezeichnen und die gelungenen Werke der Architekten – wie der Name schon sagt und wie es Vitruv definiert hat – als Architektur.

Unabhängig davon ist aber eine eigene Qualitätsebene unterhalb der Architektur-Kunst für den Berufsstand der Architekten schon deshalb unverzichtbar, weil nur auf diesem Wege ihre Arbeit eindeutig von der Flut der ‚normalen' Bauproduktion abgegrenzt werden kann.

Kein Hochbaugebiet

Denn so wenig, wie alle Architektur Kunst ist, so wenig ist alles Bauen Architektur. Noch wichtiger als die Abgrenzung zur Kunst ist die Abgrenzung zum allgemeinen Bauen. Denn nur ein geringer Teil der aktuellen Bauproduktion ist tatsächlich Architektur. Wenn man mit offenen Augen durch die Stadtrandgebiete oder über Land fährt, wird man zwischen all den Baumärkten, Supermärkten, Möbelmärkten, Tankstellen, zwischen Vergnügungs-, Outlet- und Logistikcentern und in die Landschaft verstreuten Einfamilien-Fertighaus-Siedlungen schauerlichster Machart *kaum* Architektur finden.

Daran sind zum wenigsten die Architektinnen und Architekten selbst schuld. Wenn ein Gebäude auf seinen Warencharakter reduziert wird (und das ist heute bei den meisten der Fall), wechselt es automatisch in die Sphäre der Marktgesetze, denen es sich unterordnen muß wie jede andere Ware auch. Die Kriterien der Bauherren (beziehungsweise Investoren) sind dann: Funktionserfüllung, Haltbarkeit, Mängelfreiheit, optimales Kosten-Nutzen-Verhältnis, langfristige Wirtschaftlichkeit, Höhe der Investitionssumme, Abschreibungsdauer, Rendite. Da bleibt kein Spielraum für Architektur. *Aber man darf diese Form des Bauens dann auch nicht länger als Architektur bezeichnen, wie dies allenthalben geschieht.*

Der Wegfall der Handwerkskunst

Unabhängig davon bleibt allerdings die Frage, wie es zu diesem beispiellosen Niedergang der Baukultur in vielen Neubaugebieten oder in den Streusiedlungen an den Stadträndern kommen konnte.

Der Grund liegt darin, daß die Architektur in den letzten hundert Jahren nicht nur einen, sondern *zwei* existentielle Umwälzungen verkraften mußte:

1. Den Wegfall der Stilarchitektur, des über Jahrhunderte oder Jahrtausende immer weiterentwickelten *Repertoires und Vokabulars* von plastischen und schmückenden Elementen griechisch-römischer Provenienz, aus dem die Architektur ihren gesamten Gestaltungsreichtum bis zum Historismus abgeleitet hatte (mit Ausnahme der Gotik).

2. Den Wegfall der *Ebene handwerklicher Qualität,* die Verdrängung der in noch längerer Tradition gereiften Perfektion der Materialbearbeitung und schmückenden Detailausbildung, die auch ganz einfachen Bauten eine substantielle Wertigkeit verliehen hatte („Craft-based-design“[135]).

Das zweite Phänomen, der Wegfall der Ebene handwerklicher Detaillierung und Gestaltung, wird allerdings so gut wie nie thematisiert, obwohl durchaus offen ist, welcher Verlust schwerer wiegt. Die Handwerkskunst als Summe der Regeln, Fachkenntnisse und Kunstfertigkeiten in der Materialbearbeitung und -fügung war immer Basis und Voraussetzung der architektonischen Qualität. Sie bildete bis zum Beginn des zwanzigsten Jahrhunderts den unverzichtbaren *Sockel der gesamten Baukultur.* Die vielen Profanbauten vergangener Zeiten, die keineswegs den Anspruch erhoben, Baukunst zu sein, trugen trotzdem einen Großteil zur Bereicherung der gebauten Umwelt bei (und die übriggebliebenen tun es noch heute), weil sie allein durch die Qualität der handwerklichen Ausführung und Detaillierung bereits hohen ästhetischen Reiz besaßen – selbst die Fabrikbauten und Werkhallen der Gründerzeit aus Klinkermauerwerk mit ihren Sonderformaten für scheitrechte Stürze, Fensterlaibungen, Türeinfassungen, Gesimsbänder, Sockelausbildungen etc. Vergleicht man solche Zeugnisse vergangener Industriekultur – schon der Ausdruck ist bezeichnend – mit den heute üblicherweise in den Gewerbegebieten der Peripherie verstreuten Fabrikgebäuden und Blechcontainern, deren industriell gefertigte Bauteile und Konstruktionselemente – für sich genommen – keinerlei ästhetische Qualität mehr besitzen, wird das ganze Ausmaß dieses zweiten Verlustes evident. Das Fehlen der *zusätzlichen Ebene handwerklicher Qualität und Detaillierung* hat für alle sichtbar die Spreu vom Weizen getrennt: Es gibt weiterhin qualitätvolle Architektur, manchmal sogar (in ähnlicher Seltenheit wie zu allen Zeiten) Baukunst, aber die meisten anderen Erzeugnisse des aktuellen Baugeschehens zeigen sich ohne die schützende Ebene handwerklicher Überformung auf einmal in ihrer ganzen, maschinell oder industriell produzierten Banalität und Häßlichkeit. (Selbst ein kleines Stellwerkhäuschen vom Ende des neunzehnten Jahrhunderts ist gegenüber seinem modernen Pendant aus großformatigen, mit Silikon verfugten Waschbetonelementen geradezu ein Schmuckstück).

Angesichts dieser Entwicklung ist es unumgänglich geworden, eine neue Grenzlinie zu ziehen und klar zu definieren, welche Kriterien ein Gebäude erfüllen muß, um zu Recht als Architektur bezeichnet werden zu können.

1. Firmitas, utilitas, venustas

Einen ersten Ansatzpunkt liefern immer noch Vitruvs berühmte Kriterien *firmitas, utilitas* und *venustas,* also *Festigkeit, Nützlichkeit* und *Schönheit,* denen jede Planung eines Gebäudes Rechnung tragen muß (und Vitruv sagt ausdrücklich „muß"), wenn es in den erlauchten Kreis der *architectura* aufgenommen werden wollte. Weniger ging nicht, etwa die Reduktion auf Technik und Zweckerfüllung – es mußten immer alle drei Kriterien *zugleich* erfüllt sein. Und Vitruv nahm auch keine Bewertung der Kategorien vor, wie es die nachfolgenden Epochen in der Baugeschichte immer wieder getan haben, indem sie abwechselnd die Sicherheit, die Schönheit oder die Zweckmäßigkeit in den Vordergrund stellten. Mit der lakonischen Forderung nach der *gleichrangigen* und *gleichzeitigen* Erfüllung aller drei Kriterien definiert Vitruv eine eindeutige Grenze: „Alle Gebäude, die auch nur *eines* dieser als gleichrangig formulierten und nach wie vor gültigen Ziele – gute Gestaltung, hohe Nutzbarkeit und perfekte Ausführung – verfehlten (und das war immer die große Mehrheit), blieben aus dem Kreis der Architektur ausgeschlossen."[136]

2. Technologische und materielle Ausführungsqualität

Aber angesichts der eingetretenen Entwicklung muß zumindest der Begriff der *firmitas,* der zu Vitruvs Zeiten nicht nur für Festigkeit, Sicherheit und Haltbarkeit stand, sondern als deren Voraussetzung auch für die perfekte handwerkliche Ausführung, inhaltlich neu gefüllt werden. Solange Bauteile und -elemente noch handwerklich hergestellte Einzelanfertigungen waren, konnten Architekten – in Zusammenarbeit mit Handwerksmeistern und ohne Zusatzkosten – jede gewünschte Form der Detailausbildung formulieren, die sie zur Verwirklichung ihrer konstruktiven *und* ästhetischen Vorstellungen für erforderlich hielten. In Zeiten maschineller oder industrieller Vorfertigung von Bauelementen – und hier ist von Bauvorhaben *normaler* Größenordnung die Rede, nicht von den spektakulären Großbaustellen mit fast unbegrenztem Kostenrahmen, die sich schon aufgrund der großen Serie Speziallösungen und eigens angefertigte Bau- oder Fassadenelemente leisten können – wird dagegen jede individuelle Lösung oder Sonderanfertigung zu einem das normale Budget weit überschreitenden Kostenfaktor. Von daher ist der Druck auf die Architekten enorm gestiegen, sich bei der Detaillierung auf die von den verschiedenen Anbietern vorgegebenen Variationsmöglichkeiten des jeweiligen Bauteils zu beschränken. Das Wälzen von Herstellerkatalogen hat in vielen Fällen längst das Entwickeln eigener Details abgelöst. Meist sind auch Eingriffe in Details der Konstruktion schon deshalb nicht mehr möglich, weil die Ausführung des entsprechenden Bauteils dann nicht mehr mit den in jahrelangen Testprozeduren mühsam erlangten Prüfzeugnissen, Zertifizierungen oder ISO-Normen übereinstimmen würde, deren Einhaltung der Bauherr gleichwohl verlangt.

Aber selbst wenn sich beispielsweise ein Fensteranbieter findet, dessen Produkte nicht nur den technischen und energetischen, sondern auch den eigenen ästhetischen Vorstellungen entsprechen, bleibt dies doch eine isolierte Lösung, die ästhetisch nicht mit den Angeboten anderer Anbieter zu anderen Bau- und Gebäudeteilen verknüpft ist. *Ein Sammelsurium selbst qualitativ hochwertiger Einzelprodukte ist aber noch keine Architektur.* Es bleibt der Zwang, die neuen Produkte und Technologien in ein ästhetisches Gesamtkonzept einzubinden und so lange mit den Herstellern zu verhandeln, bis eine optisch und ästhetisch mit den übrigen Bauteilen harmonierende Lösung gefunden ist.

Zur architektonischen Qualität gehören des weiteren die sorgfältige Auswahl *neuer Materialien* und die ebenso sorgfältige Überwachung ihrer Verarbeitung. Silikonfugen und die flächendeckende Verbreitung von Wärmedämmverbundsystemen markieren in diesem Zusammenhang eher einen Tiefpunkt der gegenwärtigen Bauproduktion. Das Entstehen von Architektur setzt zwingend voraus, daß der ehemalige Reiz handwerklich bearbeiteter Materialien und Oberflächen durch den paßgenauen Einsatz neuer, technologisch und ästhetisch optimierter Produkte und die perfekte Verarbeitung hochwertiger Materialien *kompensiert* wird.

3. Gestaltqualität

Über die Erfüllung der Kriterien *firmitas, utilitas, venustas* und die *ästhetische* Einbindung neuer Technologien und Materialien hinaus ist das Erreichen einer bestimmten *Gestaltqualität* notwendig (Näheres dazu unter *Gestaltbildung,* S. 155 und *Die unsichtbare Geschichte,* S. 179). Ein Gebäude muß eine eigene, prägnante Aussage, also Charakter und Identität, besitzen. Beides kommt nur zustande, wenn aus der Zusammenfügung der einzelnen Komponenten – ein spezieller Bauplatz, ein individuelles

Raumprogramm, eine Vielzahl konstruktiver, technischer und rechtlicher Rahmenbedingungen sowie ein ganz bestimmtes Budget – „*mehr* als eine Addition entsteht, nämlich etwas Eigenständiges, Neues, Charakter eben: wenn zum Schluß die vielen Einzelaspekte möglichst rückstands- und widerspruchsfrei in einer *neuen* Gesamtgestalt aufgehen."[137] Oder, um ein anderes Bild zu verwenden: wenn alle Gestaltungselemente sich wie Eisenfeilspäne unter dem Einfluß eines Magneten auf ein einheitliches formales Prinzip hin ausrichten.

Georg Franck hat in seinem Buch *Architektonische Qualität* weitere Stichworte genannt: „Präzision, Kohärenz, Balance, Verdichtung"[138] und in einem früheren Aufsatz „Motiviertheit, Dichte, Resonanz, Gleichgewicht, Einfachheit und glückliche Koinzidenz."[139] Allerdings möchte er damit die „poetische Kraft der Architektur"[140] oder eine Art ‚architektonische Poetik' kennzeichnen, die bereits auf den Bereich der architektonischen Kunstwerke verweist.

4. Die Anwendung und Umsetzung ästhetischer Konzepte

Bei der Definition der qualitativen Kriterien für Architektur geht es jedoch *nicht* um architektonische Kunstwerke. Die Kunstwerke in der Architektur übernehmen im komplexen Zusammenspiel der Formentwicklung die Funktion des *Vorreiters und Impulsgebers,* der neue Gestaltungsmöglichkeiten aufzeigt, auf die zuvor noch niemand gekommen war (einen neuen Umgang mit Formen, mit Materialien, mit Fügungen, mit Farben, mit Raum, mit neuen Konstruktionen etc.). Sind diese „aber einmal da, ‚in der Welt' sozusagen, sind ihre formalen Merkmale und Prinzipien für jeden meist nicht nur unmittelbar einleuchtend, sondern auch sofort nachvollziehbar und anwendbar."[141] Voraussetzung für das Erreichen architektonischer Qualität ist daher nicht die Schaffung eines *neuen* ästhetischen Konzepts oder einer ganz neuen architektonischen Ausdrucksform, sondern die Fähigkeit zur Umsetzung und Anwendung *bestehender* ästhetischer oder stilistischer Konzepte auf die jeweils zu lösende konkrete Aufgabe. Die herausragenden Leitbauten liefern die Beispiele – so wie die sich ständig weiter entwickelnde Bautechnik die neuen konstruktiven Möglichkeiten liefert –, und die Architektinnen und Architekten müssen *beides* aufnehmen und in ihren laufenden Projekten verarbeiten. Diese Umsetzung und Anpassung erfordert ebenfalls ein hohes Maß an Kreativität und ist die notwendige Voraussetzung für das Erreichen architektonischer Qualität. Wird diese *Integrations-*

leistung nicht vollbracht und die Vorlage einfach nur kopiert, entsteht keine Architektur, sondern nur ein Abziehbild.

5. Lehrbar- und Erlernbarkeit

In diesen Zusammenhang gehört, daß die *Anwendung* (nicht die *Hervorbringung*) eines ästhetischen Konzepts weitgehend lehrbar und erlernbar ist. Das „schafft überhaupt erst die Voraussetzung für die Existenz der zahlreichen Architekturhochschulen, in denen die Kenntnis, Anwendung und Umsetzung unterschiedlicher ästhetischer Konzepte als Teil der Architekturausbildung vermittelt wird."[142] Vor allem aber ist die Lehrbarkeit und Erlernbarkeit die „Grundlage des Berufsstandes, der sich nicht ausschließlich aus genialen Künstlern rekrutieren kann, sondern in weiten Teilen auf routinierte ‚ästhetische Arbeiter'[143] – ein Begriff von Gernot Böhme aus seinem Buch *Atmosphäre* – zurückgreifen muß."[144] Es ist geradezu die Bedingung für das Funktionieren der Architektur, „daß die Art und Weise der Gestalterzeugung *nicht* auf unvorhersehbaren und unkontrollierbaren kreativen Zufällen basiert, sondern auf lehrbaren und erlernbaren gestalterischen Grundlagen, welche die Architekten sozusagen auf Abruf, *allerdings für jedes Bauwerk individuell und neu,* anwenden können müssen."[145]

Insgesamt enthält die Formulierung dieser fünf Punkte durchaus normative Setzungen, die aber als ‚Anerkannte Regeln der Architektur' im Bewußtsein des Berufsstandes in ähnlicher Weise verankert sind wie die „Anerkannten Regeln der Technik" im Bereich der Bauausführung.

Architektur als *Kunst des Bauens*

Die beiden letzten Abschnitte haben gezeigt, daß das Wort „Architektur" selbst unter Ausschaltung aller anderen Bedeutungen immer noch *zweierlei* abdecken muß: das Fachgebiet der Architekten und ein definiertes Qualitätsniveau der (von ihnen) geplanten Gebäude. Als Meister des Faches werden sie mit jedem neuen Entwurf versuchen, diese qualitative Ebene zu erreichen. Dieser Versuch kann mißlingen – dann verbleibt das Ergebnis auf der Ebene des Bauens; er kann gelingen – dann entsteht Architektur; oder er kann sogar über die Ebene der perfekten Erfüllung

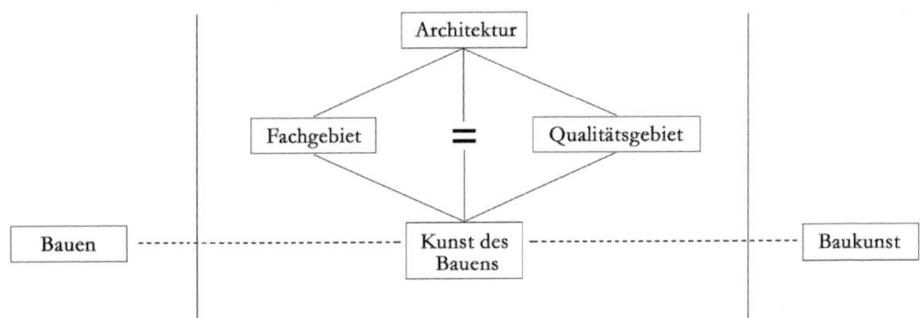

4 Architektur als Kunst des Bauens

der Qualitätskriterien hinauswachsen – dann ist das Ergebnis Baukunst. *In statu nascendi* – und das ist das ungeheuer Spannende an dem Beruf – ist alles möglich. (Bild 4)

Die Vielzahl der Abgrenzungsschritte hat darüber hinaus deutlich gemacht, daß es sich bei der Architektur um ein besonderes Phänomen, um ein Gebiet ‚sui generis' handelt. Gerade weil die Architektur so viele Berührungspunkte und Schnittmengen mit anderen Disziplinen hat, aber keiner wirklich angehört, steht sie am Ende allein und einzigartig da – *sie steht für nichts anderes als für sich selbst.* Von den Künsten trennt sie der Graben der Zweckgebundenheit – aber sie kann trotzdem große Kunstwerke hervorbringen. Von dem streng methodischen Vorgehen der Wissenschaft trennt sie das Spontane, Intuitive – aber sie verarbeitet dennoch ständig die neuesten wissenschaftlichen und technischen Errungenschaften. Vom allgemeinen Bauen trennt sie der Qualitäts- und Gestaltungsanspruch – aber sie muß trotzdem alle Gewerke des Bauens perfekt beherrschen. Von der mangelnden Steuerbarkeit der künstlerischen Produktion trennt sie die Notwendigkeit der Auftragsplanung, die nicht allein auf die Zufälle von Kreativität und Originalität vertrauen kann, sondern auf erlernbare gestalterische und ästhetische Qualifikationen zurückgreifen muß. Architektur ist daher per se weder Bauen noch Baukunst sondern *die Kunst des Bauens.*

2 Was ist ein Architekt oder eine Architektin?

Historische Betrachtung: Die Rolle des Architekten im Wandel der Zeit

Oberster Beamter und Hohepriester

Herausragende Persönlichkeiten, die für Planung und Bau der großartigen Zeugnisse früher Baukunst verantwortlich waren, gab es seit Anbeginn der Baugeschichte – sie wurden nur nicht Architekten genannt. Die Monumente in den frühen Hochkulturen, etwa im Zweistromland oder in Ägypten, standen immer „in engem Zusammenhang mit den Gegebenheiten und Erfordernissen ritueller Handlungen […] und waren hier ebenso wie andere kulturelle Bereiche entscheidend von der Religion geprägt"[146]. Deshalb stammten die obersten Baubeamten aus der Priesterschaft oder hatten, wie etwa Imhotep (27. Jh. v. Chr.) oder Amenophis (14. Jh. v. Chr.), als Minister und Berater des Königs zusätzlich noch das Amt des Hohepriesters inne. Als Gesamtverantwortliche für die Errichtung gewaltiger Pyramiden und Tempelbezirke bestand der Großteil ihrer Arbeit weniger in der konzeptionellen oder entwurflichen Tätigkeit als in der Organisation der für solche Großbaustellen erforderlichen Material- und Menschenmassen – und dies über Jahrzehnte hinweg. Außerdem entstanden solche Bauwerke im alten Ägypten – wie in der gesamten Frühgeschichte des Bauens – als „kollektive Leistungen"[147]. Rituelle Vorgaben, Symbole und Bildkonzepte, die zunächst vielleicht aus der Priesterschaft stammten, bedurften zu ihrer Umsetzung vieler Ebenen in dem hierarchisch organisierten Bauwesen. Auf der untersten Ebene stand die „große Schicht von Arbeitern, die keinen handwerklichen Beruf erlernt hatten. Sie wurden als ‚Soldaten' oder ‚Heer' bezeichnet"[148]. Dann folgten als „unterste Stufe des Beamtenapparats […] die Meister. Aus einer Schicht spezialisierter Handwerker stammend"[149], waren sie die unmittelbaren Vorgesetzten der Hilfsarbeiter, die Anweisungen für die verschiedenen Gewerke erteilten, aber auch selbst mitarbeiteten. Über den Meistern standen die „Leiter der Arbeiten"[150], die Teilbereiche wie etwa die Materialbeschaffung oder das Transportwesen organisierten. An der Spitze der Hierarchie standen schließlich die „Leiter aller Arbeiten des Königs“[151], die in den schriftlichen Aufzeichnungen als einzige die Ehre hatten, namentlich als Erbauer genannt zu werden.

Die Frage allerdings, welcher Gruppe innerhalb des ägyptischen Bauwesens „die Entwerfer von Bauplänen, die eigentlichen Architekten also, angehörten, läßt sich nicht eindeutig beantworten“[152]. Die dafür notwendigen Kenntnisse in Mathematik, Mechanik, Vermessungskunde und Astrologie wurden in den Tempelschulen vermittelt, auch „schriftliche Aufzeichnungen, Baupläne und Bauberichte“[153] wurden dort aufbewahrt. Beides läßt auf die Nähe der Entwurfsverfasser zum sakralen Bereich schließen. An Selbstbewußtsein hat es diesen Hohepriestern und obersten Beamten der Pharaonen jedenfalls nicht gefehlt, wie aus einer Inschrift von Senenmut (um 1500 v. Chr.) hervorgeht: „Ich war der Größte der Großen im ganzen Land. Einer, der allein im großen Rat Audienz hatte. [...] Ich war Aufseher der Aufseher; den Großen übergeordnet. [...] Ich war einer, dem die Angelegenheiten Ägyptens berichtet wurden. [...] Die Arbeit in allen Ländern stand unter meinem Befehl“[154].

Oberster Leiter

Anders als in Ägypten war der Architekt in Griechenland weder Priester noch Mitglied der obersten Führungsschicht im Umkreis der Pharaonen noch Hofbeamter. Der griechische *architekton* entstammte der Schicht der Handwerker, die zu den *banausoi* gehörten – zu Menschen also, die ihren Lebensunterhalt mit ihrer Hände Arbeit verdienten –, und er wurde auch nicht besser bezahlt als die übrigen qualifizierten Handwerker. Zu den *banausoi* zählten im übrigen auch alle Berufsgruppen, die heute den Bildenden Künsten zugerechnet werden: Bildhauer, Erzgießer, Maler etc., selbst solche herausragenden Künstler wie Phidias. „Das staatliche Bauwesen der Griechen kannte in der materiellen Bewertung der Arbeiten keine nennenswerten Unterschiede zwischen handwerklicher und künstlerischer Tätigkeit.“[155] Ein Architekt war also in der Regel ein besonders begabter, geschulter und kenntnisreicher Handwerksmeister, der sein Metier als Steinmetz, Zimmermann oder Maurer von Grund auf gelernt hatte und sich dann später um eine – meist zeitlich befristete – Anstellung als *architekton* bei der staatlichen Baubehörde bewarb. „In der Sprache der Bauurkunden ist der *architekton* der fest angestellte Bauführer“[156], der die künstlerische und technische Gesamtleitung des Bauvorhabens innehatte.

Das öffentliche Bauwesen war in Griechenland in hohem Maße organisiert, es gab klare gesetzliche Bestimmungen und verschiedenste Behörden, die deren Einhaltung und die Bauorganisation als Ganzes überwachten: auf der einen Seite die ‚Baupolizei' und die allgemeine Bauverwaltung (*astynomoi*), auf der anderen die einzelnen Behörden für Wegebau *(hodopoioi),* Sakralbau (*neopoioi* oder *naopoioi*), Befestigungsbau *(teichopoioi)* und Schiffsbau *(triêropoioi)*[157]. Darüber hinaus mußte jedes größere Bauvorhaben durch eine Versammlung der wahlberechtigten Bürger genehmigt werden. Dort wurde auch der Bauplatz und die Höhe der Finanzmittel festgelegt und eine Baukommission und deren Leiter – also der Architekt – für das jeweilige Bauvorhaben eingesetzt. Baukommission und Architekt wiederum erarbeiteten eine Baubeschreibung mit detaillierter Zusammenstellung des Material- und Arbeitskräftebedarfs, welche die Grundlage einer öffentlichen Ausschreibung bildete. Manchmal wechselten die Architekten auch die Seite und beteiligten sich als Generalunternehmer an einer solchen Ausschreibung wie etwa Kallikrates beim Bau der „Langen Mauer" zwischen Athen und der Hafenstadt Piräus.[158] Ansonsten entschied die Baukommission über die von Bauunternehmern und Handwerksmeistern eingegangenen Bewerbungen und schloß einen Vertrag ab, der alle Leistungen und Termine enthielt und bei Nichteinhaltung mit empfindlichen Strafen drohte.

Wie es dabei um die künstlerische Seite der Aufgabe bestellt war, ist viel weniger oder gar nicht bekannt. Direkte Entwurfs- oder Bauzeichnungen sind nicht überliefert. Allgemein muß davon ausgegangen werden, daß Form und Grundtypus der jeweiligen Bauaufgabe im wesentlichen feststanden. Öffentliche Bauten waren eine Art modularer Systembaukasten, dessen Elemente bis in die Einzelheiten des Aufbaus hinein weitgehend gleich blieben. Auftraggeber und Auftragnehmer hatten also von Anfang an das gleiche Bild, etwa einen dorischen Peripteraltempel, ein Theater, ein Gymnasium etc. vor Augen, wenn es um ein neues Bauvorhaben ging. Festgelegt werden mußte von der Baukommission nur noch die Größe (und damit beim Tempel beispielsweise die Anzahl der Säulen), die genaue Lage und Ausrichtung, die Säulenordnung (dorisch, ionisch, korinthisch, allerdings nur in den Übergangszeiten, da auf dem Festland lange Zeit die dorische, in Kleinasien die ionische Ordnung galt) und – durch die Obergrenze der Baukosten – die Quantität und Qualität der bildhauerischen Bearbeitung und des Figurenschmucks. Details wie etwa die Säulenabstände, die Feinabstimmung der Proportionen, die Ausbildung der Einzelformen wie Säulenbasen, Kapitellvarianten, Zierleisten, Dachentwässerungen etc. konnte der Architekt dann selbst bestimmen. Dafür wurden in der

Regel Musterstücke im Maßstab 1:1, sogenannte *paradeigmata*[159], angefertigt. Sicherlich spielten bei diesen Festlegungen auch Steinmetze und Bildhauer eine wesentliche Rolle, manchmal waren diese auch dem Architekten übergeordnet oder übernahmen als bildende Künstler die Rolle des leitenden Architekten wie Phidias bei der Akropolis. Dann kümmerten sich die weiterhin oder zusätzlich vorhandenen Architekten vorrangig um die organisatorischen Belange, deren Komplexität und die für deren Bewältigung notwendige Kompetenz keineswegs unterschätzt werden dürfen.

Ihre Aufgabe begann schon mit der Erarbeitung der Stückliste für die Arbeiten im Steinbruch, die oft mehrere hundert Marmorblöcke unterschiedlichster Abmessungen umfaßte, darunter auch viele tonnenschwere Blöcke, deren Transport, da der Steinbruch nur selten in unmittelbarer Nähe des Bauplatzes lag, schwierigste Probleme in der zerklüfteten griechischen Landschaft verursachte. Aber das war Sache und Risiko des Bauunternehmers (obwohl auch Architekten durch die Erfindung neuartiger Transportmöglichkeiten berühmt wurden wie beispielsweise Chersiphron[160]). Der Architekt mußte in der Zwischenzeit das Fundament und eine ebene Fläche von einigen tausend Quadratmetern schaffen, auf der er den Grundriß des geplanten Gebäudes, etwa eines Tempels, im Maßstab 1:1 aufzeichnen konnte und im Rahmen einer höchst komplexen Geometrie die modulare Ordnung, die proportionale Abstimmung aller Teile zueinander und die Querschnitte der Säulen und der Cella-Wände festlegen mußte. Bedacht werden mußten aber auch Abweichungen vom Raster wie die Kontraktion der Ecksäulen infolge des ‚Dorischen Eckkonflikts' oder die Koordination mit der Deckenuntersicht der umlaufenden Ringhalle; später auch die Festlegung der Proportionen im Aufriß, der Säulen- und Gebälkhöhen unter Berücksichtigung der leichten Krümmung des Sockels, weiterhin die Entasis (Schwellung und Verjüngung) der Säulenschäfte, überhaupt das Eingehen auf die Wahrnehmung des Betrachters und das Phänomen der optischen Täuschungen, das dazu führte, daß es am gesamten griechischen Tempel kaum eine gerade Linie gibt. Und all dies wurde nur mit Meßlatte und Winkelmaß, ohne jegliche moderne Vermessungstechnik bewerkstelligt. Ebenso mußte das Bewegen der tonnenschweren Blöcke bis in zwölf oder fünfzehn Meter Höhe ohne moderne Kräne oder Baumaschinen bewältigt werden, so daß der Architekt neben seiner Planungs- und Bauleitungsfunktion auch noch ständig neue Zug- und Hebemaschinen konstruieren und bauen lassen und bei der Festlegung der Abmessungen der Steine auch noch die Zulagen für die Transporthalterungen berücksichtigen mußte.

Damit war aber erst die Hälfte der Arbeiten getan, denn nun begann die Umwandlung des Rohbaus mittels plastischer Bearbeitung in die alle Teile erfassende Skulptur des griechischen Tempels: das Kannelieren der Säulen, die Feinmodellierung der Basen, Kapitelle, des Gebälks und der Gesimse, der zusätzliche bildhauerische Schmuck im Giebeldreieck, in den Metopenfeldern oder in den umlaufenden Friesen der Cella, denn alle diese Arbeiten wurden aus Angst vor Beschädigung beim Transport erst nach dem Einbau der Rohbauteile an Ort und Stelle begonnen.

Um alle diese Arbeiten planen und überwachen zu können, mußte der Architekt folgende Kenntnisse und Fähigkeiten besitzen:

- hervorragende Materialkenntnisse;
- gründliche Kenntnisse in Mathematik und Vermessungskunde;
- ökonomische Kenntnisse (für die Erstellung der Kostenvoranschläge, vor allem aber für die spätere Einhaltung der bewilligten Kosten);
- Kenntnisse der modularen Ordnungen und Proportionssysteme bis ins Detail (erworben wahrscheinlich auf Reisen und durch eigenes Aufmaß, manchmal auch durch Aufzeichnungen früherer Architekten);
- vor allem aber organisatorisches Talent, Durchsetzungsvermögen und Führungskompetenz, um eine Großbaustelle mit vielen Hunderten von Arbeitern, Handwerkern und Spezialisten zu leiten.

Der Architekt mußte *wissen, wie alles zusammenpaßte und mußte entscheiden, wie alles gemacht wurde* – das war seine Aufgabe. Es ging nicht um die prinzipielle Lösung, die schon vorher feststand (Typus des griechischen Tempels), sondern um die Kontrolle jedes einzelnen Details, das auf der Baustelle festgelegt werden mußte, ohne daß jeweils die Auswirkung auf die Gesamtgestalt aus den Augen verloren werden durfte. Man kann die Leistung der Verantwortlichen für ein solches Gesamtkunstwerk nur bewundern.

Baufachmann und Konstrukteur

Im römischen Reich war der *architectus* über lange Zeit vorrangig Baufachmann und Konstrukteur. Das lag am Charakter Roms sowohl als hoch organisiertem Staatswesen als auch als aggressivster und expansivster Militärmacht der antiken Welt.

Ein gewaltiges Bauvolumen mußte bewältigt werden, zum einen militärischer Art wie der Bau von Festungsanlagen, Feldlagern und Kriegsmaschinen, aber auch von gepflasterten Nachschubwegen in den eroberten Gebieten, zum anderen ziviler Natur wie das Anlegen von Straßen, Brücken, Aquädukten, Kanalisationen, Schiffswerften, Häfen, Lagerhallen in Italien und Rom selbst (von den repräsentativen Bauaufgaben ganz abgesehen). Dazu benötigte man unzählige Bauführer und Baufachleute, ohne daß zwischen Zivil- und Militärarchitekt oder zwischen Architekt, Ingenieur und Maschinenbauer unterschieden wurde. Kaiser Trajan schrieb an Plinius den Jüngeren: „An Architekten kann es Dir nicht fehlen. Es gibt keine Provinz, in der sich nicht tüchtige Ingenieure (peritos et ingeniosos homines) fänden."[161] Der Historiker Tacitus bezeichnete Severus und Celer, die Architekten Kaiser Neros, als *magistri et machinatores*[162] (Leiter und Maschinenbauer). Auch Vitruv war zunächst als Militärarchitekt und dann als Wasserbauingenieur beschäftigt. Unabhängig davon waren manche Architekten auch selbst als Bauunternehmer tätig oder der Bauunternehmer übernahm bei kleineren Bauvorhaben als Bauleiter zugleich die Architektenfunktion.

Man muß bei der Betrachtung der Stellung des römischen Architekten zwischen der Zeit der Republik und der Kaiserzeit unterscheiden. Lag das öffentliche Bauwesen in republikanischer Zeit, ähnlich wie in Griechenland, noch „in den Händen von Kommunalbeamten"[163], die über öffentliche Ausschreibungen Aufträge an einzelne Bauunternehmer vergaben, so wurde seit Augustus „der Kaiser oberster Bauherr"[164] und die Bauplanung Teil der kaiserlichen Bürokratie. Die Kaiser waren auch „die größten Grund- und Sklavenbesitzer des Imperiums"[165] und „alle größeren Marmorbrüche in Italien und in den Provinzen gelangten nach und nach in kaiserlichen Besitz"[166], ähnlich wie die Ziegeleien der Großgrundbesitzer. Gleichzeitig stieg auch das Bedürfnis nach repräsentativen Großbauten stark an. In dieser Zeit entstanden viele der originär römischen Architekturschöpfungen: Amphitheater, Thermen, Triumphbögen, gewölbte Rundtempel wie das Pantheon, überhaupt die gewaltigen Innenräume, welche die Baukunst des Abendlandes entscheidend beeinflußt haben. Bei einigen dieser Gebäude sind auch die Namen der Architekten bekannt, etwa die schon erwähnten Celer und Severus, welche die *domus aurea* des Kaisers Nero bauten[167], Rabirius, der für den Bau des Palastes von Kaiser Domitian verantwortlich war, und schließlich Apollodorus, der in den Diensten der Kaiser Domitian, Trajan und Hadrian stand und als Architekt alle öffentlichen Bauten Trajans betreute und auch als Schöpfer des Pantheons genannt wird. Die Genialität dieser Architekten manifestierte sich vorrangig in den „ins Monumentale gesteigerten, große Raumweiten überspannenden Bogen- und Gewölbekonstruktionen“[168], deren Spannweiten in den nächsten 1500 Jahren nicht mehr übertroffen wurden.

Für die Dekoration waren hingegen hauptsächlich griechische Architekten zuständig, die seit der Eroberung Griechenlands durch die Römer ab dem Jahre 190 v. Chr. massenhaft in Rom tätig wurden, wenn auch oft nicht freiwillig, sondern als Sklaven, später auch als Freigelassene. „Du mußt Dir nur nicht einbilden“, schreibt Trajan zur Herkunft der Architekten, „es sei einfacher, sie sich aus Rom schicken zu lassen, denn auch zu uns kommen sie meist aus Griechenland.“[169] Die griechischen Architekten brachten die Architektur und die Dekorationssysteme des hellenistischen Ostens nach Rom und verbanden sie mit der massiven römischen Ziegelbauweise. Auch Apollodorus war syrisch-griechischer Herkunft und stammte aus Damaskus. Die Dominanz griechischer Architekten (und deren oft niedrige soziale Stellung etwa als freigelassene Sklaven) hat aber das Ansehen des Architektenberufs bei den Römern nicht befördert. Architekten nahmen „zu allen Zeiten der römischen Geschichte eine untergeordnete Stellung ein“; sie waren „lediglich ausführendes Organ“, und ihre Tätigkeit „blieb meist anonym“[170]. In der gesamten römischen Baugeschichte finden sich auch keine Bauzeichnungen oder Angaben über die Entlohnung.

Auch Vitruv hat sehr unter der problematischen Situation seines Berufsstandes gelitten und führte das mangelnde Ansehen auf die fehlende Qualifikation und das teilweise bedenkliche Verhalten vieler seiner Kollegen zurück. In den Vorreden seiner *Zehn Bücher über Architektur* beklagt er sich bitterlich darüber, „daß Ungelernte und Unerfahrene, die nicht nur nichts von Architektur, sondern nicht einmal etwas vom Handwerk verstehen, sich mit einem Fach von so großer Bedeutung befassen.“[171] Oft seien es „Stümper“[172], die darüber hinaus nicht einmal in der Lage seien, die Baukosten richtig zu berechnen und dadurch die Bauherren in den Ruin trieben.[173] Solche „Mißstände“[174] gebe es überall, außerdem Vetternwirtschaft, Bestechungen, Auftragserschleichung durch Beziehungen und dergleichen mehr.[175] Diese „schmerzlich erfahrene Diskrepanz zwischen seinem eigenen Berufsbild und Selbstverständnis auf der einen und der realen Praxis und der öffentlichen Meinung auf der anderen Seite“[176] war für Vitruv ein wesentlicher Grund, sein umfangreiches Lehrbuch über Architektur zu schreiben, um so zur „Verbesserung der Ausbildung der Architekten und damit zur Anhebung ihrer gesellschaftlichen Stellung“[177] beizutragen.

In diesem Lehrbuch zeichnet er ein ganz anderes Bild der Rolle, vor allem aber der notwendigen Kenntnisse und Fähigkeiten des Architekten. Der Architekt sei es, dem die Beurteilung aller Arbeiten der am Bau beteiligten Gewerke unterliege. (Hier schwingt noch das frühere Bild des Leiters und obersten Aufsehers mit). Dazu müsse er sehr viel wissen und viele Kenntnisse besitzen, zum einen in der handwerklichen Praxis *(fabrica)*, zum anderen in der Theorie und Planung *(ratiocinatio)*. Hinzu komme als Drittes die schöpferische Begabung: „Daher muß er sowohl schöpferisch begabt als auch im Unterricht gelehrig sein; denn weder schöpferische Begabung ohne Unterrichtung noch Unterricht ohne schöpferische Begabung kann den vollkommenen Meister hervorbringen.“[178] Neu an seiner Aufzählung ist vor allem die Vielzahl der Wissensgebiete, die ein Architekt beherrschen soll, sowie deren Zugehörigkeit zu den *artes liberales* (sieben von zehn): Schriftkunde, Zeichnen, Geometrie, Arithmetik, Geschichte, Philosophie, Musik, Medizin, Jura und Astronomie. Im Anschluß an diese Aufzählung der Lehrfächer folgt dann auch noch eine höchst interessante Generalismusdebatte, auf die an anderer Stelle ausführlich eingegangen wird. Ganz offensichtlich erhoffte sich Vitruv von der Vermehrung der geforderten Qualifikationen des Architekten um so viele Lehrgebiete „die Verbesserung des Ansehens seines Faches, den Aufstieg der *architectura* aus der ‚schmutzigen‘ handwerklichen Sphäre in den Rang einer angesehenen Unterrichtsdisziplin.“[179]

Diese Hoffnungen auf die Nobilitierung seines Berufsstandes haben sich in den nachfolgenden Jahrhunderten römischer Geschichte nicht erfüllt. Der oft als trockener, phantasieloser Praktiker geschmähte Vitruv erweist sich damit in Wirklichkeit als ein von starkem Sendungsbewußtsein angetriebener Idealist, der nicht nur den Glanz und die ausgewogenen Proportionen und Symmetrien vergangener griechischer Baukunst in das römische Bauwesen verpflanzen wollte, sondern auch ein neues Berufsbild des Architekten.

Werkmeister

Als eigenständiger Beruf war der Architekt – und auch die Berufsbezeichnung – im Mittelalter nahezu wieder verschwunden. Die entsprechenden Aufgaben wurden vom zehnten bis zum zwölften Jahrhundert vorrangig durch Äbte und Bischöfe gemeinsam mit hochentwickelten klösterlichen Bauabteilungen wahrgenommen, zumal die meisten Zeugnisse mittelalterlicher Baukunst aus dem sakralen Bereich stammten und das baufachliche Wissen der Antike hauptsächlich in den Bibliotheken der Klöster überlebt hatte. Man muß davon ausgehen, daß nicht nur die gesamte Organisation und Durchführung von Kirchenbauten bei Klöstern oder anderen kirchlichen Einrichtungen lag, sondern daß auch die Planung und die sich ständig weiterentwickelnden entwurflichen Konzepte dort entstanden, wenn auch eher durch baufachlich gebildete Mönche als durch die Äbte und Bischöfe selbst, die später als Erbauer genannt wurden wie beispielsweise Abt Bernward für St. Michael in Hildesheim oder Abbé Suger für den sogenannten Gründungsbau der Gotik, die Chorkapelle von St. Denis bei Paris. Erst mit dem Erstarken der Städte und der Gründung weltlicher Bauverwaltungen durch Königshäuser oder reiche Kommunen bei gleichzeitigem Anwachsen des Umfangs und der Komplexität der Bauaufgaben gewannen die ausführenden Handwerksmeister größeres Gewicht und wurden ab 1250 in Einzelfällen auch schon namentlich genannt. Die Leitung der großen Dombauhütten und Kathedralbaustellen wurde in dieser Zeit zwischen dem Bauverwalter, der für die finanzielle und organisatorische Durchführung zuständig war, und dem Werkmeister, der die baufachliche Verantwortung trug, aufgeteilt. Mit dem Titel „Magister operis“ oder „Baumeister“ wurden aber meist die Bauverwalter, also städtische Ratsmitglieder, Äbte oder Kanoniker bezeichnet. Sicherlich stammten auch die grundlegenden Konzepte und Vorgaben, also Größe, Aufbau, Gliederung, vor allem aber Spannweite und Höhe der Kirchenschiffe, Choraufbau, Bildsymbolik und viele andere Details weiterhin aus diesem Bereich. Aber je mehr der Bau der Kathedralen zu einem Wettlauf um die größte, höchste, filigranste und lichtdurchflutetste Lösung wurde, desto größer wurde der Einfluß der Werkmeister, die allein in der Lage waren, die immensen konstruktiven Probleme dieser neuen Bauprogramme zu lösen.

Die Werkmeister, von denen einige später ganze Dynastien gründeten wie Peter Parler (1330 oder 1333–1399), Ulrich von Ensingen (um 1350–1419) oder Wenzel Roriczer (oder Roritzer, gest. 1419) waren fast ausschließlich Steinmetzmeister, auch wenn sie darüber hinaus vielfältige Kenntnisse im Zimmermannsbau (Schalungen und Gerüste) und im Mauerwerksbau (Fundamente, Wandaufbauten) besitzen mußten. Sie stammten also aus dem Handwerk und hatten – weil sie in der Regel kein Latein konnten – keinen Zugang zu dem baufachlichen Schrifttum der Klöster, manche konnten auch nicht lesen oder schreiben. Andererseits mußten sie über umfangreiche Kenntnisse in Geometrie verfügen, allein schon zur Einmessung der

Fundamente, zur Ermittlung der Proportionen der Aufrisse durch Quadratur, Triangulatur oder Goldenen Schnitt, aber auch zur Festlegung der Form der einzelnen Werkstücke auf dem Reißboden. Die ersten überlieferten Zeichnungen von Villard de Honnecourt aus dem dreizehnten Jahrhundert – insgesamt 325 Einzelabbildungen[180] – zeigen detaillierte Abwicklungen von Kirchenschiffwänden, Turm- und Pfeileraufrisse sowie -querschnitte, Beispiele für die Aufteilung von Rosettenfenstern und vieles andere mehr. Bekannt ist auch der sogenannte „Berner Riß", eine Darstellung des nördlichen Teils der Westfassade des Straßburger Münsters (zwischen 1420 und 1436 wahrscheinlich von Matthäus Ensinger gezeichnet). Mehr und mehr verlangten auch die Bauherren vor Baubeginn oder schon für die Bewerbung um die Stelle als Werkmeister „Visierungen", also Zeichnungen beziehungsweise Entwürfe des geplanten Bauvorhabens. Von Modellen ist nördlich der Alpen seltener die Rede, sie waren aber in Italien seit dem vierzehnten Jahrhundert die Regel.

Man wird die Entwürfe und die Art und Weise des Entwerfens, wie sie von den Werkmeistern praktiziert wurde, nicht mit der heutigen Praxis vergleichen dürfen. Diese Werkmeister mußten angesichts der gewaltigen konstruktiven Herausforderungen immer ‚aus dem Stein', aus dessen statischen Möglichkeiten heraus denken, aus einem durch jahrelange eigene Übung in der Lehr- und Gesellenzeit erworbenen Gefühl für das, was in Stein möglich war und was aus dem Stein an Formen und Spannweiten, an Fügungen und Konstruktionen ‚herauszuholen' war. Gerade wenn es um das große Thema der Einwölbung der Decken ging, mußten sie immer den Kräfteverlauf nachvollziehen oder mitdenken, so daß die schließlich gefundene Form nie gänzlich frei war, sondern stets Ergebnis langjähriger Erfahrung der Möglichkeiten und Grenzen der Steinmetzkunst. Voraussetzung war weiterhin ein immens ausgeprägtes räumliches Vorstellungsvermögen, nicht nur für die extreme Tiefenstaffelung der Fassaden- und Turmaufbauten und für die räumlichen Übergänge der komplexen Pfeilerbündel in den Bogen- oder Gewölbebereich, sondern auch für die Herstellung der Negativformen der Deckenschalungen und für die Festlegung der Abmessungen der Steinformate, in denen sie die später auszuhauende Skulptur schon in allen Einzelheiten vor sich sehen mußten.

Die Bewältigung der komplexen Entwurfs- und Ausführungsaufgaben, welche in den großen Domen und Kathedralen des Mittelalters gelöst werden mußten, war nur unter folgenden Voraussetzungen möglich:

- eine Wissens- und Erfahrungsakkumulation in großen Bauhütten oder Familiendynastien über mehrere Generationen hinweg. Dazu gehörte auch die wichtige Rolle der Überlieferung im Mittelalter, in der die Leistung des Individuums noch eine untergeordnete Rolle spielte;
- ein ständiger Wissenstransfer durch die vorgeschriebenen Wanderschaften der Gesellen als einzige Möglichkeit, neue Erfahrungen zu machen und neue Konzepte, Formen und Konstruktionen kennenzulernen und zu verbreiten;
- eine allmählich immer stärker einsetzende Systematisierung der Bauteile, also eine Art serielle Fertigung der Bauglieder und Schmuckelemente, die nicht immer wieder neu entworfen werden mußten, sondern zum Standardrepertoire der Bauhütte oder eines jeden Steinmetzen gehörten;
- ein ständiger Austausch durch das Kopieren von Riß- und Detailzeichnungen. Später kamen auch noch Lehrschriften wie von Matthäus Roriczer aus der zweiten Hälfte des fünfzehnten Jahrhunderts hinzu.[181]

Bildender Künstler

Die innere Verbindung zwischen handwerklichem und entwurflichem Denken löste sich in der Folgezeit mehr und mehr auf, vor allem südlich der Alpen. Zwar waren auch dort die Entwurfsverfasser immer noch Handwerker, aber keine Steinmetze mehr, sondern Goldschmiede, Maler oder Bildhauer, die von ihrer Ausbildung her keine speziellen baufachlichen Kenntnisse besaßen. Filarete erklärte diese Tatsache in seinem 1464 erschienenen *Trattato d'architettura* mit den Verwüstungen Italiens infolge der Jahrhunderte andauernden Barbareneinfälle, durch die das gesamte Wissen über die Baukunst verlorengegangen sei, so daß man sich an Goldschmiede und Maler wenden müßte.[182] Unabhängig von dieser fragwürdigen Hypothese wurden tatsächlich in Italien schon im vierzehnten Jahrhundert vor allem bildende Künstler als Dombaumeister berufen: Giovanni Pisano in Siena, Bildhauer; Arnolfo di Cambio in Florenz, ebenfalls Bildhauer; Giotto di Bondone, Maler, und Francesco Talenti, Bildhauer, beide ebenfalls Dombaumeister in Florenz; Lorenzo Maitani in Orvieto, Bildhauer und Glasmaler; Lando di Pietro in Siena, Goldschmied, später dann Filippo Brunelleschi, ebenfalls Goldschmied und Dombaumeister in Florenz.[183] Diese Entwicklung kulminierte in der aufeinander folgenden Berufung Bramantes (ursprünglich Maler), Raffaels (ebenfalls Maler) und

Michelangelos (Bildhauer und Maler) zu Baumeistern des Petersdoms in Rom und setzte sich mit Sebastiano Serlio (Maler und Bildhauer), Baldassare Peruzzi (Maler und Bühnenbildner), Giacomo Barozzi da Vignola (Maler), Giulio Romano (Maler), Giorgio Vasari (Maler) bis hin zu Gian Lorenzo Bernini (Bildhauer) und Pietro da Cortona (Maler) fort. (Die in Klammern gesetzten Bezeichnungen beziehen sich jeweils auf die ursprüngliche Ausbildung.)

Das Fehlen des baufachlichen Hintergrunds, die Herkunft aus dem zeichnerischen, malerischen und skulpturalen Denken und die Ablösung der Formen von ihren konstruktiven und statischen Entstehungsbedingungen in den Entwürfen der Renaissance-Architekten war durchaus Anlaß zu kritischen Kommentaren. „Er befreite die Kunst mehr als gut war“[184], schrieb Jacob Burckhardt beispielsweise über Michelangelo. Auf der anderen Seite hat aber die überragende Schöpferkraft der damaligen Künstlerarchitekten die Formenwelt der Architektur unendlich bereichert. Und es gab auch Sonderfälle, genannt seien hier nur Filippo Brunelleschi für die Frührenaissance und Andrea Palladio für den Übergang zum Barock. Zwar war auch Brunelleschi kein ausgebildeter Architekt oder Mitglied der Steinmetzzunft, sondern Goldschmied, aber aufgrund seiner umfassenden Begabungen und seiner allgemeinen erfinderischen Genialität bildete er sich im Selbststudium zu einem überragenden und in seiner Zeit vielleicht einzigartigen Baufachmann weiter, der mit der Errichtung der Domkuppel in Florenz das unmöglich Scheinende möglich machte, gerade weil er es nicht bei einem Entwurf und einer Zeichnung bewenden ließ, sondern in täglichem Einsatz auf der Baustelle die unzähligen konstruktiven und organisatorischen Probleme bewältigte, ohne deren Lösung die Durchführung des Projekts zwangsläufig gescheitert wäre. Umgekehrt war Andrea Palladio zwar ausgebildeter Steinmetz und hatte das Bauhandwerk von Grund auf erlernt, aber er war darüber hinaus in der Lage, Entwürfe zu konzipieren, die in ihrer Schönheit und Ausgewogenheit alle materiellen, baufachlichen und konstruktiven Zwänge vollständig vergessen ließen.

In der Theorie vertrat vor allem Leon Battista Alberti, eine der interessantesten Persönlichkeiten der Frührenaissance, der als ausgebildeter Humanist auf dem Gebiet der Architektur ebenfalls Laie war, die Trennung von Entwurf und baupraktischer Ausführung: „Denn ich werde Dir keinen Zimmermann bringen [als Synonym für Handwerker], den Du mit den hervorragendsten Männern anderer Fächer vergleichen sollst. Die Hand des Arbeiters dient ja dem Architekten nur als Werkzeug.“[185] Dieser Satz steht gleich am Anfang von Albertis Architekturtraktat *De re aedificatoria,* in dem er sich ausführlich mit der Rolle des Architekten auseinandersetzt. Der Architekt ist bei ihm „nur noch Planer, der sich für die Arbeit vor Ort eines Bauleiters bedient."[186] Darum gehöre der Beruf des Architekten zu den *artes liberales* und erfordere, im Gegensatz zur handwerklichen Lehre, eine Art akademischer Ausbildung. So schreibt er: „Im übrigen möchte ich, daß er sich so betrage wie die Jünger der Wissenschaft."[187] Zusätzlich solle er aber auch die „Kenntnis und Pflege aller guten Künste"[188] vertiefen.

Insgesamt ist das Bild, das Alberti von der Rolle des Architekten entwirft – die reine Planertätigkeit mit eigenem Ausbildungsgang –, eine erstaunliche Antizipation der späteren Entwicklung. Er sieht auch bereits die Herausforderungen und Probleme, die das neue Berufsbild mit sich bringt. „Wenn sich der Architekt nicht mehr wie der mittelalterliche Baumeister oder auch der Bauführer seiner Zeit Tag für Tag auf der Baustelle aufhielt und durch seine Anwesenheit [...] alle Festlegungen und Entscheidungen in Ruhe überprüfen und gegebenenfalls korrigieren [...], viele Details sogar erst dort entwickeln oder aufgrund von auftretenden Problemen verändern konnte; wenn seine Planung in vielen Teilaspekten, die überhaupt erst während des Bauprozesses erkennbar waren, nicht mehr mit dem Baufortschritt mitwachsen konnte, sondern vorher in sämtlichen konstruktiven, konzeptionellen und gestalterischen Aspekten bis ins letzte Detail hinein festgelegt sein mußte, damit die fertige Planung von einem fremden Bauführer übernommen werden konnte – dann nahm die Anforderung an den Planungsaufwand ganz neue Dimensionen an."[189] Deshalb plädiert er dafür, „nicht nur durch Pläne und Zeichnungen, sondern auch anhand von Modellen [...] das gesamte Bauwerk und die Maße jedes einzelnen Gliedes nach den Ratschlägen der gewiegtesten Fachleute immer und immer wieder genau abzuwägen."[190] Man spürt die große Achtung, die Alberti vor der Tätigkeit der Architekten hat: „Eine große Sache ist die Architektur und es kommt nicht allen zu, eine so gewaltige Sache in Angriff zu nehmen."[191] Der Architekt sei daher nur mit den „hervorragendsten Männern anderer Fächer"[192] zu vergleichen und zähle zu den „Vornehmsten [...], welche sich um das Menschengeschlecht Ehr' und Preis verdient haben."[193]

Mit der beruflichen Realität seiner Zeitgenossen hatte diese Glorifizierung wenig zu tun. Aber immerhin entwickelte Alberti in seinem Traktat ein vollständig neues Berufsbild und Rollenverständnis, das „wie kein anderes das Bild des Architekten bis weit in das 19. Jahrhundert hinein geprägt"[194] hat.

Hofarchitekt

Mit dem Absolutismus beginnen sich Herkommen und berufliche Laufbahn von Bildenden Künstlern und Architekten wieder voneinander zu trennen. Als Gian Lorenzo Bernini, einer der letzten großen Künstlerarchitekten, 1665 nach Paris gerufen wurde, um einen Entwurf für die Nordfassade des Louvre vorzulegen, hatte Ludwig XIV. bereits damit begonnen, alle gesellschaftlichen Kräfte und Ressourcen, also auch das Bauwesen und die Architektur, in den Dienst der absoluten Monarchie zu zwingen. Damit ging einher, daß sich das Zentrum der Bautätigkeit nach mehr als sechshundert Jahren vom Kirchenbau zum Schloßbau verschob. Nach dem an Größe und Aufwand nicht mehr zu überbietenden Petersdom in Rom, der die ungebrochene spirituelle Herrschaft der römischen Kirche symbolisieren sollte, folgte nun das Schloß Versailles als ebenso gewaltiges Symbol der weltlichen Macht des Königs von Frankreich. Und in der Folge versuchten alle anderen Herrscher in Europa, es diesem Vorbild gleichzutun, auch wenn das ihre Mittel und Möglichkeiten bei weitem übertraf. „Sie alle waren, wie es damals hieß, vom ‚bauwurmb' befallen"[195] wie beispielsweise die Familie des Kurfürsten und Erzbischofs Lothar Franz von Schönborn in Würzburg.

Die Architekten, welche die jeweiligen Herrscher zur Erfüllung ihrer Bauwünsche heranzogen, waren denn auch keine freien Künstler mit eigener Werkstatt mehr, sondern wurden Mitglieder des Hofstaates, die in ihrer Arbeit direkt von der Gunst des Herrschers abhängig waren. Anstellung und Erfolg bei Hofe beruhten oft auf persönlichen Beziehungen. So war etwa Georg Wenzeslaus von Knobelsdorff, Oberbaudirektor und Superintendent aller königlichen Schlösser, Häuser und Gärten in Preußen, ein enger Vertrauter Friedrichs II. aus dessen Zeit als Kronprinz in Neuruppin und Rheinsberg. Johann Bernhard Fischer von Erlach begann „seine Karriere am Hof der Habsburger mit der Unterrichtung des elfjährigen Kronprinzen, des späteren Kaisers Joseph I."[196] Und August der Starke nahm als Prinz Unterricht bei Wolf Caspar von Klengel, dem ersten Barockarchitekten am Dresdner Hof.[197] Umgekehrt schickten die Fürsten ihre Architekten oft auf ausgedehnte Studienreisen nach Italien und Frankreich beziehungsweise nach Rom und Paris/Versailles, so auch Balthasar Neumann, der auf Geheiß seines Bauherrn Franz von Schönborn in Paris die königlichen Hofarchitekten Robert de Cotte und Germain Boffrand besuchte, um sich über den französischen Schloßbau zu informieren. Wissenstransfer durch Studienreisen spielte generell eine große Rolle; ohne

Kenntnis der Bauten Francesco Borrominis und Guarino Guarinis wäre die grandiose Entwicklung der bayrischen und österreichischen Barockkirchen nicht möglich gewesen, ebensowenig wie die überbordende Innendekoration der Barock- und Rokokoschlösser ohne die genaue Kenntnis und eigenständige Weiterentwicklung der französischen Vorbilder. Viele Architekten erhielten ihre Ausbildung später auch in den königlichen Offizierscorps, da die Militär- und die Zivilbaukunst noch nicht getrennt waren und zu den Aufgaben eines barocken Hofarchitekten immer auch der Festungsbau gehörte. Auch Balthasar Neumann wurde nach einer Lehre als Glocken- und Geschützgießer Militäringenieur und später – neben seinen vielen anderen Aufgaben – Militärbaumeister von Würzburg und Bamberg.[198] Andere berühmte Architekten gingen von vornherein aus Baumeisterfamilien hervor, so Jacques Lemercier, Jules Hardouin-Mansart und Louis Le Vau.[199] Und schließlich stammten auch viele Architekten wieder aus dem Handwerk, darunter die Gebrüder Dientzenhofer, George Bähr (Zimmermann), Matthäus Daniel Pöppelmann oder die Gebrüder Asam.[200]

Während sich also die berufliche Praxis und die Rolle der Architekten im siebzehnten und achtzehnten Jahrhundert wieder von der Tätigkeit der Bildenden Künstler trennen, wird gleichzeitig die Trennung zwischen Planverfassung und Bauorganisation tendenziell wieder aufgehoben. Die großen Barockarchitekten waren als königliche Hofbaumeister immer Entwerfer und organisatorische Leiter zugleich. Unterstützt wurden sie dabei allerdings durch große Hofbauämter und einen Stab von persönlichen Mitarbeitern. „Hinter den großen Architekten an den Höfen stand eine kaum überschaubare Anzahl erfahrener, künstlerisch begabter Handwerksmeister, fest eingefügt in ihre Berufstraditionen."[201] Auch die maßstäbliche zeichnerische Plandarstellung in Grundrissen, Ansichten und Schnitten war in diesen Ämtern schon weit entwickelt. (Aus dem Umfeld von Balthasar Neumann sind allein über 600 Zeichnungen erhalten.[202])

Das Leben im Glanz barocker Höfe hatte aber auch seine Schattenseiten. Nicht nur daß die Architekten schnell in Ungnade fallen konnte wie gegen Ende ihrer Laufbahn Wenzeslaus von Knobelsdorff, Andreas Schlüter und für eine kurze Interimszeit von 1746 bis 1749 auch Balthasar Neumann, sie waren auch den künstlerischen Ambitionen der dilettierenden Landesfürsten hilflos ausgesetzt. Schloß Sanssouci wurde wesentlich von Friedrich II. mitgeplant, und dieser entschied sich gegen den Willen von Knobelsdorffs dafür, die Fenstertüren ohne Sockel direkt auf die Terrasse münden zu lassen, was zur Folge hatte, daß die obere Terrasse die

Schloßfassade „unglücklich" überschneidet [wenn man sie vom Park aus betrachtet]. „Ein Jahr später, 1746, wurde Knobelsdorff entlassen."[203] Von Ludwig XIV. ist überliefert, daß „der König seine Baustellen sehr intensiv persönlich inspizierte und selbst nebensächliche Änderungen befahl."[204] Ebenso griff August der Starke immer wieder in die Planungen seines Hofbauamtes ein. Und noch ein Jahrhundert später führte Karl Friedrich Schinkel beredte Klage über seinen königlichen Bauherrn: „Am meisten leidet der talentvolle Künstler unter diesem Druck, wenn der Machthabende von dieser gemeinen Art des Componierens oder Zusammenwürfelns ergriffen ist, denn dieser muß sich gefallen lassen, daß sein mächtiger Bauherr [...] das Beste seines Entwurfs mit völligem Unverstand und sehr bequem mit einem Strich durchstreicht, dagegen das Trivialste an die Stelle setzt."[205]

Baubeamter

Der epochale Umbruch der Französischen Revolution, der die Entstehung der bürgerlichen Gesellschaft einläutete und die Voraussetzungen für eine extreme Beschleunigung der industriellen Revolution schuf, machte auch vor dem Bauen und der Organisation des Bauwesens insgesamt nicht Halt. Zum einen kam es zu einer deutlichen Ausweitung der Bautätigkeit aufgrund des flächendeckenden Aufbaus neuer staatlicher Institutionen (und auch des privaten und gewerblichen Sektors), zum anderen änderten sich auch die Inhalte: die Anzahl der repräsentativen Bauten für die Landesfürsten und den Adel gingen zurück und machten den vielfältigen ‚Nutzbauten' einer im Aufbau befindlichen bürgerlichen Gesellschaft Platz. Um den daraus resultierenden Bedarf an baulich geschulten Fachkräften und Architekten zu decken, entstanden in rascher Folge neue Baugewerkeschulen und Polytechnische Hochschulen (vgl. S. 38ff.). Ziel war die Schaffung eines ausreichend großen Reservoirs an gut ausgebildeten staatlichen Baubeamten, welche die extrem ausgeweitete Bautätigkeit bewältigen, steuern und die Einhaltung gesetzlicher Bestimmungen überwachen konnten. Daher wurden auch die Abschlußprüfungen vor staatlichen Ausschüssen abgelegt. Das Staatsexamen und eine anschließende Anstellung als Baubeamter war für die meisten Architekten der ersten Hälfte des neunzehnten Jahrhunderts die vorgezeichnete Berufsperspektive.

Mit fortschreitender Ausweitung des staatlichen Bauwesens wurde allerdings auch Kritik an den baulichen Ergebnissen und dem Wirken der streng reglementierenden Baubürokratie laut: sie würde die künstlerische Originalität im Keim ersticken, die Baukultur nivellieren oder aber, der mangelnden künstlerischen Ausbildung der Baubeamten geschuldet, den stilistischen Wildwuchs fördern und dadurch den Niedergang der sowieso schon gefährdeten Baukunst besiegeln. Mehr und mehr sprach man „den Beamten [...] die Möglichkeit und die Fähigkeit zu künstlerischer Gestaltung ihrer Bauten ab."[206] So sah bereits in der zweiten Hälfte des neunzehnten Jahrhunderts „die überwiegende Mehrheit nicht mehr in der Beamtenlaufbahn, sondern im Privatbüro das erstrebenswerte Ziel."[207] Voraussetzung war jedoch, daß die Hochschulen selbst – unabhängig von staatlichen Kommissionen und Staatsexamen – die Möglichkeit erhielten, öffentlich anerkannte Prüfungen abzunehmen und geschützte Titel und Berufsbezeichnungen zu verleihen. Das war die Geburtsstunde des modernen Architektenberufs.

Diplom-Ingenieur

Um das angestrebte baufachliche und künstlerische Niveau der Ausbildung zu gewährleisten, wurden in der zweiten Hälfte des neunzehnten Jahrhunderts mehr und mehr Technische Hochschulen und Universitäten gegründet. Allerdings kam es schon bald zu einer Trennung der Ausbildungsgänge, wie sie sich im übrigen in Frankreich bereits nach der Wende zum neunzehnten Jahrhundert abgezeichnet hatte: auf der einen Seite die Bauingenieure, welche die Entwicklung neuer Technologien, Berechnungsmethoden und Baustoffe – hier besonders des Eisens mit seinen revolutionären statischen Möglichkeiten – vorantrieben und die neuen großen Hallen, Brücken, Bahnhöfe und Industrieanlagen bauten; auf der anderen Seite die Architekten, die weiterhin das baukünstlerische Niveau gewährleisten sollten und beispielsweise die massiven, repräsentativen Empfangsgebäude der Bahnhöfe entwarfen, die den leichten, von Ingenieuren entworfenen Gleisüberdachungen aus Stahl und Glas vorgelagert waren. Ausgebildet immer noch in den akademischen Rang- und Pathosformeln der Stilarchitektur, die bislang den sakralen und herrschaftlichen Bauaufgaben vorbehalten gewesen waren, mußten sie nun Bauaufgaben realisieren, für die solche ‚Stilkleider' eigentlich nicht mehr paßten oder ganz und gar unangemessen waren. Postämter oder Schulen im Stil der Neo-Renaissance mit aberwitzigen Schloßturm-Aufbauten, Versicherungspaläste in schwerstem Neo-Barock, Hotels und Kaufhäuser in klassizistischem Gewand oder mit Rokoko-Attitüde waren die Folge. Die Architekten suchten zwar auch – und durchaus verzweifelt – nach einem moderneren, zeitgemäßen ‚Dekorationssystem', wie sie es dann eine Zeitlang im Jugendstil gefunden zu haben glaubten, aber eine Architektur gänzlich *ohne* Dekoration, wie es den neuen technisch-funktionalen Bauaufgaben angemessen gewesen wäre, war für viele noch undenkbar. Es bedurfte der immensen Kraftanstrengung mehrerer Architektengenerationen, um ‚nackte' Gebäude gesellschaftsfähig zu machen.

So sehr die Architekten im übrigen die Freiheit eines eigenständigen, anerkannten Berufes angestrebt und erkämpft hatten, so schwer machte ihnen auf einmal die Konkurrenz der anderen, wesentlich fortschrittlicheren Planer zu schaffen, die von allen Seiten in ihre Domäne eindrangen. Ausdruck dieses ‚Verteilungskampfes' war das Streben der Architekten nach dem Monopol der Bauvorlageberechtigung, das jedoch von Seiten der Bauunternehmer und nun auch von Seiten der Bauingenieure immer wieder torpediert wurde. Zudem waren den freien Architekten große Marktsegmente immer noch oder schon wieder verschlossen: publikumswirksame repräsentative Bauaufgaben wurden im wesentlichen von Universitätsprofessoren und den ihnen angeschlossenen Baubüros übernommen; der gesamte Massenwohnungsbau der Gründerzeit war und blieb eine Domäne der Bauunternehmer und Grundstücksspekulanten; der Industriebau fiel fast gänzlich an die Bauingenieure (von späteren Ausnahmen wie etwa Peter Behrens abgesehen). Bei den Bauingenieuren lag im neunzehnten Jahrhundert auch noch die komplette Verantwortung für den Städtebau, denn dieser war im wesentlichen Straßen- und Leitungsbau und damit eine originäre Ingenieuraufgabe. So wurde beispielsweise der für die weitere Entwicklung Berlins entscheidende Fluchtlinienplan von einem 32-jährigen Baubeamten des Polizeipräsidiums, James Hobrecht, entworfen und an der Umgestaltung von Paris durch Baron Haussmann „waren keine Architekten beteiligt"[208]. Die öffentlichen Bauaufgaben schließlich wurden weiterhin von den Bauabteilungen der einzelnen Behörden (Post, Bahn, Finanzen, Schule etc.) übernommen und oblagen meist den dort angestellten Beamten. So blieb den freien Architekten als Betätigungsfeld vielfach nur der repräsentative Wohnungsbau in den neu gegründeten Villenkolonien. Die dort in lockerer Folge aneinandergereihten Bürgervillen wiesen oft eine hohe gestalterische Qualität auf, gemeinhin aber auch ein Übermaß an Stil- und Formenvielfalt, das die vergleichsweise kleinen Bauaufgaben eher überfrachtete. Trotzdem gehören sie bis heute zu den begehrtesten Immobilien jeder Stadt.

Hilfe in diesen Verteilungskämpfen versprachen sich die Architekten durch die Gründung von Berufsverbänden. Schon 1824 „gründeten Berliner Architekten, Absolventen der Bauakademie, unter ihnen August Stüler und Eduard Knoblauch, den Berliner Architektenverein"[209] (heute Architekten- und Ingenieur-Verein zu Berlin, AIV), zu dem später auch Karl Friedrich Schinkel stieß. Seit 1851 gab der Verein auch eine der damals führenden deutschen Bauzeitschriften heraus, die *Zeitschrift für Bauwesen.*[210] In England entstand 1834 das *Royal Institute of British Architects,* in den vierziger und fünfziger Jahren folgten die Gründung der *Société centrale des Architectes* in Frankreich und des *American Institute of Architects* in den USA.[211] „Die Vertretung der Interessen der Büroinhaber gegenüber dem Staat, den Bauherren und der Bauindustrie"[212] war die Aufgabe des 1903 gegründeten *Bundes Deutscher Architekten* (BDA), vorrangig künstlerische Ziele verfolgte der wenig später, 1907, ins Leben gerufene *Deutsche Werkbund.* Höhepunkte in dessen Wirken „bildeten die weltweit Aufsehen erregenden Ausstellungen, an denen sich stets die führenden deutschen Künstler beteiligten, in Köln 1914, Berlin 1924 und 1931, Stuttgart-Weißenhof 1927, Breslau 1929."[213]

‚Freier' Architekt

Mit der Institutionalisierung eines eigenständigen, offiziell anerkannten und geschützten Berufes war das Spektrum der möglichen Rollenbilder des Architekten abgeschritten: vom Organisator zum Künstler, vom Handwerker zum Planer, vom Werkmeister zum Hofarchitekten, vom Bauleiter zum Baubeamten, vom Bediensteten zum Dienstleister, vom Ingenieur zum Visionär. Zugleich war diese Vielfalt der Rollen aber auch die Ursache für eine tiefgreifende Orientierungskrise des Berufsstandes, die sich in den Äußerungen der Architekten der zwanziger Jahre deutlich niederschlug (vgl. S. 43 ff.). Sie versuchten in einem geradezu ‚heroischen' Akt noch einmal völlig gegensätzliche Rollenbilder in einer Person zusammenzuzwingen:

– *den Handwerker und den Künstler.* „Architekten, Bildhauer, Maler, wir alle müssen zum Handwerk zurück! Denn es gibt keine ‚Kunst von Beruf'. Es gibt keinen Wesensunterschied zwischen dem Künstler und dem Handwerker."[214] (Walter Gropius, Programm des Staatlichen Bauhauses in Weimar, 1919);
– *den Ingenieur und den Künstler.* „Ingenieur-Ästhetik, Baukunst: beide im tiefsten Grunde dasselbe."[215] (Le Corbusier, Ausblick auf eine Architektur, 1922);

- *den Heilsbringer und den Techniker.* „Was ist Baukunst? Doch der kristallene Ausdruck der edelsten Gedanken der Menschen, ihrer Inbrunst, ihrer Menschlichkeit, ihres Glaubens, ihrer Religion!“[216] (Gropius, Der neue Baugedanke, 1919). Und: „In der Industrialisierung des Bauwesens sehe ich das Kernproblem des Bauens unserer Zeit. […] Ich bin mir klar, daß das Baugewerbe hierdurch in seiner bisherigen Form vernichtet wird.“[217] (Mies van der Rohe, Industrielles Bauen, 1924);
- *den Funktionalisten und den Organisator.* „Alle Dinge dieser Welt sind ein Produkt der Formel: Funktion mal Ökonomie.“[218] Und weiter: „Bauen ist nur Organisation.“[219] (Hannes Meyer, Bauen, 1928, vgl. auch S. 45).

Der Spagat zwischen romantisch verklärter mittelalterlicher Bauhüttentradition (von der nicht nur das *Bauhaus-Manifest,* sondern auch Lyonel Feiningers Titelblatt, eine Kathedrale, kündete) und modernster Technologie wurde erst mit dem Umzug des Bauhauses nach Dessau aufgelöst, wo dann industrielle Produktionsweisen und serielle Fertigung die Oberhand gewannen. Oskar Schlemmer brachte es – allerdings schon früher, 1922 – in einer Tagebuchnotiz auf den Punkt: „Statt Kathedralen die Wohnmaschine.“[220]

An dieses Selbstverständnis knüpften die Architekten der Nachkriegszeit lückenlos an und schlüpften in die Rolle des technokratisch und funktionalistisch geprägten Konstrukteurs, der über mehrere Jahrzehnte die Modernisierung des Bauwesens vorantrieb, in seiner einseitigen Ausrichtung aber auch dem Ansehen des Berufsstandes – und der gestalterischen Qualität der gebauten Umwelt – schweren Schaden zugefügt hat. Der notwendige Umschwung gegen Ende der siebziger Jahre erfolgte keineswegs freiwillig, sondern mußte über viele Jahre von unterschiedlichsten gesellschaftlichen Kräften erkämpft werden. Immerhin eroberte die Gestaltung den ihr zustehenden Stellenwert im beruflichen Spektrum der Architekten zurück. Im Zusammenhang damit entwickelte sich aber auch das neue Rollenbild der Stararchitekten, die von Städten und Institutionen von vornherein mit dem erklärten Ziel gebucht werden, ein spektakuläres Wahrzeichen zu liefern.

Unabhängig von solchen Sonderrollen, die den Architekten immerhin ein neues, positives Image in der Öffentlichkeit verschafft haben, sind aber auch alle anderen Rollenmuster weitgehend unhinterfragt in Kraft und hinterlassen in ihrer Gesamtheit ein äußerst diffuses Berufsbild und Selbstverständnis. Von daher soll – wie für den Begriff „Architektur" – in einem zweiten, horizontalen Schnitt das aktuelle Rollenverständnis der Architekten noch einmal eingegrenzt und klarer herausgearbeitet werden.

Vergleichende Betrachtung: Abgrenzung der Tätigkeitsbereiche

Architekten oder Designer?

Heutzutage wird kaum noch ein Unterschied zwischen Architekten und Designern gemacht. Schließlich spielt Gestaltung in beiden Bereichen eine wesentliche Rolle und beide sind zweckgebunden, ihre Produkte sind – im Gegensatz zur Bildenden Kunst – für den Gebrauch bestimmt. Zu der Gleichsetzung beigetragen hat auch die Tatsache, daß der anglo-amerikanische Begriff „Design" alle Arten von „Gestaltung" umfasst: urban design, corporate design, personal design, web design, food design etc. Warum also nicht auch Gebäudedesign? Zumal der Zusammenhang mit dem italienischen Wort „disegno" und dessen Herkunft aus dem lateinischen „designare" (bezeichnen, darstellen) seit Vasari nicht nur eine Zeichnung meint, sondern den schöpferischen Vorgang des Entwerfens insgesamt (vgl. S. 30). So wird das Wort „Design" heute oft mit „Entwurf" gleichgesetzt und die Grenzen zwischen Architektur und Design verschwimmen mehr und mehr.

Andererseits bleiben prinzipielle Unterschiede in den Arbeitsfeldern bestehen. Da ist zunächst der Gegensatz von Unikat und Serienproduktion: Architekten entwerfen individuelle Gebäude, Designer in der Regel Serienprodukte. Ebenso bedeutsam: der Unterschied zwischen Mobilität und Immobilität. Gebäude sind unlösbar an einen speziellen Ort gebunden – daher der Name Immobilie –, Design-Objekte müssen überall einsetzbar sein. Wichtig ist auch der Gegensatz zwischen Raum- und Objektgestaltung. Zwar werden auch Gebäude von außen als Objekte wahrgenommen, aber der Gebäudezweck bleibt die Bereitstellung von schützendem Raum. In diesem Zusammenhang wird oft eine weitere Differenz angeführt: der Maßstabssprung zwischen Gebrauchsgegenständen und Gebäuden in bezug auf Größe, Lebensdauer und meist auch Kosten. Schließlich als fünftes – und oft sogar schwerwiegendstes – Argument: der Unterschied zwischen dem Entwerfen eines Gesamtobjekts in der Architektur und dem Gestalten von Gehäusen oder Oberflächen im Design – eine Differenz, in der die abwertende Bedeutung „oberflächlich" schon mitschwingt. Insgesamt also Gründe genug, doch an den unterschiedlichen Bezeichnungen für die Tätigkeit von Designern und Architekten festzuhalten.

Tatsächlich sind die Gegensätze aber viel weniger eindeutig und die Übergänge fließender.

Unikat oder Serie

Auch im Bauwesen gab es zu allen Zeiten Formen der seriellen Fertigung. Basis war jeweils ein Typus, der sich für die entsprechende Bauaufgabe evolutionär herausgebildet hatte. Regional variierte Typologien von Bauern-, Handwerker-, Bürger- und Kaufmannshäusern, im neunzehnten Jahrhundert dann von Mietshäusern der Gründerzeit bildeten die Grundlage der Bautätigkeit und wurden nur ortsbezogen entsprechend modifiziert. Problematisch wurde es allerdings, als die Prinzipien und vor allem die Stückzahlen industrieller Massenproduktion ungehindert auf den gesamten Siedlungsbau übertragen wurden, wie es beim Großtafelbau der fünfziger bis siebziger Jahre des zwanzigsten Jahrhunderts der Fall war. Denn während die tausendfache Herstellung von identischen industriellen Produkten, seien es Kaffeemaschinen, Kühlschränke, Kugelschreiber oder Handys, erträglich bleibt, weil dieser Massenproduktion eine individuelle Aneignung gegenübersteht und der einzelne Gegenstand von dem persönlichen Umfeld absorbiert wird, verweigert serielle Massenproduktion in der Architektur diese individuelle Auflösung und tritt uns in ihrer Gesamtheit als monotone Großsiedlung gegenüber – vergleichbar dem Besuch in der Lagerhalle eines Fernsehfabrikanten.[221]

Unabhängig von solchen Fehlentwicklungen lassen sich jedoch durchaus Bereiche des Bauens ausmachen, in denen Serie, Wiederholung und Typus den Unikat-Charakter der Architektur infrage stellen. Im Gegenzug finden sich viele Tendenzen im Design, die auf eine stärkere Individualisierung industriell gefertigter Serienprodukte abzielen. Die gleiche Grundform etwa im Autobau (Plattform) wird inzwischen durch einen Katalog von Ausstattungs-, Zubehör-, Oberflächen- und Farbvarianten so vielfältig angereichert, daß zum Schluß kaum noch ein in allen Teilen identisches Fahrzeug das Band verläßt. Hinzu kommen die neuen, computergestützten Möglichkeiten maßgeschneiderter Fertigung von Komponenten in allen Produktionsbereichen im Rahmen des Übergangs von ‚fordistischer' zu ‚postfordistischer' Produktion.

Tatsächlich ist das entscheidende Merkmal gar nicht die serielle Produktion an sich, sondern die *maschinelle* Produktion. Schränke, Tische, Stühle, Töpfe, aber auch Ziegelsteine, Dachpfannen, Bodenfliesen oder etwa die ganze Keramik im alten Griechenland (ein damals sehr bedeutender Wirtschaftszweig) wurden schon immer in Serie produziert – aber eben *handwerklich*, so daß trotz gleichem Muster und Design kein Gegenstand dem anderen genau glich. Walter Benjamin hat diesen Aspekt in seinem Aufsatz *Das Kunstwerk im Zeitalter seiner technischen Reproduzierbarkeit* für den Bereich der Kunst und hier vorrangig des Films thematisiert und von einem Verlust der „Aura“[222] gesprochen. Tatsächlich führt die mechanische Reproduktion und der millionenfache Ausstoß von identischen Produkten selbst bei hervorragendem Design zu einer Reduktion des Objekts auf den reinen Warenwert. Nur bei entsprechender Exklusivität (etwa Freischwinger von Mies van der Rohe, Lampen von Wagenfeld, I-Phone etc.) kann ein Designobjekt trotz industrieller Fertigung eine besondere Ausstrahlung zurückgewinnen.

Allgemein gilt, daß überall, wo sich das individuelle Verhältnis zwischen Produzent und Konsument, zwischen Auftraggeber und Auftragnehmer auflöst und in ein über den Markt vermitteltes Verhältnis übergeht, sich auch die Entwurfs- und Herstellungsprozesse von Architektur und Design einander anzugleichen beginnen. Architekten, die kein individuelles Wohnhaus für einen speziellen Bauherrn mehr planen, sondern Mietwohnungen im Sozialen Wohnungsbau, müssen sich genauso mit standardisierten Bedürfnissen, Normen und Durchschnittswerten auseinandersetzen wie Designer von Gebrauchsgegenständen. Die Bandbreite – bezogen auf Unikat und Serie – reicht also in der Architektur von der Architektenvilla bis zum Massenwohnungsbau und im Design von der Gala-Garderobe bis zur Konfektionsware.

Mobilität oder Immobilität

Jedes Gebäude ist auf Gedeih und Verderb an einen bestimmten Ort gebunden. Auf unvermeidliche Änderungen des Kontextes, seien es positive, wie etwa eine extreme Wertsteigerung der Gegend, oder negative, wie der Bau einer Autobahn in unmittelbarer Nähe, kann es nur schwer reagieren. Die Irreversibilität einer einmal getroffenen Standortentscheidung hat schon in der antiken Architekturtheorie zu langen Diskussionen über Vorzüge und Nachteile der „Gegend“ geführt, beispielsweise bei Vitruv im Ersten Buch von *De architectura,* Kapitel 4 bis 11, (und in der Nachfolge dann bei Alberti im Ersten Buch, Kapitel 3 bis 6).

Hinzu kommt aber der entscheidende Einfluß des Kontextes schon in der Entwurfsphase: Zentrum oder Peripherie, Villen- oder Mietskasernenviertel; ortsübliche Dichte, Abstandsflächen, Höhenbegrenzungen; Materialien, Baustile, Dachformen der Nachbarbebauungen prägen die architektonische Konzeption in ähnlich starker Weise wie das Bauprogramm. Der Kontext ist in der Architektur ein *wesentliches* Entwurfskriterium. Das gilt nicht nur für integrierte Lagen, sondern auch für die großen Solitärbauten wie Kirchen, Schlösser und Residenzen, die stets auf Sichtachsen, Topographie oder sonstige herausgehobene Lage-Eigenschaften Bezug nahmen.

All das kann und darf bei der Gestaltung von unbegrenzt reproduzierbaren, für den Markt gefertigten Gebrauchsgegenständen keine Rolle spielen. Designer müssen bei der Entwicklung einer Gestaltidee vollständig auf kontextuelle Impulse verzichten. Zwar gibt es durchaus kontextbezogenes Design, aber nur für einen einzigen Ort bestimmte Designobjekte gibt es nicht: das wären dann Einbaumöbel oder kunstgewerbliche Unikate.

Der fehlende Kontextbezug und die unbegrenzte Mobilität können aber auch positiv gesehen werden. Sie geben Designern die Freiheit, sich bei der Gestaltung ganz auf das Objekt selbst zu konzentrieren, und Nutzern die Möglichkeit, unliebsame, altmodisch oder unbrauchbar gewordene Gegenstände problemlos aus dem Blickfeld verschwinden zu lassen. Das ist bei Gebäuden schwieriger, schlimmstenfalls beeinträchtigen sie ihr Umfeld für lange Zeit.

Nun haben das Neue Bauen und der Internationale Stil gezeigt, daß die Kontextbindung des Gebäudeentwurfs keineswegs so zwingend ist wie oben beschrieben. Es gehörte zu den Kernforderungen des Internationalen Stils, daß dessen Prinzipien *universell* gelten sollten, in Hamburg ebenso wie in Rio de Janeiro. (Man denke nur an den Entwurf der Bacardi-Verwaltungszentrale in Mexiko von Mies van der Rohe, der einige Jahre später in Berlin, wenn auch in einem anderen Material, als Projekt für die Nationalgalerie wieder auftauchte). Und es war die gängige Praxis der fortschrittlichen Architekten, die Gebäudekonzeption und -orientierung gerade nicht mehr von speziellen Eigenarten eines gegebenen Ortes abzuleiten, sondern aus rein funktionalen oder sogar hygienischen Anforderungen (Belichtung, Besonnung etc.), so daß die standardisierten, hintereinander aufgereihten Zeilen nicht mehr in der Lage waren, städtische Räume oder Raumabschlüsse zu bilden, von Plätzen ganz zu schweigen. Auch die Unterordnung unter das Prinzip der vormals üblichen Blockrandbebauung wurde abgelehnt und der Solitär als freistehender, seinen Kontext ignorierender Baukörper zum architektonischen Ideal erhoben. An dieser Nähe zum kontextunabhängigen Design wird der Einfluß des Bauhauses, das ja keine Architektur-, sondern eine Designschule war, deutlich sichtbar. Und heute wird diese Tradition – nachdem sie aufgrund der katastrophalen städtebaulichen Folgen jahrzehntelang in die Defensive geraten war – mit dem Aufkommen des Designer-Städtebaus fortgeführt. Inzwischen gibt es eine globale Mobilität und Austauschbarkeit zwar nicht der Gebäude selbst, aber der Gebäudekonzepte und Architekturentwürfe.

Allerdings sind autonome Solitärbauten nicht immer und an jeder Stelle problematisch. Oft gehen von einem gegebenen Kontext wenige oder gar keine Impulse aus und dann kann es die Architektur sein, die überhaupt erst einen neuen Kontext schafft. Gebäude können Orte auch neu definieren wie das Guggenheim-Museum in Bilbao oder manche seiner Nachfolger. Bedeutende Solitäre haben sich im übrigen auch früher nicht um den Kontext gekümmert, und oft mögen die Zerstörungen in ihrem Umfeld – etwa beim Bau einer Kathedrale im Zentrum einer mittelalterlichen Stadt – ähnliche Verwüstungen angerichtet haben wie heute ein modernes Hochhausprojekt. Auch früher gab es schon Brüche und das Nebeneinander verschiedener Bauformen. Und letztlich kann sich Architektur nur weiterentwickeln, wenn sich das Neue gegen den Bestand durchsetzt, notfalls auch durch Abriß der alten Bebauung. Allerdings wäre jeweils zu wünschen, daß die architektonische Qualität des Neuen die Zerstörung des Alten im nachhinein glanzvoll rechtfertigte.

Produktmaßstab oder Gebäudemaßstab

Von wenigen Ausnahmen abgesehen beschäftigt sich Design mit Gegenständen, die man anfassen, greifen, festhalten, betasten, befühlen, schmecken kann, mit denen man, je nach Ziel und Zweck, länger oder kürzer in direkten Kontakt kommt: Geräte, Werkzeuge, Kleidung, Möbel, Wohnungsausstattung insgesamt – mit der ganzen Vielfalt der Warenwelt, die von ihrer Größe her direkt auf den Menschen bezogen ist. Diese Nähe erfordert ein besonderes Gespür für Form, Farbe, Material und Oberflächenbeschaffenheit – die „Grundelemente des Designs“[223] –, vor allem aber auch eine intensive Beschäftigung mit den biometrischen und ergonomischen Gegebenheiten des menschlichen Körpers und seiner einzelnen Teile. Gute Handhabbarkeit ist ebenso wichtig wie gute Form, richtige Größe und Abmessung ebenso wichtig wie lange Haltbarkeit.

Auch Architekten haben es mit Bauteilen zu tun, die auf gegebene menschliche Maßverhältnisse bezogen und nicht skalierbar sind: mit Treppenstufen, Geländerhöhen, Fluchtwegbreiten; mit Griffen, Armaturen, Schaltern; letztlich mit allen Aspekten, wie sie etwa in der Bauentwurfslehre von Ernst Neufert penibel beschrieben sind. Und natürlich haben auch sie mit Materialien, Oberflächen und deren Ausstrahlung zu tun. Aber das ist nur die unterste Maßstabsebene. Für den Entwurf des gesamten Gebäudes müssen Architekten auf Distanz zu den Details gehen. Man kann kein Haus entwerfen wie ein Möbelstück. Übergeordnete Bezüge kommen hinzu: Gesamtaufbau, konstruktive Struktur, Kontext, Gesamtgestalt. Erst wenn die grundlegende Konzeption geklärt ist, macht eine Bearbeitung der nächsten Maßstabsebene Sinn. Je größer das Gebäude, desto größer die zunächst notwendige Abstraktion von Einzelheiten. Jede Maßstabsebene erfordert also andere Herangehensweisen.

Werden die Gebäude allerdings zu groß – wie etwa bei Wolkenkratzern –, reißt die Beziehung zwischen äußerer Hülle und Innenleben ab und die Fassade kann den strukturellen Aufbau und die Vielzahl der Funktionen im Inneren (die sich ja auch ständig ändern können) nicht mehr repräsentieren.[224] Es kommt bei der Fassadengestaltung zu einer ‚Verpackung' endlos gestapelter, anonymer Geschossflächen, die ähnlichen ästhetischen Gesetzen gehorcht wie Aufgaben aus dem Designbereich.

Schneller Produktwechsel oder lange Lebensdauer

Während Gebrauchsartikel (heute) eher für den Verschleiß produziert werden, sollen Gebäude (immer noch) mindestens hundert Jahre halten. Das Planen für einen derart langen Zeitraum schafft für Architekten eine Reihe von Problemen, die Designer nicht kennen.

Da ist zum einen der Nutzungswandel. In Zeiten extremer Beschleunigung gesellschaftlicher Prozesse wird es immer problematischer, Gebäude noch auf eine spezialisierte, unveränderliche Nutzung hin zu entwerfen. Das Eingehen auf spezielle Nutzerwünsche rächt sich oft schon nach wenigen Jahren und führt zu aufwendigen Umbaumaßnahmen. Auch im Wohnungsbau ändern sich Wohnvorstellungen oft schon in der eigenen, mit Sicherheit aber in der nächsten Generation, und man denkt schon heute mit Schrecken an die Millionen von Einfamilienhäusern, die vielleicht in zwanzig Jahren ohne entsprechende Familien dastehen beziehungsweise leerstehen. Als Gegenmodell hat sich der Typus des gründerzeitlichen Mietshauses mit seiner Nutzungsneutralität glänzend bewährt; solche Altbauwohnungen gehören trotz inzwischen stark gewandelter Wohn- und Lebensformen immer noch zu den begehrtesten Wohnadressen der Stadt. Architekten müssen also verstärkt Strategien der Nutzungsneutralität entwickeln, ohne damit zugleich Gesichtslosigkeit und serielle Monotonie zu produzieren.

Hinzu kommt die Alterung. Zwar ist Haltbarkeit auch für Designer ein wichtiger Aspekt, aber bei ihren Produkten geht es (wenn überhaupt) um fünf bis zehn Jahre, nicht um fünfzig oder hundert. Die im Bauen verwendeten Materialien, die solche Zeiträume in Würde überdauern, sind durchaus begrenzt. Das schnelle und unansehnliche Altern der neuen Baustoffe war ja einer der Hauptgründe für die anhaltende Kritik an der Architektur der zwanziger und dreißiger Jahre. Und nicht ohne Grund haben frühere Jahrhunderte (oder Jahrtausende), zumindest bei Sakral- und Repräsentationsbauten oder wo immer man es sich leisten konnten, Naturstein eingesetzt. Klinker waren und sind im übrigen eine hervorragende Alternative. Bei der Planung der Gebäude spielt also der Aspekt der Beständigkeit eine notwendig größere Rolle als beim Design.

Am gravierendsten zeigt sich der Unterschied zwischen Architektur und Design jedoch im Umgang mit dem ästhetischen und stilistischen Wandel. Designer müssen bei der Kurzlebigkeit ihrer Produkte unmittelbar auf neue Trends und Moden reagieren (oder sie sogar selbst initiieren), teilweise schon im Halbjahresrythmus wie in der Mode. Der immer schnellere Wechsel ästhetischer Trends läßt allerdings auch viel mehr Raum für Experimente und ‚Verrücktheiten' – auch ‚Flops' sind kurze Zeit später schon vergessen und können durch ein neues Konzept ersetzt werden.

Das ist in der Architektur nicht möglich. In der Regel dauert der Prozeß von der ersten Skizze bis zur Bezugsfertigkeit zwei bis fünf Jahre – Zeit genug, um gegenüber den neuesten Avantgarde-Konzepten schon wieder als veraltet zu erscheinen. Architekten können sich bei einer Gebäude-Lebensdauer von hundert Jahren und mehr nicht auf kurzfristige Modetrends einlassen, sondern müssen immer wieder Gestaltkonzepte entwickeln, die ästhetisch widerstandsfähiger gegen kurzfristige

Abnutzungserscheinungen sind, mithin eine Art *ästhetische Nachhaltigkeit* besitzen. Natürlich müssen auch sie Impulse aus dem Zeitgeist aufnehmen, aber eben nicht direkt und ungefiltert, sondern indem sie diese Impulse in originäre Architekturbilder umwandeln, wie etwa Le Corbusier bei seinen frühen Villenprojekten, deren formales Vokabular zu einem beträchtlichen Teil aus den von ihm als Vorbild gepriesenen Ozeandampfern stammt, ohne daß seine Gebäude deshalb wie Schiffe aussehen.

Im übrigen spiegelt sich der Maßstabssprung zwischen Gebäuden und Gebrauchsgegenständen mit Notwendigkeit auch in den um viele Größenordnungen höheren Kosten (wenn es sich nicht gerade um exklusives Schmuckdesign handelt). Fehler sollten deshalb möglichst schon in der Planung vermieden werden, denn wenn das Gebäude einmal steht, müssen Bauherr und Nutzer mit diesen Fehlern leben, der Prozeß ist in der Regel irreversibel. Mißlungene Designobjekte werden dagegen einfach vom Markt genommen oder landen auf dem Müll. Der extreme Aufwand bei der Gebäudeerstellung hat schon Leon Battista Alberti dazu bewogen, einen dringenden Appell an Architekten und Bauherren zu richten: „Pflicht eines gut beratenen Mannes ist es daher, alles vorher innerlich in Gedanken überdacht und fertiggestellt zu haben, daß man nicht, wenn der Bau aufgeführt wird oder schon fertig ist, sagen muß: Das hätte ich nicht wollen, das aber hätte ich lieber wollen."[225] Deshalb plädierte er auch für den rechtzeitigen Bau eines Modells, an dem vorab „das gesamte Bauwerk und die Maße jedes einzelnen Gliedes nach den Ratschlägen der gewiegtesten Fachleute immer und immer wieder genau"[226] geprüft werden sollten.

Objektdesign oder Raumdefinition

Designobjekte treten uns in der Regel als kompakte Gegenstände mit einer bestimmten räumlichen Ausdehnung, Form, Farbe und Oberfläche gegenüber. Sie belegen Raum, aber sie schaffen keinen Raum (von Verkehrsmitteln wie Autos, Zügen, Flugzeugen, Schiffen oder Umhüllungen wie Schachteln, Etuis, Kleidungsstücken etc. einmal abgesehen). Und auch Gebäude sind – von außen betrachtet – solche Objekte, nur extrem viel größere, und oft werden neue Bauten daher ähnlich betrachtet und diskutiert wie Designobjekte – im Fokus steht meist die interessante oder sogar spektakuläre Form.

Aber Gebäude haben noch eine zusätzliche Eigenschaft, die sie von den meisten Designobjekten unterscheidet: Sie bilden zugleich Räume, sie schaffen Raum. Genau genommen ist dies sogar – und gerade nicht die äußere Hülle – der Ausgangspunkt allen Bauens: eine Grenze ziehen, einen Raum ausgrenzen, ein Innen und ein Außen schaffen – seit Urzeiten ein magischer Akt und eine elementare menschliche Erfahrung. Die Schaffung von Raum war Anlaß und Ursprung des Bauens und der Bau-*Körper,* die konstruktive Hülle, nur Mittel zum Zweck, die Kehrseite sozusagen, deren Form und Aussehen lediglich von den in der Umgebung vorhandenen Materialien und dem Stand der Verbindungstechnik abhing. Vitruv hat diesen „Ursprung der Gebäude" im ersten Kapitel seines zweiten Buches geschildert.[227] Ausdrücklich spricht er an dieser Stelle nicht von der Entstehung der Architektur, denn diese setzt erst mit der Gestaltung und dem bewußten Schaffen einer Raumkonzeption ein. Hundertfünfzig Jahre später erreichen die Römer allerdings mit dem unvergleichlichen Innenraum des Pantheon bereits einen Höhepunkt der Raumkunst. Solche Innenräume, die dann in den gotischen Kathedralen und den Raumkunstwerken des Barock ihre Fortsetzung finden, schaffen *Raumerlebnisse, die nur durch Architektur und sonst nichts auf der Welt* hervorgerufen werden können. Das hat unter anderem August Schmarsow 1894 dazu bewogen, nicht in der prächtigen Hülle oder in einer „Ästhetik von Außen"[228] das „Wesen der architektonischen Schöpfung"[229] zu sehen, sondern in der Gestaltung von Raum.

Tatsächlich ist Architektur aber beides zugleich: Körper und Raum, gestaltete Außenform und definierter Innenraum – und Architekten müssen in ihrer Arbeit, anders als Designer, beiden Seiten gerecht werden. Oder anders gesagt: Sie arbeiten nur dann als Architekten, *wenn* sie beiden Seiten gerecht werden.

Gesamtobjekt oder Oberflächendesign

Die Diskussion der Unterschiede zwischen Objektdesign und Raumgestaltung deutet schon auf einen letzten Gegensatz hin, der vielleicht am stärksten von Vorurteilen und Polemik geprägt ist: auf den Gegensatz zwischen Gesamtobjekt und Oberflächendesign. Die Arbeit von Designern wird in dieser Argumentation auf modische Verpackung, Styling, neues Dekorieren bereits vorhandener Produkte im Auftrag von Industrie und Werbung reduziert. Aber solche Kennzeichnungen und vor allem die darin enthaltene Abwertung sind meist unberechtigt. Die Tätigkeiten von Designern erschöpfen sich keineswegs in der turnusmäßigen Anpassung des äußeren Erscheinungsbildes an den Zeitgeist oder an neue ästhetische Trends. Gerade in unserem Hochtechnologie-Zeitalter entstehen ständig neue Produkte, die zunächst einmal ‚formlos' sind und überhaupt nur durch die gestaltende Arbeit von Designern eine eigene Identität erhalten. Solche Produkte entstehen im übrigen immer in engster Kooperation von Technik und Design, in einem langwierigen Lösungsfindungsprozeß aus technologischen Vorgaben, Zwängen und Notwendigkeiten einerseits und Fragen der Handhabbarkeit, Benutzerfreundlichkeit und des Aussehens andererseits. Gutes Design schafft eine Synthese zwischen innerem Aufbau und äußerer Form, zwischen Funktion und Ästhetik und verleiht dem Gegenstand zusätzlich „Ausdrucksqualitäten, die ihn zum Zeichen, zum Symbol werden lassen, ohne sich von seiner Funktion zu lösen."[230]

Das alles läßt sich problemlos auch von der Architektur sagen. Aber es bleibt der Unterschied, daß beim Design wesentliche Bestandteile des Produkts immer schon vorhanden sind. Beim Chassis eines Fahrzeugs ist es der Motor oder die Maschine, beim Computer sind es die Festplatte und die sonstigen elektronischen Bauteile, bei der Buchgestaltung das Manuskript etc. Designer werden in diese technischen, elektronischen oder inhaltlichen Bereiche nur sehr begrenzt eingreifen, weil sie weder Maschinenbauer noch Informatiker noch Buchautoren sind. Architekten hingegen müssen nicht nur die äußere Erscheinungsform entwickeln, sondern zusätzlich auch noch die ‚Maschine' selbst. Nichts ist schon da, nur ein leeres Grundstück und ein Raumprogramm. Sie müssen den Aufbau und das Funktionsprinzip ihres Gebäudes von Grund auf neu entwickeln, die gesamte Struktur, das Innere *und* das Äußere, räumlich, funktional und konstruktiv zu einer so bisher noch nicht existierenden neuen Einheit zusammenfügen, kurz: Sie müssen den kompletten *Bauplan* erstellen.

Schnittmengen und Unterschiede

Rekapituliert man die Diskussion der unterschiedlichen Arbeitsfelder von Architekten und Designern, bleiben bei aller Angleichung und der Existenz beträchtlicher Schnittmengen doch wesentliche Unterschiede bestehen. Oder anders gesagt: In der Architektur treten zu denjenigen Gestaltungselementen, die beiden Tätigkeitsfeldern gemeinsam sind, immer noch weitere Bereiche hinzu. Bei der um ein

Vielfaches gesteigerten Größe der Gebäude sind es die statischen, konstruktiven und strukturellen Aspekte; bei der extrem längeren Lebensdauer kommen die Probleme der Haltbarkeit und Alterung der Baustoffe und der Anpassung an den Nutzungswandel hinzu. Neben der Gestaltung des Gebäudekörpers muß auch eine Raumkonzeption entwickelt werden, neben der Lösung des Funktionsprogramms die Einfügung in den Kontext, neben der Gestaltung der äußeren Hülle schließlich der innere Aufbau und der Bauplan insgesamt.

Eine vollständige Gleichsetzung von Architektur und Design oder die Kennzeichnung der Architektur als Gebäudedesign ohne Benennung der Unterschiede führt also faktisch und inhaltlich immer noch in die Irre. Wenn dies dennoch an den Hochschulen, in den Medien und in der Architekturkritik mehr und mehr stattfindet, deutet das auf eine bedenkliche Verengung des Architekturbegriffs hin, die immer mehr Bereiche, die gerade das ‚Wesen' der Architektur ausmachen und sie von allen anderen Gestaltungsdisziplinen unterscheiden, ausblendet. In den USA ist dieser Prozeß im übrigen schon sehr weit fortgeschritten.

Architektur umfasst also mehr als Gebäudedesign, Gebäudedesign kann aber einen Teilbereich der Architektur abdecken. Wo die inneren Funktionen und der Aufbau weitgehend standardisiert sind wie etwa bei Bürohochhäusern oder auch bei Sportstadien, können sich Varianz und Gestaltungsvielfalt oft nur noch in der äußeren Hülle zeigen (wie es beispielsweise das Büro Herzog & deMeuron bei den Stadien von München und Peking meisterhaft demonstriert hat). Aber auch bei Wettbewerben, wo in knapper Zeit ein möglichst ansprechendes und den Zeitgeist möglichst genau treffendes Erscheinungsbild geliefert werden muß, werden oft Designstrategien angewandt. Und natürlich können Designer als Architekten arbeiten oder Architektinnen als Designerinnen – wie viele Beispiele zeigen –, aber beide üben dann jeweils eine andere Art von Tätigkeit aus und müssen jeweils andere Probleme lösen. Wollen sie hingegen die Probleme aus dem anderen Bereich mit den Mitteln ihrer eigenen Disziplin lösen, werden sie – und auch dafür gibt es zahlreiche Beispiele – in der Regel scheitern.

Künstler oder Dienstleister?

Unabhängig davon, daß Architektinnen oder Architekten Künstler sein können, aber nicht sein müssen, gibt es einen weiteren elementaren Unterschied zwischen beiden Tätigkeitsbereichen: die Autonomie. Künstler bestimmen über ihre *Mittel* (wegen der vergleichsweise geringen Herstellungskosten), daher auch über das *Thema* (sie können malen oder installieren, was sie wollen) und schließlich auch über die *Ausführung* (sie malen oder installieren selbst). Architekten hingegen sind weder im Besitz der Mittel, noch bestimmen sie die Bauaufgabe, noch können sie das betreffende Gebäude aus eigenen Kräften realisieren. Als reine Planverfasser sind sie abhängig vom Bauherrn, von der Baufirma sowie von zahlreichen weiteren Fachleuten.

Aber auch schon vorher gilt: Am Anfang allen Bauens stehen Bauherren und Bauaufgaben – nicht die Architekten. Aus diesem Grund herrscht zwischen beiden Parteien kein Gleichgewicht, sondern ein notwendigerweise asymmetrisches Machtverhältnis:

– Der Bauherr sucht den Architekten oder die Architektin aus (und stellt damit schon die entscheidenden Weichen für das spätere Ergebnis);
– er definiert die Aufgabe, bestimmt, was er haben will;
– er bezahlt.

Das ist für den Berufsstand allgemein und besonders für diejenigen, die sich als Künstler oder Künstlerinnen verstehen, ein grundlegendes Problem. Es führt zu einem lebenslangen Spagat zwischen den Polen:

– machen, was der Bauherr will
– machen, was die Kunst gebietet.

Man kann es auch zynisch formulieren: Manche Architekten versuchen ihr Leben lang, mit dem Geld der Bauherren ihre Kunst zu realisieren.

Schon Filarete hat im fünfzehnten Jahrhundert den Entwurf eines Bauwerks mit dem Zeugungsakt verglichen: „Der Bauherr überträgt […] seinen Gedanken auf den Baumeister; dieser nimmt ihn auf und entwickelt ihn bei sich, wie eine Frau das empfangene Kind, monatelang; und gleich wie die Frau endlich gebiert, so bringt auch er den Baugedanken, und zwar in Gestalt eines Holzmodells, zur Welt."[231] Mit solcherart Vergleichen und mit Untersuchungen darüber, wer in einer konkreten Konstellation jeweils welchen Part und welchen Anteil übernommen hat, ließen sich ganze Bücher füllen, auch über die oft jahrelangen psychologischen und emotionalen Konflikte – man denke nur an das Verhältnis Michelangelos zu Papst Julius II. oder an Schinkels Beziehung zu seinem königlichen Auftraggeber. Und

Klenze schreibt über die „unglücklichen" Architekten: „Sie haben mit allen Hindernissen der Welt zu kämpfen, das mächtigste aber bleibt doch der Einfluß des Bauherrn selbst, dessen beständiges Einreden der ewige Stein des Anstoßes in dieser Kunst ist, und diesen Stein des Anstoßes hinwegzuräumen muß man oft mehr Mühe anwenden als das Werk selbst zu vollenden erfordert."[232] Ähnlich Palladio, der im übrigen die Widmung seiner *Quattro libri dell'Architettura* mit „Ihrer Herrlichkeit ergebenster Diener"[233] unterzeichnen mußte: „Aber oft geschieht es, daß der Architekt sich dem Willen derer, die bezahlen, mehr unterordnen muß als dem, was die Regeln vorschreiben."[234] Sicherlich war das noch sehr diplomatisch ausgedrückt.

Oft werden Architekten auch mit anderen Künstlern verglichen, vorrangig mit Komponisten, Dirigenten oder Regisseuren. Ihre Pläne seien sozusagen die Partitur, die solange stumm bliebe, bis sie durch ein Orchester (Baufirma) zum Leben erweckt würde. Dirigenten wiederum würden wie Architekten die vielen Instrumente des Orchesters (der am Bau beteiligten Gewerke) zu einem einzigen Klang zusammenführen und den Takt angeben. Filmregisseure schließlich würden ein Skript (Entwurf) in eine komplexe Bilderfolge (Raumfolge) umsetzen und diesem Ziel alle Einzelfaktoren (Sprache, Ton, Musik, Licht, Kamera etc. bis hin zu den Schauspielern) unterordnen. Aber jeder dieser Vergleiche trifft nur einen Teilaspekt der Architektentätigkeit: ein Musikstück verhallt, während ein Gebäude bleibt; Dirigenten benötigen eine Partitur (beziehungsweise Regisseure ein Drehbuch), während Architekten Drehbuch oder Partitur selber schreiben müssen. Wenn allerdings ein Regisseur eine *eigene* Erzählung verfilmt, selbst das Drehbuch schreibt und vor Drehbeginn in einer alles umfassenden Vision bereits den gesamten Film mit jeder Szene, jeder Nahaufnahme, jeder Beleuchtung und jedem Dialog vor Augen hat, obwohl die ganz profane technische Umsetzung dann noch Monate dauert – dann kommt seine Arbeit der Architektentätigkeit in vielen Fällen schon sehr nahe.

Architekten oder Ingenieure?

Gerade weil Architekten und Architektinnen noch bis vor kurzem (und insgesamt seit über 100 Jahren) den Titel Diplom-Ingenieur trugen und in der Zeit des Funktionalismus kaum noch ein Unterschied zwischen Architekten und Ingenieuren gemacht wurde, muß noch einmal der prinzipielle Unterschied zwischen den Tätigkeitsbereichen herausgearbeitet werden. Denn tatsächlich sind beide Disziplinen (wenn auch nicht unbedingt die ausübenden Personen) durch unterschiedliche Ziele und Lösungsstrategien scharf voneinander getrennt.

Ingenieure werden von Berufs wegen ein gestelltes Problem mit einem Minimum an Aufwand, Energie, Material, Zeit, Kosten etc. zu lösen versuchen (sofern es sich nicht um spektakuläre Großprojekte handelt) und dabei ein Maximum an Wirkung und Effizienz anstreben – ob es sich dabei um eine Maschine, eine Brücke, eine Bahnhofshalle, ein Flugzeug oder einen Computer handelt. Zitat Le Corbusier in *Ausblick auf eine Architektur:* „Die Ingenieure gehorchen den strengen Forderungen eines unausweichlichen Programms [...]. Sie schaffen klare und eindrucksvolle Tatsachen der Formgestaltung."[235] Auch der Eiffelturm war zunächst nichts anderes als die Antwort eines Ingenieurs auf die Frage: Wie ist es möglich, mit einem Minimum an aufgewendetem Stahl einen dreihundert Meter hohen Turm – damals und für lange Zeit das höchste Gebäude der Welt – zu errichten, der für viele Jahre Bestand hat und nicht umkippt? Daß dieser Turm darüber hinaus auch noch ästhetische Qualitäten besaß – zumindest für unsere heutigen Augen, die Architekten haben ihn seinerzeit verabscheut – war nur ein Nebeneffekt, nicht das Ziel. Rationale, konstruktive, technische und logische Kriterien, die meßbar und überprüfbar sein müssen („an engineer wants to test; test and measure"[236]), bestimmten das Handeln und das Ergebnis und diese Kriterien sind auch heute noch die Grundlagen der Arbeit von Ingenieuren, verbunden mit pragmatischen Strategien, die auf den schnellsten und direktesten Weg von einem Problem zu dessen Lösung ausgerichtet sind.

Geht man jedoch mit dieser Art des Denkens – also mit Vernunft und Logik – an das Bauen insgesamt heran – und nicht nur an Brücken, Hallen, Silos, Gewerbebauten etc. –, entstehen bestenfalls vernünftige Gebäude, funktionierende Gebäude, logische Gebäude – aber keine Architektur. Vernunft und Logik, die unverzichtbaren Kardinaltugenden eines Ingenieurs, sind nicht die richtigen Schlüssel für die Entwicklung einer architektonischen Gestaltidee. Oder stärker noch: *Es sind genau die falschen.* Solange man auf dem Pfad von Vernunft und Logik bleibt, ist man in einem anderen Universum, Denkraum, Lösungsraum eingeschlossen, von dem aus kein Weg dahin führt, eine Kirche so zu entwerfen wie die Wallfahrtskirche in Ronchamps, ein Museum so zu planen wie die Nationalgalerie in Berlin, ein Observatorium so zu bauen wie den Einsteinturm in Potsdam – oder neuerdings ein Olympiastadion wie ein Vogelnest.

Logik der Baukunst[237] hieß in den sechziger Jahren ein wichtiges und viel beachtetes Buch von Christian Norberg-Schulz, und in der Fügung dieser drei Worte war auch vierzig Jahre nach dem Beginn der Moderne noch immer der ganze programmatische Irrtum enthalten: die falsche Verknüpfung, die falsche Verheißung, die Vorspiegelung eines Zusammenhangs, der so nicht existiert. Gäbe es ihn – man könnte mit dem Taschenrechner Architektur erzeugen! (Und genau dies wurde ja auch in den sechziger und siebziger Jahren an den Lehrstühlen für Entwurfsmethodik versucht.)

Andererseits kann man nicht die Augen davor verschließen, daß die Gebäude selbst immer mehr zu High-Tech-Produkten werden. Das „Haus als Maschine", von Le Corbusier in den zwanziger Jahren des letzten Jahrhunderts propagiert, wird allmählich Realität, wenn auch anders als von ihm gedacht. Fassaden werden zu hochkomplexen, integrierten, intelligenten Hüllsystemen, Decken übernehmen neben der obligatorischen Tragfunktion Zusatzaufgaben für Heizung, Klima, Energie, Schallschutz, Sprinkleranlagen, elektrische Leitungen, Beleuchtung, Kommunikationsnetzwerke und sonstige Leitungssysteme, Dächer und Fassaden obendrein die Energiegewinnung. Insgesamt drängen sich technische und technologische Aspekte immer mehr in den Vordergrund und gewinnen immer größeren Einfluß auf den Entwurf und die Gestaltung.

Die Architekten müssen mit diesen von den Ingenieurwissenschaften und der Bauindustrie vorangetriebenen Entwicklungen Schritt halten, ohne sie, wenn sie nicht gerade in einem der wenigen sehr großen Architekturbüros arbeiten, selbst aktiv beeinflussen zu können. Sie verfügen weder über die Zeit noch das Geld, um technische und konstruktive Lösungen unter Gestaltungsaspekten eigenständig weiterentwickeln zu können, obwohl dies in vielen Bereichen dringend notwendig und wichtig wäre. Aus diesem Dilemma ergeben sich für die Zukunft zwei gleichermaßen problematische Szenarien: Entweder die Architekten werden selbst immer mehr zu Ingenieuren und wechseln ihr Metier, etwa als Spezialisten für energieeffizientes Bauen. Oder sie ziehen sich gänzlich auf die Gestaltung der äußeren Gebäudehülle zurück und überlassen den konstruktiven Aufbau und die Infrastruktur des Gebäudes mehr und mehr dem pragmatisch-rationalen Kalkül der Ingenieure. Beide Strategien werden inzwischen immer häufiger angewandt, verlassen damit aber – ohne daß dies von der Öffentlichkeit überhaupt noch wahrgenommen oder thematisiert wird – den klar definierten Bezirk der Architektur.

Darum bleibt als einzig angemessene Reaktion die Bildung integrierter Planungsteams oder Büropartnerschaften von Architekten und Ingenieuren, wie dies von großen Büros schon seit langem praktiziert, zukünftig aber auch für kleinere und mittlere Büros unvermeidbar sein wird.

Generalisten oder Spezialisten?

Schon Vitruv hatte sich in seinem ersten und längsten Theoriekapitel von *De architectura* ausführlich mit der Qualifikation der Architekten auseinandergesetzt und in dem Zusammenhang auch eine Art Generalismusdebatte geführt. Da sein Traktat aber immer nur unter dem Aspekt der ‚Baukunst' rezipiert wurde, blieb dieser für die Architekten und ihr Selbstverständnis entscheidende Aspekt meist unbehandelt oder wurde schlichtweg ignoriert.

Durch „pluribus disciplinis et variis eruditionibus"[238], durch viele Fächer und unterschiedlichste Kenntnisse zeichne sich also der Beruf des Architekten aus, schreibt Vitruv gleich im ersten Satz. Dabei bezieht er sich weniger auf das breite Tätigkeitsspektrum des römischen Architekten, das neben dem Hochbau den Festungsbau, den Wasserbau, den Maschinenbau, den Straßen-, Wege- und Brückenbau und schließlich auch noch den Uhrenbau umfaßte[239], sondern auf das für damalige Verhältnisse enzyklopädische Wissen (Vitruv benutzt das griechische Wort „encyclios"[240]), über das ein Architekt seiner Meinung nach neben den Grundlagen der Baustoffkunde, der Baukonstruktion und der Gebäudelehre verfügen mußte (und die nicht zufällig eine große Nähe zu den *artes liberales* aufwiesen): Schriftkunde, Zeichnen, Geometrie, Arithmetik, Geschichte, Philosophie, Musik, Medizin, Jura und Astronomie.[241] Und nach der Erläuterung der Notwendigkeit dieser Fächer für die Ausbildung des Architekten faßt er noch einmal zusammen: „Da also dieses Fach so umfassend ist, mit einem Übermaß an vielfältigen und unterschiedlichen Kenntnissen sorgfältig angereichert, glaube ich nicht, daß sich [solche Personen] vorschnell und mit Recht als Architekten bezeichnen können, die nicht von Kindesbeinen an die Stufenleiter der Unterrichtsfächer emporsteigend – und so durch den Wissensbestand der meisten theoretischen Schriften und Berufszweige genährt – zum innersten Bezirk der Architektur vorgedrungen sind."[242]

Weil aber der Architekt nicht in jedem der genannten Fächer so qualifiziert sein könne wie ein Spezialist, der sich ausschließlich mit diesem Gebiet befasse, kommt

Vitruv nach längerer Diskussion zu dem Schluß, daß „die Vernunft es wegen der Fülle des Stoffes notwendigerweise nicht gestattet, in [allen] diesen Fächern gleichermaßen die höchsten Kenntnisse zu besitzen, sondern nur mittlere.“[243] Nur in seinem Spezialfach – der Architektur selbst – müsse der Architekt sich „als jemand mit höchstem Sachverstand“[244] erweisen.

Die von Vitruv thematisierte Vielfalt und Heterogenität der zu beherrschenden Fächer ist nicht nur ein zentrales Problem des Architektenberufes geblieben, sie hat sogar immer weiter zugenommen. Dabei lassen sich mehrere Ebenen unterscheiden.

Die Differenzierung der Bauaufgaben

Bezogen auf das umfangreiche Tätigkeitsspektrum des römischen Architekten, das sich teilweise bis zum Barock in etwa gleicher Breite erhalten hatte, läßt sich im Laufe des achtzehnten und neunzehnten Jahrhunderts zunächst ein kontinuierlicher Rückgang der Arbeitsfelder feststellen. Immer mehr Bereiche werden abgegeben oder ausgelagert, bis zu Beginn des zwanzigsten Jahrhunderts nur noch der reine Hochbau übrig bleibt. Im Gegenzug sind aber *innerhalb* des Hochbaus sehr viele neue Bauaufgaben hinzugekommen, die sich in der Folgezeit noch weiter ausdifferenziert haben. Heute gliedern sich gängige Bauentwurfslehren bereits auf der ersten Eben in die Bereiche:

- Wohnen
- Beherbergung
- Bildung/Forschung
- Kultur/Spielstätten
- Verwaltung/Büro
- Handel
- Industrie/Gewerbe
- Sakralbau
- Gesundheit
- Sport/Freizeit
- Verkehr.[245]

Und jeder dieser Hauptbereiche zerfällt wiederum in zahlreiche Spezialgebiete, die in ihrer Gesamtheit von einzelnen Architekten nicht mehr auf gleichermaßen hohem Niveau beherrscht werden können. Das Know-how für den Bau von Einkaufszentren hat nichts mehr mit dem Spezialwissen für den Schulbau zu tun, die Probleme beim Bau einer Konzerthalle nichts mehr mit den Vorschriften für altersgerechtes Wohnen. Daher müssen sich Architekturbüros heute immer stärker auf bestimmte Bauaufgaben spezialisieren. Verstärkt wird dieser Trend noch durch die inzwischen üblich gewordenen beschränkten Wettbewerbe oder VOF-Verfahren (Vergabeordnung für freiberufliche Leistungen), bei denen in der Regel nur noch Büros zum Zuge kommen, die in den letzten fünf Jahren bereits drei vergleichbare Objekte realisiert haben.

Trotzdem müssen Architekten – schon aufgrund von Marktschwankungen und Bedarfsänderungen – in der Lage sein, sich immer wieder in neue Spezialgebiete einzuarbeiten. Sie müssen also sowohl über ein allgemeines entwurfliches Grundlagenwissen verfügen als auch über eine generelle Entwurfsmethode, das heißt, sie müssen in dieser Hinsicht zunächst *Generalisten* sein – oder als solche ausgebildet werden –, bevor sie sich in die jeweilige Spezialaufgabe vertiefen können.

Die Differenzierung der bautechnischen Bereiche

Neue Erkenntnisse in der Festigkeitslehre, der Werkstoffkunde und in den Berechnungsmethoden der Tragfähigkeit von Bauteilen führten bereits im neunzehnten Jahrhundert zu der ersten großen Aufteilung der Planungstätigkeit in die Arbeitsfelder der Architekten und der Bauingenieure. Im Zuge des immer rasanter wachsenden technologischen Fortschritts ist jedoch aus dieser ersten Abspaltung ein unüberschaubarer Flickenteppich von Fachgebieten mit jeweils eigenem Spezialwissen geworden: Statik, Baustoffkunde, Bauphysik; Schallschutz, Wärmeschutz, Feuchtigkeitsschutz, Brandschutz; Heizungs-, Sanitär-, Elektro-, Klimaplanung; Lichttechnik, Sicherheitstechnik, Kommunikationstechnik, Medien. Keine Architektin und kein Architekt ist mehr in der Lage, in allen diesen Spezialdisziplinen mit dem Wissen der jeweiligen Fachplaner Schritt zu halten, zumal es parallel zum Anstieg des technischen Wissens zu einem unkontrollierten Anwachsen von Richtlinien, Normen und gesetzlichen Bestimmungen gekommen ist. Allein die Anzahl der deutschen DIN-Normen hat inzwischen die Zahl von 30000 weit überschritten. Entsprechend ist die juristische Literatur in den Bereichen Planungsrecht, Bauordnungsrecht, Vergaberecht etc. angewachsen, weniger die Paragraphen selbst als die inzwischen ganze Bibliotheken füllenden Kommentare. Dasselbe gilt für die ausufernden Ausführungsvorschriften zu den in gleichem Maße schrumpfenden Bauordnungen, durch welche die öffentliche Verantwortung für das Bauen immer weiter in die private Haftung der Architekten verlegt wird. Aufgrund dieser Entwicklung müssen die Architekten – zumindest bei größeren Bauvorhaben – das Feld der Bautechnik weitgehend externen Fachingenieuren und Spezialisten überlassen und sich selbst auf die Rolle der Generalisten zurückziehen, die ‚von allem *etwas,* aber nie *alles* von einem' wissen.

Nun gibt es diese Art der Diversifizierung oder der sich immer weiter verästelnden Spezialisierung auch in anderen Disziplinen, in der heutigen arbeitsteiligen Gesellschaft ist sie sogar die Regel. Aber im Gegensatz zu anderen Disziplinen können Architekten die Arbeit nicht einfach an Spezialisten delegieren. Anders als der Hausarzt, der einen Patienten an den Orthopäden überweist, der ihn zu einem Bandscheibenspezialisten schickt, der ihn schließlich an eine Spezialklinik weiterleitet, die ihn dann operiert, müssen sie die Kontrolle über die Problemlösungen aller beteiligten Fachingenieure behalten – sonst werden sie ihren Entwurf über kurz oder lang nicht mehr wiedererkennen. Denn alle am Planungsprozeß beteiligten Fachdisziplinen insistieren zunächst auf der optimalen Erfüllung ihrer Einzelaspekte und kümmern sich nicht darum, ob die verschiedenen Forderungen einander ausschließen oder ob die Optimierung aller Anforderungen eine ästhetisch befriedigende Lösung von vornherein verhindern würde.[246] Daher müssen Architekten „immer aufs Neue das Kunststück vollbringen, den entscheidenden Einfluß auf alle anderen am Bau Beteiligten zu behalten, obwohl diese in ihren Spezialgebieten so viel mehr wissen als sie selbst, damit ihr Entwurf auf dem langen Weg bis zur Fertigstellung nicht den Partikularinteressen und -problemen zum Opfer fällt."[247] Als ‚Generalisten' befinden sie sich in dem „prinzipiellen Dilemma […], immer auf andere Personen oder deren Spezialwissen angewiesen zu sein, am Ende aber doch mit ihrem Namen allein für das Ergebnis einstehen zu müssen."[248]

Die Aufteilung der Architektentätigkeit in Leistungsphasen

Die Generalismusdebatte umfaßt aber nicht nur den Umgang mit externen Fachleuten, sondern spielt auch im originären Arbeitsfeld der Architekten selbst, bezogen auf Art und Umfang ihrer insgesamt zu erbringenden Leistung, eine entscheidende

Rolle. In der traditionellen Vorstellung, die auch noch der gültigen Honorarordnung für Architekten und Ingenieure (HOAI) zugrunde liegt, reicht dieser Umfang von der ersten Skizze bis zur Schlüsselübergabe des mängelfreien Gebäudes. Und wer sich Architekt oder Architektin nennt, muß in der Lage sein, diesen nicht unerheblichen Leistungsumfang in Gänze zu erbringen.

Tatsächlich geschieht dies auch heute noch in den unzähligen Ein- oder Zwei-Personen-Büros, die den privaten und regionalen Bedarf an Architektenleistungen für die vielen kleineren Bauvorhaben abdecken. Aber bei größeren und erst recht bei großen und komplexen Bauvorhaben stößt dieses Modell sofort an seine Grenzen. Nicht nur daß die Arbeit schon von ihrem Umfang her auf mehrere oder viele Personen verteilt werden muß – sie wird auch *inhaltlich* aufgeteilt. Nicht ohne Grund unterscheidet bereits die HOAI neun sogenannte „Leistungsphasen", die diesen unterschiedlichen Tätigkeitsbildern Rechnung tragen. Entsprechend dem Umfang des Bauvorhabens findet dann in den Büros selbst bereits eine Spezialisierung statt, die sich je nach Anzahl der Beschäftigten immer stärker auffächert und schließlich in eigenen Abteilungen für jede einzelne Phase der HOAI enden kann. Und selbst innerhalb dieser Abteilungen, etwa in der Konstruktionsabteilung, kann es Spezialisten für Stahlbau, Fassadenbau, Treppenbau etc. geben, in der Wettbewerbsabteilung Personen, die nur noch städtebauliche Ideenwettbewerbe bearbeiten etc.

Obwohl es sich bei allen diesen Mitarbeitern weiterhin um Architektinnen oder Architekten handelt und sich ihre Arbeit weiterhin im originären Leistungsbereich des Berufsstandes abspielt, haben ihre jeweiligen Tätigkeiten und die dafür jeweils erforderlichen Qualifikationen kaum noch etwas miteinander zu tun. Deshalb gehen inzwischen immer mehr Büros dazu über, demjenigen Team, das beispielsweise den Wettbewerb gewonnen hat, auch alle anderen Leistungsphasen bis zur Realisierung zu übertragen. Unabhängig davon muß es – und damit kommt erneut das Problem des Generalisten ins Spiel – gerade in Großbüros immer noch Personen geben, die den auf so viele einzelne Schultern verteilten, extrem komplexen Planungsprozeß steuern und das Erreichen der angestrebten Gesamtqualität gewährleisten können. (Auch wenn das durchaus nicht immer diejenigen sind, unter deren Namen das Projekt dann in der Öffentlichkeit präsentiert wird).

Die Heterogenität der notwendigen Begabungen

Am problematischsten für den Architektenberuf ist jedoch der Umstand, daß zur Erfüllung des gesamten Leistungsspektrums nicht nur sehr viel Wissen und sehr viele unterschiedliche Kenntnisse erforderlich sind (das ist in vielen anderen Berufen auch der Fall) –, sondern daß diejenigen, die dem landläufigen Bild eines Architekten oder einer Architektin entsprechen wollen, so viele unterschiedliche *Begabungen* besitzen müssen, die einander – zumindest teilweise – ausschließen. Eigentlich sind es *drei verschiedene Berufe,* die sie zugleich ausfüllen sollen.

Für die Leistungsphasen 2 und 3 der HOAI (Vorplanung, Entwurfsplanung) benötigen sie in hohem Maße Begabungen *künstlerischer* Art:
- Kreativität,
- konzeptionelles Denken,
- integratives Denken, Gestaltbildungskompetenz,
- räumliches Vorstellungsvermögen,
- zeichnerisches Darstellungsvermögen,
- Sinn für Ästhetik.

Für die Leistungsphasen 4 bis 7 der HOAI (Genehmigungsplanung, Ausführungsplanung, Vorbereitung und Mitwirkung bei der Vergabe) benötigen sie in hohem Maße *technisch-rationale* Begabungen:
- technisch-konstruktives Verständnis,
- logisches Denken,
- Problemlösungsfähigkeit.

Für die Leistungsphase 8 der HOAI benötigen sie zudem in hohem Maße *organisatorische* Begabungen:
- Organisationstalent,
- Durchsetzungsvermögen,
- Führungsqualität.

Zusätzlich notwendig sind auch noch
- ein möglichst großes kommunikatives Talent (Architekten müssen ihre Entwürfe/ Visionen darstellen und ‚verkaufen' können)

- sowie Wettbewerbsgeist und Durchhaltevermögen (es gibt nur wenige Berufe, die sich so durchgängig mit ihren persönlichen kreativen Leistungen dem Wettbewerb aussetzen, oft auch noch unentgeltlich).

Architektinnen und Architekten sollen also extrem unterschiedliche oder sogar gegensätzliche Begabungen – hier Spontaneität, dort methodisches Vorgehen; hier Kreativität, dort logisches Denken; hier Sensibilität, dort Robustheit und Durchsetzungsvermögen; hier konstruktives Denken, dort ästhetisches Empfinden – in *einer* Person vereinen, obwohl in der Realität ein derart heterogener Mix von Begabungen kaum vorkommt, selbst bei den größten Genies nicht. Andere Fächer mit ihrer eindeutiger ausgerichteten Begabungsstruktur (‚nur' Jurist, ‚nur' Ingenieur, ‚nur' Manager etc.) haben es in dieser Hinsicht wesentlich leichter.

Also müssen Architekten Kooperationen oder Partnerschaften eingehen (man denke nur an die ungewöhnlich hohe Anzahl der Doppel- oder Dreifach-Büronamen). Oder es existiert im Hintergrund ein „zweiter Mann"[249] wie Adolf Meyer bei Gropius oder Pierre Jeanneret bei Le Corbusier. Oder Architekturbüros müssen entweder Kompetenz hinzukaufen oder aber Leistungsbereiche abgeben beziehungsweise auslagern (siehe die große Zahl der Büros, die nur Leistungen bis zur Leistungsphase 5 anbieten). Eines aber können Architektinnen und Architekten – solange sie selbst Architektur machen wollen – in keinem Fall abgeben oder auslagern: das Hervorbringen des grundlegenden Gebäudekonzepts, die Schaffung einer neuen Gebäudefigur an einer Stelle, wo bislang nur ein leeres Grundstück existierte. *Die Architekten sind diejenigen, die einem Raumprogramm einen Körper, einem Nutzungswunsch eine Gestalt geben.* Sie allein erzeugen das Bild, die Vision, und sie allein können und müssen dafür Sorge tragen, daß diese Vision auf dem steinigen Weg in die Realität nicht beschädigt, verunstaltet oder gar in ihr Gegenteil verkehrt wird.

Spezialisten für das Ganze

Architektinnen und Architekten sind also vieles, können vieles, üben viele Tätigkeiten aus, darunter auch sehr spezialisierte und oft sogar fachfremde. Und die berufliche Differenzierung wird sich auch in Zukunft weiterentwickeln und immer neue Aufgabenfelder erschließen. Aber solange sie als *Architekten* arbeiten, sind sie weder Designer noch Ingenieure, weder Fachplaner noch Spezialisten für einzelne Leistungsphasen, Bauteile, Baumaterialien oder Konstruktionsdetails, sondern – und dieses Paradoxon trifft ihre Sonderstellung recht gut – ‚Spezialisten für das Ganze'. Ihre Aufgabe bleibt die Integration der zahllosen und unterschiedlichen Einzelaspekte, die Lösung der daraus resultierenden Zielkonflikte und die Schaffung einer einheitlichen und prägnanten Gesamtgestalt. *Diese Aufgabe ist nicht delegierbar oder aufteilbar.* Wo dies dennoch geschieht, ist das Ergebnis entsprechend und muß von der Gesellschaft mit einem weiteren Verlust an Qualität der baulich-räumlichen Umwelt bezahlt werden.

Sachwalter *architektonischer Qualität*

Es waren die zwanziger Jahre, die das Rollenbild des Berufsstandes noch einmal extrem erweitert hatten: Architektinnen und Architekten als diejenigen, die alles und jedes entwerfen konnten und vor allem für alles und jedes zuständig waren – von der Türklinke bis zum Siedlungsbau.

Nun hat aber der geschichtliche Rückblick genau das Gegenteil ergeben: Architekten waren früher *nie* für das gesamte Bauen zuständig. Gebaut wurde immer – aber das meiste und die meiste Zeit *ohne Architekten*. Für das gewöhnliche Bauen waren die Handwerker, die Baubetriebe, die Meister der Maurer-, Zimmermanns- und Steinmetzzünfte zuständig. Es gab immer nur wenige, herausgehobene Bauaufgaben, für die deren Qualifikation nicht ausreichte: neue, ungewohnte, besonders große, besonders prächtige, besonders komplizierte, besonders außergewöhnliche Bauten – diejenigen, die gerade *nicht* normal und standardisiert waren, wo die Routine, die Handwerksregeln, die lange bewährten Typologien nicht ausreichten, wo der Handwerksmeister ratlos war, weil ihm für diese Sonder- und Einzelbauten ein Plan, eine Vorlage, ein Konzept, eine Vision fehlte. Dann – und nur dann – wurden Architekten gerufen:

- in Ägypten für die gewaltige technische und logistische Aufgabe des Pyramiden-, Tempel- und Grabmälerbaus;
- in Griechenland für die Organisation und Leitung der großen Tempelbaustellen und der übrigen öffentlichen Bauten;
- in Rom für die großen Sonderbauten: Amphitheater, Thermen, Paläste, Basiliken, Wasserversorgungsanlagen, Militärbauten, Triumphbögen etc., aber auch für die

Luxusvillen der Patrizier, die keine Standardgrundrisse wünschten und einander an verschwenderischer Pracht überbieten wollten;
- im Mittelalter für die gewaltigen gotischen Kathedralen (die romanischen Dome waren meist noch Sache der Äbte und der Bauabteilungen der Klöster);
- in der Renaissance für die Prachtbauten der römischen Kirche, der Fürsten, der freien Städte und der Stadtstaaten;
- im Barock dann für die ‚Bauwut' der absolutistischen Herrscher, Kirchenfürsten und Adligen, aber auch für die Gesamtkunstwerke der römisch-katholischen Gegenreformation in Europa;
- im Klassizismus für die königlichen und staatlichen Repräsentationsbauten und die Landsitze des Adels;
- und schließlich im fortschreitenden neunzehnten Jahrhundert für die vielen neuen staatlichen und privaten Bauaufgaben, für die es zunächst keine standardisierten Lösungen gab, für die sich aber schon bald neue Typologien herausbildeten (Bahnhöfe, Postämter, Schulen, Kasernen etc.).

Aber in der ganzen Zeit lief neben diesen Einzel- und Sonderaufgaben der unendlich viel größere Bereich des normalen Bauens, des Bauens ohne Architekten als Domäne des Bauhandwerks ungestört weiter (Bild 5).

Als jedoch die Architekten eine normale Berufsgruppe wurden und durch das Mittel der Planvorlageberechtigung das Monopol über alle Bereiche anstrebten, beziehungsweise für *sämtliche* Bauvorhaben verantwortlich sein wollten, mußte das gewachsene Rollenverständnis als Baukünstler unter der Masse der ‚normalen' Bauaufgaben, die zuvor von einer Baufirma, einem Handwerksmeister oder einem Bauingenieur erledigt worden waren, kollabieren. Zwar hatten noch die zwanziger Jahre die Vorstellung propagiert, daß alle diese Bauaufgaben ebenfalls *künstlerisch* gelöst werden müßten, auch der Garagenanbau und das Arbeiterhäuschen – aber das war natürlich illusorisch. Angesichts der schieren Masse fehlte es dazu sowohl an ‚Künstlern' als auch an Bauherren, die an solchen künstlerischen Lösungen interessiert waren.

In der Folge wurde allerdings das Kind mit dem Bade ausgeschüttet. Wenn nicht alle anfallenden Bauaufgaben ‚künstlerisch' gelöst werden können und müssen, bedeutet das ja nicht zwangsläufig, daß auch der Gestaltungsanspruch an die Gebäude generell entfällt. Genau dies ist aber in vielen Fällen geschehen. Die Mehrzahl der Bauherren ist heute oft schon mit einer funktionierenden, technisch und

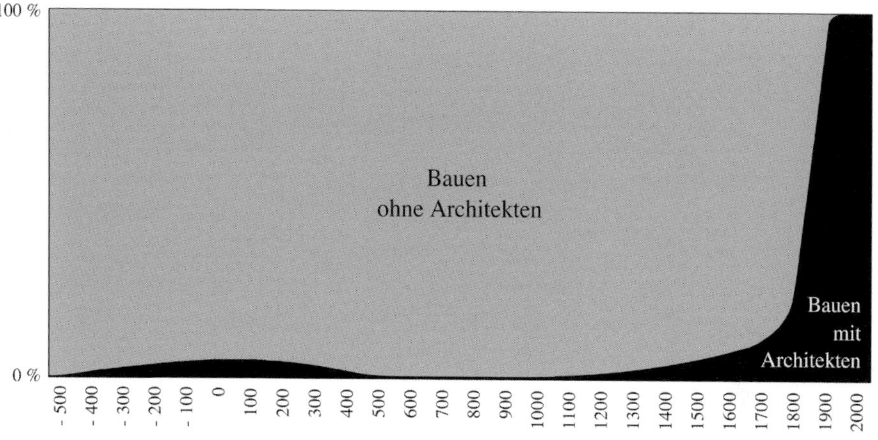

5 Anteil der Architekten am Baugeschehen

wirtschaftlich optimierten Problemlösung für ihr Gebäude vollauf zufrieden – und ein nicht unerheblicher Teil der Architektenschaft ist inzwischen bereit, diese Reduktion der Ansprüche zu akzeptieren und ‚zusätzliche' Forderungen nach Gestaltqualität zurückzustellen oder gar nicht mehr als *integralen Bestandteil ihrer Berufsausübung* zu verstehen. Das wäre dann allerdings eine klare Absage an jenes Selbstverständnis des Berufsstandes, das sich über Jahrtausende hinweg herausgebildet hatte.

Gerade weil heute kein Gebäude mehr ohne Architekten errichtet werden kann, kommt dem Berufsstand eine um so größere Verantwortung als ‚Hüter', ‚Anwalt' oder ‚Sachwalter' architektonischer Gestaltqualität zu – nicht in dem Sinne, daß jede noch so kleine Bauaufgabe entsprechend der neuesten Mode zu einem Architektur-Event stilisiert wird, sondern gerade im Sinne einer gestalterischen und materiellen Qualität der ‚normalen' und unspektakulären Bauaufgaben, *die einer nicht weniger großen Sorgfalt und bis ins Detail durchgearbeiteten Gestaltung bedürfen* als die Vorzeigebauten der Hochkultur. Nicht durch die Brillanz der Großprojekte, sondern durch das Gelingen der unzähligen ‚normalen' Bauten wird letztlich die Qualität der gebauten Umwelt entschieden.

Darum wird dieser zentrale Bereich der Gestaltgebung und des Entwerfens insgesamt – das eigentliche Kernthema nicht des Bauens, aber der Architektur und daher auch der Architekturtheorie – auf den folgenden Seiten noch einmal als eigenständiger Bereich und in aller Ausführlichkeit behandelt.

3 Das architektonische Handeln

Man liest immer wieder, Palladio habe die Villa Rotonda gebaut oder Schinkel das Schauspielhaus oder Gropius die Meisterhäuser etc. Aber Architekten bauen nicht – das macht die Baufirma. Das Endprodukt ihrer Arbeit sind die fertigen Pläne, nicht das fertige Gebäude. (Allerdings müssen sie auch noch dafür sorgen, daß das fertige Gebäude ihren Plänen entspricht.)

Aber auch diese Einschränkung auf das Planen (und Leiten/Überwachen) trifft den Kern der Architektentätigkeit noch nicht. Planen ist zunächst einmal eine grundlegende geistige Tätigkeit, die als Fähigkeit, eine zukünftige Situation oder ein zukünftiges Handeln zu antizipieren, zu den konstituierenden Eigenschaften des Menschen gehört. Geplant wird immer und überall: ein Ausflug, der nächste Urlaub, der Umzug; die Expansion einer Firma, der Börsengang, die Umsatzentwicklung; die nächste Wahlkampagne, die EU-Erweiterung, der Truppenabzug etc. Planen bedeutet lediglich, eine Strategie zu entwickeln, um ein Ziel zu erreichen oder ein Problem zu lösen, es ist keineswegs ein spezifisches Charakteristikum der Tätigkeit von Architektinnen oder Architekten. Diese planen zwar auch – und sogar sehr viel –, aber die allgemeine Kennzeichnung der Architekten als Planer oder ihre Einordnung unter die planenden Berufe verschleiert gerade den entscheidenden Unterschied: daß Architekten, um überhaupt planen zu können, zunächst einmal etwas *produzieren* müssen, nämlich eine Idee, ein Konzept, eine Vision des Gebäudes. Entwerfen und Planen sind in Wirklichkeit zwei höchst unterschiedliche Tätigkeiten, die jeweils eigenständige mentale Strategien erfordern und jeweils unterschiedliche Begabungen voraussetzen. Architektinnen und Architekten müssen beides können und tun: Sie müssen ein Konzept, eine Gebäude-Idee entwickeln, die es in genau dieser Form noch nicht gegeben hat (wenn sie nicht einfach kopieren) – und anschließend müssen sie diese Gebäude-Idee durch intensive Planung in ein baubares Gebilde überführen. Schließlich müssen sie auch noch die Umsetzung ihrer Pläne unter zeitlichen, finanziellen und qualitativen Aspekten planen und kontrollieren (vgl. S. 135). Dementsprechend gliedert sich das vorliegende Kapitel in diese drei unterschiedlichen Bereiche innerhalb der Gesamtheit architektonischen Handelns.

Entwerfen

Technokratische Entwurfsmodelle als Sackgasse

Als in den sechziger und siebziger Jahren des vergangenen Jahrhunderts im Rahmen der allgemeinen Rationalisierung und Industrialisierung des Bauwesens begonnen wurde, auch die Arbeit der Architekten mit wissenschaftlichen Methoden zu untersuchen, wurde meist an die anglo-amerikanische Tradition des *Operation Research,* der Untersuchung von Planungsprozessen, angeknüpft. Horst Rittel, Dozent an der ehemaligen Hochschule für Gestaltung Ulm (HfG) und Professor in Berkeley und Stuttgart mit dem Schwerpunkt Planungstheorie, bezeichnete die dort entstandenen Modelle als „Systemansatz der ersten Generation“[250]. Deren gemeinsames Kennzeichen sei die Vorstellung, daß der Planungsprozeß erstens aus einer linearen Abfolge einzelner Schritte von A nach B bestehe und daß diese Schritte sich zweitens separieren und danach einzeln analysieren und beschreiben ließen, beispielsweise: „Problemverständnis – Informationssammlung – Informationsanalyse – Entwicklung von Lösungsvarianten – Bewertung der Lösungen – Entscheidung.“[251] Ähnliche Abfolgen fanden sich im Handbuch des englischen Architektenverbands *Architectural Practice and Management Handbook* (1965): „Phase 1, Assimilation [Informationen sammeln und ordnen]; Phase 2, General Study [Untersuchung der Probleme und mögliche Lösungen]; Phase 3, Development [Entwicklung und Durcharbeitung der ausgewählten Lösung]; Phase 4, Communication [Besprechung der Lösung mit den Auftraggebern].“[252] Später veröffentlichte derselbe Architektenverband auch noch eine detailliertere Liste mit zwölf aufeinander folgenden Schritten, die dann schon in weiten Teilen den Leistungsphasen der zur gleichen Zeit entwickelten HOAI (damals noch GOA) ähnelten: Grundlagenermittlung – Vorplanung – Entwurfsplanung – Genehmigungsplanung – Ausführungsplanung – etc.

Der ‚bösartige‘ Charakter architektonischer Entwurfsaufgaben

Schon bald stellte sich jedoch heraus, daß beide Grundannahmen, sowohl die lineare Abfolge als auch die klare Trennung in Einzelschritte, mit der komplexen Realität des Planungsprozesses wenig zu tun hatten. Oder präziser gesagt: Es gibt durchaus Planungsprobleme, die sich auf diese Art und Weise lösen lassen – Rittel nennt sie „zahme“ oder „gutartige“[253] Probleme –, aber die architektonische Planung oder die komplexen gesellschaftlichen Probleme, auf die sich Rittel vorrangig bezieht, zählen nicht dazu. (Und es ist eines der großen Probleme der Zunft, daß viele Architekten nach wie vor versuchen, architektonische Aufgaben wie ‚zahme‘ Probleme zu lösen.) Rittel erläutert den Unterschied zwischen ‚zahmen‘ und – wie er sie nannte – „bösartigen“[254] Problemen in zehn Punkten, die hier in der Zusammenfassung von Christian Gänshirt wiedergegeben werden: „Für ‚bösartige‘ [wicked] Probleme [die er an anderer Stelle auch ‚verzwickte‘ (tricky) Probleme nennt], gebe es keine definitive Formulierung der Aufgabe und ebensowenig eine definitive Lösung; die Lösungen seien nicht richtig oder falsch, sondern bestenfalls gut oder schlecht, meist nur besser oder schlechter. Es gebe weder eine unmittelbare noch eine endgültige Möglichkeit, die Qualität einer Lösung zu überprüfen, und es gebe nur einen Lösungsversuch – große öffentliche Bauwerke beispielsweise seien irreversibel. Jedes ‚bösartige‘ Problem sei daher einzigartig. Zugleich hätten die Planer kein Recht, unrecht zu haben, sie seien vielmehr für die oft weittragenden Konsequenzen ihres Handelns verantwortlich. Jedes ‚bösartige‘ Problem könne als Symptom eines anderen Problems betrachtet werden, nie könne man sicher sein, das Problem auf der richtigen Betrachtungsebene anzugehen, nicht nur ein Symptom zu kurieren, statt das Problem an seiner Wurzel zu packen. Für diese Art von Problemen gebe es mehrere oder viele Erklärungen, und die Wahl der Erklärung bestimme die Art der Problemlösung.“[255]

Von einer solchen umfassenden Kritik damaliger Planungstheorien ausgehend, entwickelte Rittel in seinem Aufsatz *Die Denkweise von Planern und Entwerfern*[256] ein wesentlich komplexeres Modell des Planungsprozesses, das vor allem das Problem der ständigen Rückkopplung berücksichtigte (Bild 6). Jürgen Joedicke, der in Stuttgart mit Rittel zusammenarbeitete, kam in seinem Buch *Angewandte Entwurfsmethodik für Architekten*“[257] ebenfalls zu einer differenzierteren Darstellung des Entwurfsprozesses (Bild 7). Auch Brian Lawson baute in seinem Grundlagenwerk *How Designers Think. The Design Process Demystified* auf der Kritik Rittels auf, wobei er genauer zwischen *design problems*, *design solutions* und dem *design process*[258] unterschied. (Design hier in der englischen Bedeutung „Entwurf, Gestaltgebung“ benutzt.)

– *Design problems:* Wer einen Entwurf beginnt, kann nie wissen, auf welche Probleme er stoßen wird. Viele werden erst sichtbar, wenn die ersten Lösungsansätze erarbeitet worden sind, weil Unklarheit über die Fakten, die Prioritäten oder

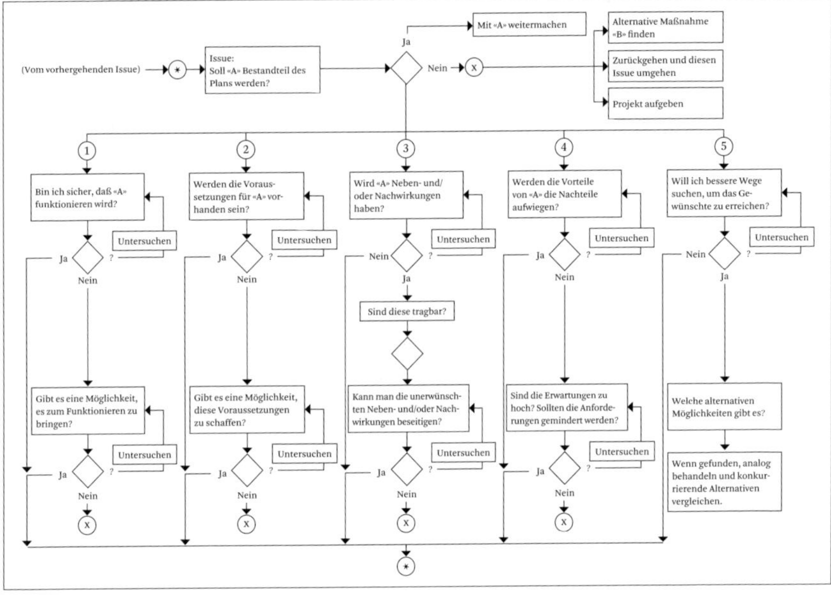

6 Horst W. J. Rittel, Schaubild zur Planungsmethodik

sogar über die konkreten Zielvorstellungen herrscht. Was ein Bauherr tatsächlich mit der Äußerung meint, das Gebäude solle sich „städtebaulich in die Umgebung einpassen“ oder eine Fassade solle „modern“ sein, wird man erst erfahren, wenn er die ersten Lösungsansätze gesehen hat.

– Es bleibt immer eine subjektive Einschätzung, wo die Probleme liegen, mit welchen Mitteln sie gelöst werden sollten und welche am wichtigsten sind. Jeder Beteiligte setzt andere Prioritäten.
– Es gibt immer sehr unterschiedliche Ebenen, von denen aus ein Problem angegangen werden kann. Wenn etwa das Grundstück eigentlich zu klein ist: Sollte man trotzdem viel Mühe darauf verwenden, eine Lösung zu finden, auch wenn diese unbefriedigend bleiben muß – oder sollte man einen Standortwechsel vorschlagen oder (wo dies möglich ist) die Grundstücksgrenzen überschreiten?

– *Design solutions:* Es gibt unendlich viele Lösungen, man weiß nie, ob man alle bedacht hat und es nicht noch bessere gibt.

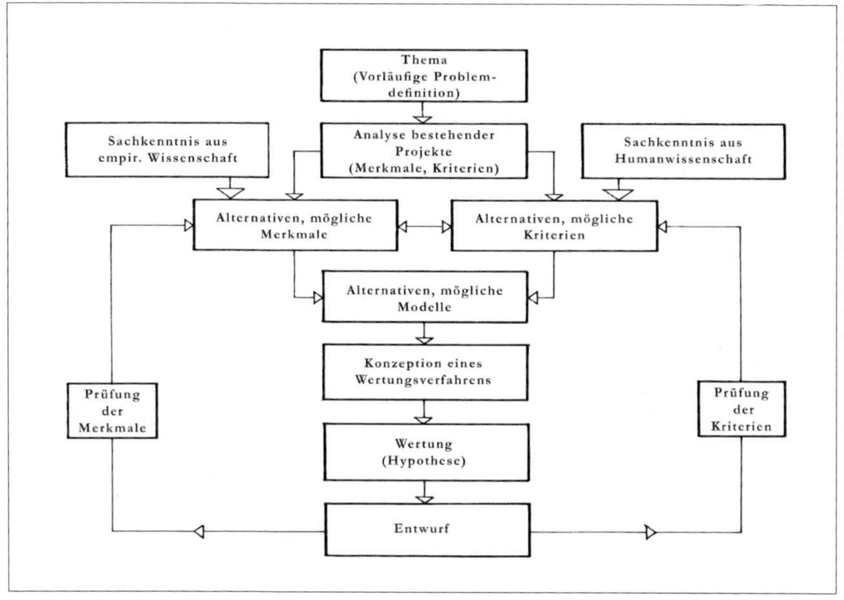

7 Jürgen Joedicke, Schema zur Methode des Planens und Entwerfens

- Es gibt keine ‚beste' und keine ‚richtige' Lösung, sondern nur ‚bessere' oder ‚schlechtere' oder inakzeptable Lösungen.
- Es gibt keine objektiven Kriterien der Bewertung. Bauherren, Preisrichter oder Nutzer urteilen genauso subjektiv wie Architekten bei ihren Lösungsvorschlägen. Leider stimmen beider Kriterien selten überein.

- *Design process:* Es gibt kein ‚natürliches' Ende, der Prozeß wird letztlich aus Mangel an Zeit, Geld oder Geduld abgebrochen, obwohl die Lösung immer noch verbessert werden könnte.
- Es gibt nicht den richtigen Weg, der garantiert zum Ziel führt. Es gibt immer viele Wege, aber keine Wegweiser.
- Im Entwurfsprozeß sind Problem und Lösung unlösbar miteinander verknüpft. Das Verständnis von beiden entwickelt sich parallel zum Fortschritt des Prozesses.

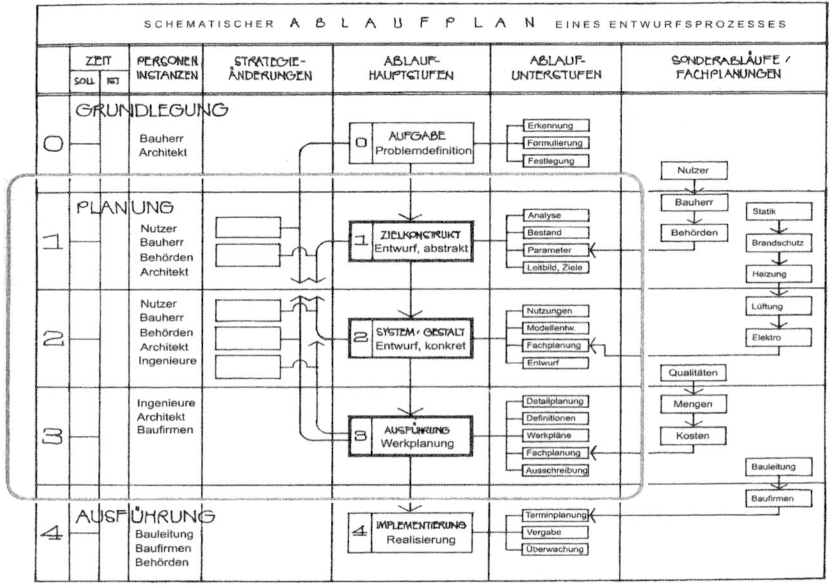

8 Heino Engel, Strukturierung eines herkömmlichen Entwurfsprozesses

Soweit eine kurze Zusammenfassung der Besonderheiten des Entwurfsprozesses, mit denen Lawson seine Abkehr von technokratischen Planungsmodellen oder überhaupt von abstrakten Struktur- und Ablaufplänen begründet, wie sie immer noch in der Literatur veröffentlicht werden, etwa von Heino Engel 2003[259] (Bild 8). In der Nachfolge Lawsons, der von seiner Ausbildung her Architekt war, sind unter anderen der niederländische Designer Kees Dorst in seinem Buch *Understanding Design* von 2003/2006 oder der britische Architekt, Designer und Entwurfstheoretiker Nigel Cross in seiner letzten Veröffentlichung *Design Thinking. Understanding how Designers Think and Work* (2011) zu einer ähnlich differenzierten Betrachtung des Entwurfsprozesses gekommen und haben wesentlich zum Verständnis der Abläufe beigetragen.

Trotzdem sind die Begrifflichkeiten und in der Folge auch die inhaltlichen Zusammenhänge bis heute nicht endgültig geklärt. Ganz deutlich wird das bei Horst Rittel, der in seinem schon zitierten Aufsatz *Die Denkweisen von Planern und Entwerfern* konsequent das „Planen und Entwerfen“ als Einheit abhandelt. Und Lawson, Dorst und Cross, die hauptsächlich über den *Entwurfsprozeß* schreiben, benutzen weiterhin die theoretischen Grundlagen, die ehemals für den *Planungsprozeß* postuliert wurden: Planung als Weg von einem Problem zu einer Lösung mit dem Ziel, die Differenz zwischen *Ist* und *Soll* zu eliminieren. Lawson spricht 80 Seiten lang über „Problems and Solutions“[260], und Kees Dorst thematisiert in den Überschriften seines ersten Kapitels ebenfalls „Design Problems“[261] und „Design Solutions“[262] und nennt ein Unterkapitel „Design as Problem Solving“[263]. Dort schreibt er: „This model of design has worked tremendously well, although it has also been criticised. Like any model, it highlights some aspects of design while neglecting others. Yet, it seems that as long as the design goals are explicit, clear and stable, and a set of comparable solutions can be generated, design can be treated very much like problem solving.“[264] Allerdings schreibt er im letzten Satz auch noch: „But not all of design is like that.“[265] Aber er sagt nicht, worin der Unterschied besteht.

Der Unterschied ist, daß das Wesen von Planung in dem Versuch besteht, Probleme auf eine *rationale, logische* Art und Weise zu lösen, daß aber ein architektonischer Entwurf nicht durch rationale und logische Überlegungen allein zustande kommt. Daher kann ein solcher Entwurf auch nicht ausschließlich auf die „Lösung eines Problems“ zurückgeführt werden.

Zudem haben die meisten Probleme, die durch Planung lösbar sind, *Ursachen,* die man analysieren kann. Und kennt man die Ursachen, kennt man auch die Lösung. Ein Beispiel: das Problem „Fehlende Parkplätze in der Innenstadt“. Was können die Ursachen sein? Zu viele Autos oder zu wenig freie Flächen für Stellplätze. Warum gibt es zu viele Autos? Weil vielleicht der Öffentliche Personennahverkehr (ÖPNV) nicht funktioniert; oder weil er zu teuer ist; oder weil es keine Fahrradwege gibt; oder weil die Parkgebühren zu niedrig sind oder überhaupt das Einfahren in die Stadt nichts kostet etc. Und warum gibt es zu wenig freie Flächen für Stellplätze? Weil beispielsweise die Bauordnung keinen Nachweis für Stellplätze mehr fordert; oder weil die Stadt den Bau von Tiefgaragen ablehnt; oder zu wenig Parkhäuser baut; oder immer mehr Parkplätze in Grünflächen umgewandelt hat. Oder weil sie immer noch weitere Bürohochhäuser in der Innenstadt genehmigt etc.

Nur durch das Analysieren der Ursachen hat man aber zugleich eine veritable Liste von Problemlösungen generiert:

- ÖPNV ausbauen
- Preise im ÖPNV senken
- Fahrradwege bauen
- Parkgebühren erhöhen
- City-Maut einführen
- Stellplatzpflicht wieder einführen
- Tiefgaragen zulassen
- mehr Parkhäuser bauen
- die Umwandlung von Parkplätzen in Grünflächen rückgängig machen
- keine Bürohochhäuser in der City mehr genehmigen
- etc.

Dieses Phänomen meinen Rittel, Dorst und Lawson, wenn sie immer wieder betonen, daß in der Planung Problem und Lösung untrennbar miteinander verbunden sind.

Im Anschluß an die Analyse muß daher nur noch ermittelt werden, welche Lösung am schnellsten geht oder am einfachsten, effektivsten, kostengünstigsten ist, und eine Entscheidung getroffen werden, eventuell auch für mehrere Varianten zugleich – und die Aufgabe ist gelöst.

Soweit ein Beispiel für eine Planungsaufgabe. Der architektonische Entwurf läßt sich hingegen nicht allein aus der Analyse der Aufgabenstellung und der mit ihr verbundenen Probleme ableiten. Er läßt sich überhaupt nicht ableiten, er muß neu erzeugt werden. Es gibt kein *Ist* (außer einem leeren Grundstück) und kein *Soll* (außer einem verbalisierten Raumprogramm) und auch keinen vorgezeichneten Weg vom *Ist* zum *Soll*. Benötigt wird eine Idee, ein Konzept, eine Vision des zukünftigen Gebäudes. *Aber die Entstehung von Ideen kann man nicht planen!*

In Verkennung dieser Differenz wird das Entwerfen oft mit dem Lösen eines Puzzles verglichen: Eine schier endlose Zahl von Einzelteilen muß so zusammengesetzt werden, daß jedes Teil genau am richtigen Platz sitzt und alle zusammen ein vollständiges Bild ergeben. Nur ist beim Puzzle das Bild schon auf dem Karton abgedruckt, beim Entwurf aber nicht. Ähnlich ist die Situation in der Forschung. Physikalische, chemische oder biologische Gegebenheiten und der strukturelle Aufbau der Materie und der Lebewesen existieren ja von Anbeginn, sie müssen von den Wissenschaftlern nicht neu erschaffen, sondern nur – was schwer genug ist – entdeckt oder entschlüsselt werden. Aber beim Entwerfen gibt es nichts zu entdecken, weil noch nichts da ist, weil Konzept und struktureller Aufbau von den Entwerfenden selbst erst noch erzeugt werden müssen. Ein origineller Entwurf, etwa Palladios Villa Rotonda oder Le Corbusiers Wallfahrtskirche in Ronchamp, ist etwas, das in dieser Form noch nie vorher existiert hat – es ist ein Schöpfungsakt, kein Planungsakt.

Planen, ohne zu entwerfen

Allerdings kann man auch Häuser projektieren, ohne sie in diesem Sinne zu entwerfen – und leider entstehen viele Gebäude auf diese Weise. Dazu wird die Bauaufgabe lediglich in eine *Planungsaufgabe* umgewandelt, bei der alle anfallenden Probleme *auf rationale Weise* gelöst werden. Erstes Problem: Wie kann die vorgeschriebene Baumasse auf dem Grundstück untergebracht werden? Lösung: die Restriktionen, etwa Abstandsflächen, Vorgaben des Bebauungsplans, Lage der Erschließung etc. werden im Lageplan eingetragen, verschiedene Anordnungen auf dem verbleibenden Baufeld ermittelt, Vor- und Nachteile gegeneinander abgewogen und schließlich wird die Lösung mit der größtmöglichen Südorientierung für Balkone gewählt. Zweites Problem: Wie sieht die Grundrißorganisation aus? Lösung: Zerlegung in viele kleinere Problem-Lösungs-Schritte, beispielsweise: gewünschte Anzahl der Wohneinheiten, Erschließung, Raumgrößen, funktionale Beziehungen. Übernahme von Standardgrundrissen plus Optimierung. Nebeneffekt: Die Baukörperform ergibt sich ‚logisch' aus der optimierten Grundrißlösung und der notwendigen Anzahl der Geschosse plus Flachdach. Drittes Problem: Gestaltung der Fassade. Unterproblem: Lage und Größe der Fenster, also Außenwandfläche abzüglich normierter Brüstungshöhe, Sturzhöhe, seitlichen Pfeilern etc., bis der notwendige Lichteinfall von mindestens einem Achtel der Zimmerfläche erreicht ist. Weitere Unterprobleme: auskragende Balkone oder eingezogene Loggien, geschlossene oder offene Brüstungen, Wandaufbau einschalig, mehrschalig, Fassadenoberflächen aus Mauerwerk, Beton, Holz, Glas etc.

Alle diese Varianten oder Lösungen müssen weder mühsam gefunden noch neu entworfen werden, sie sind bereits vorhanden und allen praktizierenden Architekten bekannt. Für das Zustandekommen der Lösung müssen nur noch – gemäß persönlicher Vorliebe oder aus Erfahrung oder mit Hilfe einer Kosten-Nutzen-Analyse – bestimmte Komponenten ausgewählt, Vor- und Nachteile gegeneinander abgewogen und schließlich eine Entscheidung getroffen werden. Sicherlich spielen auch die Wünsche der Bauherren eine Rolle. Aber in diesen Prozeß ist kein einziges kreatives Element eingeflossen – und trotzdem ist ein funktionierendes Gebäude entstanden!

Andererseits zeigt gerade die Ausdrucks- und Belanglosigkeit solcher Gebäude überdeutlich, was passiert, wenn ausschließlich Planungsmethoden auf Entwurfsaufgaben angewandt werden.

Kritik der HOAI

Ganz offensichtlich lag (und liegt) auch der Honorarordnung für Architekten und Ingenieure (HOAI) ein solches Architekturverständnis zugrunde. Man muß sich nur die Begrifflichkeit der ersten fünf Leistungsphasen genauer anschauen: Grundlagenermittlung (1) – Vorplanung (2) – Entwurfsplanung (3) – Genehmigungsplanung (4) – Ausführungsplanung (5). Die Arbeit der Architekten wird hier als Folge von Planungsakten aufgefaßt, in deren Verlauf sich der Entwurf auf mysteriöse Art und Weise von selbst einstellt. Zwar taucht das Wort „Entwurf" in der Leistungsphase 3 doch noch auf – und in der Koppelung von Entwurf und Planung in einem Wort wird schon die ganze irregeleitete Begrifflichkeit sichtbar –, aber da ist es bereits zu spät, das grundlegende Konzept, die eigentliche Entwurfsidee ist längst entwickelt, und zwar in der vorangehenden Phase, die aber gerade nicht „Entwurf" heißt, sondern „Vorplanung", als handele es sich hier um eine Art ‚Vorspiel' für den ‚richtigen' Entwurf. Dementsprechend wird in den Erläuterungen der Anlage 11 in Klammern auch die Ergänzung „Projekt- und Planungsvorbereitung" hinzugefügt.[266] Aber auch hinter der „Entwurfsplanung" steht in der gleichen Anlage in Klammern „System- und Integrationsplanung"[267], und im weiteren Text ist vom „Entwurf" nicht mehr die Rede, sondern nur noch vom „Durcharbeiten des Planungskonzepts"[268].

Die Dominanz des Wortes „Planung" spiegelt exakt die technokratische Grundhaltung der sechziger Jahre wider, in der die *kreative* Seite des Architektenberufes

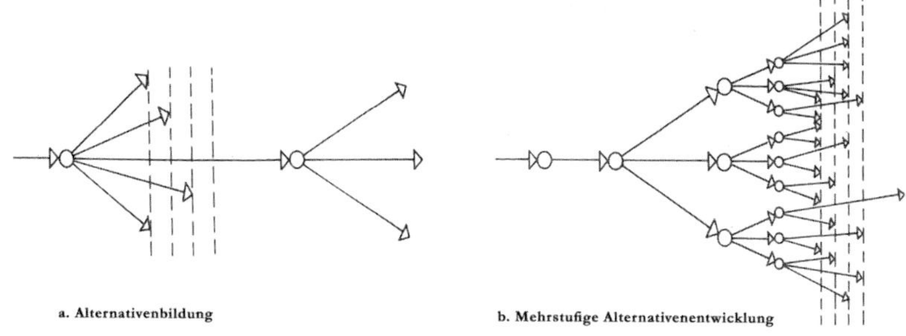

9 Horst W. J. Rittel, Mikrostruktur des Planungsprozesses

weitgehend aus dem Bewußtsein verschwunden war und das Wort „Architektur" mehr und mehr durch die neutrale Bezeichnung „Bauen" ersetzt wurde. Interessant – und vielleicht auch entlarvend – ist immerhin, daß bis heute niemand an dieser Begrifflichkeit Anstoß genommen hat, auch nicht an der Gewichtung der „Vorplanung" mit lediglich 7 Prozent des Gesamthonorars.

Aufbau und Ablauf des Entwurfsprozesses

Wenn also Entwerfen etwas anderes ist als Planen und daher die Analyse von Planungsprozessen für das Verständnis des Entwurfsprozesses nicht weiterhilft – wie könnte dann eine zutreffendere Beschreibung des Entwurfsprozesses aussehen?

Immerhin hatte schon Rittel in seinem Aufsatz *Der Planungsprozeß als iterativer Vorgang* von einer „Mikrostruktur" gesprochen, deren „Elementartätigkeiten" die „Erzeugung von Varietät" und die „Reduktion von Varietät" seien[269]. Nachdem zunächst mehrere Lösungsmöglichkeiten entwickelt würden, müsse die entstandene Vielfalt „mit Hilfe eines Bewertungsfilters, der alle relevanten Aspekte der Problemlösung einschließt"[270], wieder reduziert werden (Bild 9a). Über dieses einfache Modell hinaus beschrieb Rittel auch noch die Strategie der „mehrstufigen Alternativenbildung"[271], die sich durch eine besonders hohe Varietätserzeugung auszeichne. „Für jede Alternative werden die möglichen Folgealternativen ermittelt und so fort über mehrere Stufen. Durch eine ‚Batterie' von Bewertungsfiltern wird die Reduktion der gesamten Varietät gleichzeitig vorgenommen."[272] (Bild 9b).

Tatsächlich läßt sich der innerste Prozeß des Entwerfens aber nicht auf zwei Schritte reduzieren, sondern er besteht, schaut man Architektinnen oder Architekten bei der Arbeit zu, aus mindestens vier Stufen (Bild 10):

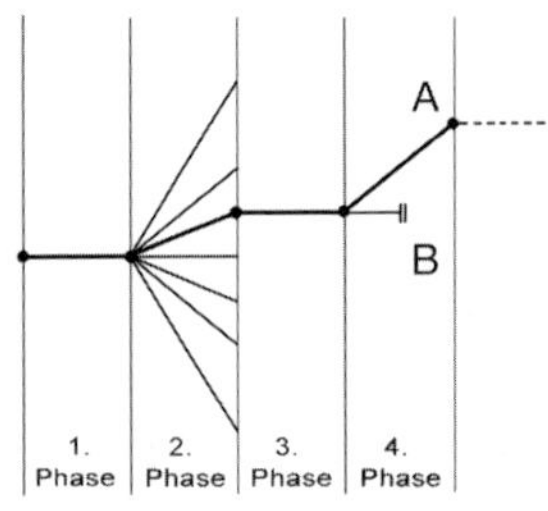

1. Nachdenken
2. Ideen entwickeln
3. Idee fixieren
4. Idee bewerten

10 Mikroprozeß des Entwerfens

Der erste Schritt ist die Phase des Nachdenkens und der Informationsverarbeitung: Worum geht es? Was soll gemacht werden? Was scheint schwierig zu werden etc.? Man blättert in der Aufgabenstellung, studiert das Raumprogramm, betrachtet die zur Verfügung gestellten Planunterlagen, vielleicht auch Fotos vom Grundstück und der Umgebung. Noch bleiben Stift und Skizzenrolle unberührt. Aber es tauchen bereits erste Ideen auf, vielleicht zur städtebaulichen Situation, vielleicht zur Organisation des Raumprogramms, vielleicht zum Baukörper (Schritt 2). Man läßt sie solange vorüberziehen, bis eine Idee sozusagen ‚einrastet', als eventuell erfolgversprechender Lösungsansatz erscheint. Dann folgt zwingend der Griff zum Stift und zur Skizzenrolle, denn ohne Fixierung bleibt die Idee flüchtig und folgenlos – wie eine vorbeiziehende Wolke, deren Kontur sich im nächsten Moment schon wieder verschoben hat. Man beginnt also zu skizzieren (Schritt 3), versucht die Essenz des gerade Gedachten oder vor dem geistigen Auge Gesehenen zu erfassen. Diese Fixierung kann schnell gehen, manchmal aber auch tastend, suchend, in mehreren Anläufen. In jedem Fall erfolgt anschließend eine (erste) Bewertung des Ergebnisses. Dieser Bewertungsvorgang ist immer der notwendige vierte Schritt, der den Mikrozyklus abschließt. Die Urteile reichen von „gut" (weiterverfolgen) über „gute Möglichkeit" (aber noch Alternativen ausprobieren) oder „weiß nicht" (aber aufbewahren) bis hin zu „geht gar nicht" (Papierkorb). Im aktuellen Prozeß bleiben aber immer nur zwei Handlungsoptionen übrig: die Idee weiterverfolgen (A) oder sie (zumindest vorläufig) aufgeben (B). In beiden Fällen beginnt der Mikroprozeß von vorn, nur ist jetzt, im Gegensatz zum Ausgangspunkt, bereits etwas auf dem Papier, das als Fixpunkt sowohl für die Entwicklung von Alternativen als auch für neues Nachdenken (wenn nicht so, wie dann?) dienen kann. Oder eine Idee aus Schritt 2 wird aufgegriffen, die vorher bereits verworfen worden war, jetzt aber vielleicht in einem neuen Licht erscheint.

Wollte man diese Vorgänge also – wie bei Rittel – nur unter zwei Aspekte (Varietät erzeugen, Varietät reduzieren) subsumieren, würden gerade die entscheidenden geistigen Prozesse verdeckt, die den Ablauf des Entwurfsprozesses tatsächlich steuern. Entwerfende sind keine Maschinen, die ständig neue Varianten produzieren und diese anschließend nach einem programmierten Bewertungsalgorithmus verwerfen oder passieren lassen. *Entwerfen ist Denken* und in diesem Denken gibt es charakteristische Pausen, in denen Ideen vor dem geistigen Auge Revue passieren, die durchaus nicht alle eine neue Aktivität auslösen, sondern meist sofort wieder ausgemustert werden. Es werden immer viel mehr Bilder und Assoziationen erzeugt, als tatsächlich auf dem Papier erscheinen, so daß die Phase des Nachdenkens und Suchens deutlich von der Phase der konkreten Variantenerzeugung unterschieden werden muß. Vor allem aber muß die Fixierung der Ideen als eigenständige Phase separiert werden, als Filter einerseits und als Generator neuer Ideen andererseits, als Konkretisierung eines virtuellen oder visuellen Gespinstes, das überhaupt erst faßbar wird, wenn es auf dem Papier festgehalten wird. Dieses Sichtbarmachen ist keineswegs ein mechanisches Abzeichnen eines bereits vollständig im Geiste vorhandenen Bildes, sondern ein Ertasten oder Abtasten einer flüchtigen Vision, die sich während des Aufzeichnens bereits als banal und reizlos erweisen kann, ohne daß die Entwerfenden wissen, ob das an der Idee selbst liegt oder nur an ihrer mangelnden Fähigkeit, das, was sie gesehen haben, zeichnerisch zu erfassen. Letztlich zählt aber nur, was auf dem Papier sichtbar ist; nur das kann bewertet werden und Ausgangspunkt für eine neue Idee oder Variante sein. Deshalb muß der Vorgang der Ideenfixierung zwingend als eigene Phase in den Entwurfsprozeß aufgenommen werden. (Genaueres dazu in Teil IV, *Facetten des Entwerfens,* S. 138).

Es gibt viele andere Modelle, darunter auch sehr einleuchtende wie etwa das populäre „Fünf-Stufen-Modell des kreativen Prozesses“[273], das Lawson in *How Designers Think* beschreibt:

- First insight *(Formation of problem)*
- Preparation *(Conscious attempt at solution)*
- Incubation *(No conscious effort)*

– Illumination *(Sudden emergence of idea)*
– Verification *(Conscious developement)*

Das grundsätzliche Problem dieser Modelle liegt jedoch darin, daß sie mit ihren wenigen (zwei, drei, fünf oder zehn) Stufen oder Elementen immer versuchen, den Entwurfsprozeß *als Ganzes* abzubilden, *also Mikro- und Makroprozeß nicht unterscheiden* oder heillos miteinander vermengen, anstatt von einer innersten, quasi molekularen Mikrostruktur auszugehen, die sehr wohl durch wenige Schritte beschrieben werden kann, aber erst in der vieltausendfachen Wiederholung den Entwurfsprozeß als Ganzes ergibt und dadurch eine Komplexität erreicht, die mit einfachen Schritten von A nach B oder mit Stufen von 1 bis 5 überhaupt nicht erfaßt werden kann. Gänshirt spricht in dem Zusammenhang von „unzähligen kleinen und größeren ‚Kreisläufen des Entwerfens', aus denen sich der Entwurfsprozeß zusammensetzt"[274] (auch wenn diese bei ihm andere Bestandteile enthalten).

Dieser exponentielle Anstieg von Komplexität erfolgt über mehrere Stufen:
1. Plateaubildung. Wenn die Entwurfsarbeit produktiv verläuft, endet die vielfache Wiederholung des Mikroprozesses in der Regel in einer ersten Plateaubildung: ein Konzept wird als tragfähiger Ausgangspunkt für den nächsten Durchgang angesehen. Dieser fängt dann nicht mehr bei null an, sondern erreicht im positiven Fall – durch viele neue Mikroprozesse – ein weiteres Plateau mit einer schon deutlich weiterentwickelten Entwurfsidee. Allerdings kann es im negativen Fall auch passieren, daß vom zweiten oder dritten Plateau aus kein Weg mehr weiterführt – daß zwar ein Endpunkt, aber keine akzeptable Lösung erreicht wird. Dann muß der oder die Entwerfende auf das darunterliegende Plateau zurückgehen, im schlimmsten Fall sogar zurück bis auf Null und einen ganz neuen Weg einschlagen.
2. Überlagerung der Dimensionen. Mit der Abfolge von Plateaubildungen wird aber nur der – wenn auch schon höchst komplexe – Lösungsweg in *einer* architektonischen Dimension, etwa im funktionalen Aufbau des Gebäudes, beschrieben. Es kommen aber noch alle anderen Dimensionen hinzu: die städtebauliche, die räumliche, die konstruktive, die formale etc., die einerseits ähnlich komplexe Entwurfszyklen durchlaufen müssen, andererseits aber nie getrennt voneinander entwickelt werden können, sondern unlösbar miteinander verschränkt sind, so daß sie sich ständig gegenseitig beeinflussen.
3. Überlagerung der Maßstabsebenen. Schließlich muß dieser parallel in allen Dimensionen ablaufende Prozeß auch noch auf allen *Maßstabsebenen* stattfinden: auf der Ebene des

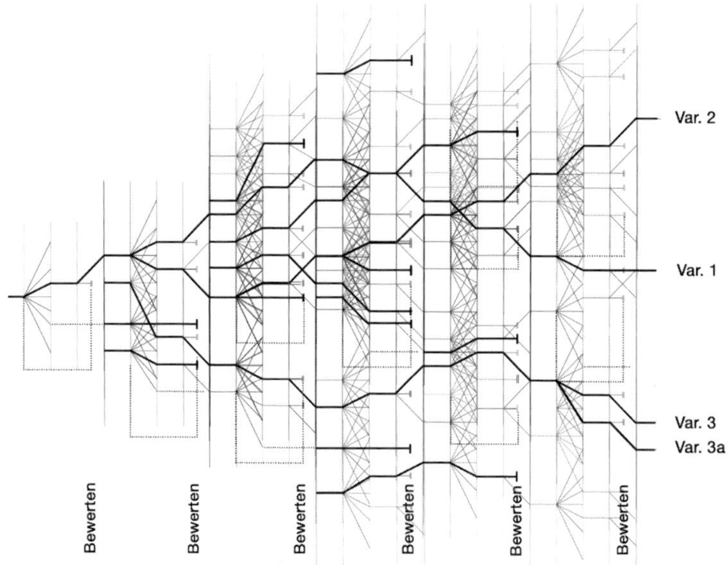

11 Vervielfachung und Überlagerung von Mikroprozessen

Gesamtmaßstabs, des Objektmaßstabs, der Ebene der Ausführungsplanung wie auch auf der Detailebene. Oft wechseln Entwerfende bei der Bearbeitung auch die Ebenen, springen vom Städtebau zur Funktion, vom Gesamtmaßstab zum Detail und zurück, oder sie arbeiten parallel auf verschiedenen Ebenen, lösen Teilaspekte, die dann wieder Auswirkungen auf einer höheren Maßstabsebene haben.
4. Überlagerung der Ablaufmuster. Durch die Überlagerung sowohl der Dimensionen als auch der Maßstabsebenen entstehen übergeordnete Muster, es bilden sich Zyklen, Rückkopplungsschleifen, Spiral- und Zirkelprozesse heraus. Im Gegenzug kommt es aber auch zu Brüchen, Kurzschlüssen, Abrissen und Sackgassen – zu Verläufen insgesamt also, die in ihrer Komplexität mit linearen Optimierungsprozessen oder einer schrittweise erfolgenden, kontinuierlichen Annäherung an die Lösung nichts mehr gemein haben.

Bild 11 (Ausschnitt eines Entwurfsverlaufs bis zu ersten Plateaubildungen) darf deshalb nicht als ein weiteres, in sich abgeschlossenes Entwurfsmodell mißverstanden werden, sondern lediglich als unvollkommene und ausschnitthafte Visualisierung des exponentiellen Anstiegs von Komplexität, der zwangsläufig stattfindet, wenn der gleiche Mikroprozeß von Nachdenken, Ideen entwickeln, Ideen fixieren und Ideen bewerten samt Rückkopplungen und Neuansätzen hundert- oder tausendfach wiederholt und auf alle architektonischen Dimensionen und auf alle Maßstabsebenen angewandt wird.

Vor allem zeigt die Abbildung, wie stark die Entwerfenden selbst in den Prozeß involviert sind, da in jedem einzelnen Mikroprozeß immer auch eine Entscheidung enthalten ist. Und es zeigt, wie schwer es ist, den Überblick über alle kleinen und großen Entscheidungen zu behalten. Kees Dorst schreibt dazu: „In this process, it is really hard to keep track of what you are doing. Every designer knows the moments of complete disorientation while leafing through his piles of sketches (‚What was the reason for this?'). It would be nice if you could alleviate the complexity of a design challenge by splitting up the problem into smaller parts. Unfortunately, you cannot usually do that: design problems have too many internal dependencies. Designers are experts in weaving extremely complicated webs of decisions."[275]

Entwerfen in der Praxis

Kein Computer könnte ein so „kompliziertes Gewebe von Entscheidungen" knüpfen. (Zumindest wird man noch einige Jahrzehnte warten müssen.) Aber auch die genialsten Architektinnen oder Architekten wären überfordert, wenn sie mit jedem Entwurf dieses weitverzweigte Labyrinth erneut und vollständig durchlaufen, wieder ganz von Null anfangen müßten – vor allem im Alltagsgeschäft, das durch viel zu kurze Abgabetermine geprägt ist. Viele Festlegungen und Entscheidungen in der Praxis laufen deshalb nach automatisierten Prozessen ab, die bereits auf der ‚Festplatte' der Entwerfenden gespeichert sind – aus der Routine und der täglichen Übung gewonnene Abläufe, die sich bewährt haben und ganze Bündel von Entscheidungssträngen von vornherein aus dem Entwurfsprozeß ausblenden. Je länger Architekten ‚im Geschäft' sind, desto größer wird der Anteil dieser fest einprogrammierten Lösungsmuster, desto größer aber auch die Schwierigkeit, noch einmal ganz neue Wege zu gehen und nicht in Routine zu erstarren. Für einige ist die Phase des Experimentierens allerdings schon mit dem Abschluß der Ausbildung und dem Speichern der dort erlernten Programminhalte zu Ende.

Tatsächlich ist das Architekturstudium in weiten Teilen mit dem Prozeß des Gehen- oder Sprechenlernens vergleichbar, bei dem komplizierteste Bewegungsabläufe und feinste grammatikalische Verästelungen so lange mühsam und immer wieder aufs Neue eingeübt werden müssen, bis sie schließlich als feste Programmblöcke im Gehirn abgespeichert sind und als automatisierte Prozesse das Denken für andere Aufgaben freistellen. Analog kann man das Architekturstudium als Aufbau und Verankerung solcher festen Programmblöcke beschreiben. Die gesamte Entwurfslehre besteht aus Beispielen von Fest-Verknüpfungen: Erschließungssysteme (Spänner, Gang, Split-Level etc.); Wohnungsgrundrisse, aber auch Grundrißtypologien aller anderen Bauaufgaben (Verwaltung, Bildung und Erziehung, Kultur, Gewerbe, Handel, Sakralbau etc.); Gebäudetypologien (Flachbau bis Hochhaus; Zeile, Block, Solitär; Stadthaus, Landhaus, Hofhaus etc.) – insgesamt ein ganzer, Architekturbibliotheken füllender Kosmos bereits gebauter Lösungen (so daß man sich fragen kann, ob etwa das millionenfach reproduzierte Einfamilienhaus tatsächlich immer wieder neu entworfen werden muß). Das gleiche gilt für die Baukonstruktionslehre: Auch hier werden feste Verknüpfungen von Materialien, Bauelementen, Bauteilen zu funktionierenden Wand-, Dach-, Decken- und Fassadenkonstruktionen als Standarddetails gelehrt, die dann nicht mehr jeweils neu entworfen werden müssen.

Vor allem aber werden auch formale und ästhetische Lösungsmuster für komplette Bauaufgaben vermittelt, welche die Studierenden als Ganzes zum Vorbild nehmen können oder sollen: zum einen der gesamte Kanon der Architekturgeschichte mit all den Ikonen und Spitzenleistungen vergangener Zeiten, zum anderen die in den Zeitschriften oder im Netz verbreiteten Beispiele aktueller Trends, Moden oder Stile, deren Vokabular und Grammatik relativ leicht erlernbar ist und von den Studierenden nach einiger Übung problemlos adaptiert werden kann. Das Kennenlernen und Anwenden solcher Lösungsmuster, aber auch die kritische Auseinandersetzung mit ihnen, ist einer der notwendigen Inhalte des Architekturstudiums. Am Ende dieses Studiums sollte der oder die Studierende zumindest wissen, *wie man es macht*. Spätestens danach beginnt aber eine zweite, wesentlich mühevollere Phase: herauszufinden, wie man es *selbst* machen würde. Und dazu muß man wieder zurück zum Eingang des Labyrinths.

Haltung

Aus einer Vielzahl von Expeditionen in dieses Labyrinth, aus dem immer besseren Kennenlernen und Wiedererkennen der charakteristischen Knotenpunke und Entscheidungsmöglichkeiten, aus dem Erkunden aller immer neu auftauchenden Abzweigungen und dem daraus resultierenden Wissen, wohin die einzelnen Wege führen und an welchen Stellen man in der Regel wieder herauskommt – aus den immer neuen Lernprozessen und dem immer neuen Abwägen von Handlungsoptionen im Umgang mit Entwurfsaufgaben kristallisiert sich allmählich eine eigenständige *Haltung* zur Architektur heraus: eine aktive, bewußte, persönliche Entscheidung für eine bestimmte Herangehensweise, wohl wissend, daß es viele andere Wege gibt, eine Aufgabe zu lösen, daß diese aber nicht *dem eigenen Weg* entsprechen.

Mit jedem Entwurf festigt sich der Stellenwert, den man *persönlich* den einzelnen Komponenten Nutzung, Konstruktion, Material, Gestalt und Kontext einräumt: ob beispielsweise eher die Nutzung und die Nutzerbedürfnisse im Vordergrund stehen und die Leitlinie des Handelns bilden oder ob der Ausgangspunkt eher die klare und saubere Konstruktion ist und zusätzlich ein starkes, fast sinnliches Verhältnis zu bestimmten Materialien bis in die feinsten Detaillierungen hinein; ob mehr das autonome Kunstwerk im Zentrum der Anstrengungen steht oder immer der Kontext Ausgangspunkt und Auslöser der Entwurfsidee bleibt – oder ob es einen bestimmten, charakteristischen Mix aus diesen und noch anderen Komponenten gibt.

Es sind diese *Haltungen,* die individuellen Einstellungen zu dem, was Architektur sein, was sie leisten, wie sie beschaffen sein und wem sie dienen sollte – letztlich also die im Laufe der Entwurfspraxis *gewachsenen* (aber auch durch die eigene Persönlichkeit bestimmten) *Wertesysteme,* die schließlich zum persönlichen Markenzeichen werden und sich – wiederum als ‚Haltung' – in der jeweiligen Architektur widerspiegeln und ihr die jeweils unverwechselbare Prägung geben.

Planen

Aus der Tatsache, daß Entwerfen etwas anderes ist als Planen, folgt nicht, daß Planung in der Architektur keine Rolle spielt, im Gegenteil. Sobald ein Gebäudekonzept ‚geboren' und vom Bauherrn genehmigt ist oder der erste Preis in einem

Wettbewerb von den zuständigen Ausschüssen zur Realisierung freigegeben ist, beginnt auch für Architekten eine intensive und lang andauernde Planungsphase. Nur ist es eine andere Form von Planung, so daß eine weitere Differenzierung notwendig ist. Die bisher (als Gegensatz zum Entwurf) geschilderte strategische oder problemorientierte Planung bewegt sich primär in der *Dimension der Zeit:* Planung als *Antizipation* zukünftiger Ereignisse oder Handlungen. Die immer weiter voranschreitende Integration von statischen, materiellen und konstruktiven Aspekten, aber auch von Belangen der Fachplaner und des Baurechts mit dem Ziel der Realisierbarkeit des späteren Gebäudes bewegt sich hingegen vorrangig in den *Dimensionen des Raumes.* Das Ergebnis sind keine Zeitpläne, sondern Baupläne. Die Planung erzeugt in dieser Phase keine zukünftigen Schritte oder Maßnahmen (das erfolgt erst bei der Planung des Bauablaufs), sondern eine exponentielle Zunahme an Komplexität und Informationsgehalt der Pläne mit immer genaueren und detaillierteren Festlegungen – Planung als *Anreicherung* also, als Prozeß der allmählichen Vervollständigung des Gebäudekonzepts, der viele Stadien durchläuft.

Maße und Proportionen definieren

Ein Entwurf sieht zwar bereits aus wie ein Plan, ist aber noch keiner. Viele Aussagen und Festlegungen des Konzepts werden einer genaueren Nachprüfung nicht uneingeschränkt standhalten, oft wird in der Entwurfsphase auch – um der Gesamtgestalt willen oder aus Zeitgründen – einiges, das noch nicht paßt, ‚passend' gemacht. Der Entwurf ist in dieser Phase eher ein Vorschlag, ein Integrationsangebot, ein *Versprechen,* mit der vorgeschlagenen Gesamtgestalt alle städtebaulichen, funktionalen, räumlichen und ästhetischen Anforderungen erfüllen zu können. Und die Planung hat die Aufgabe, dieses Versprechen einzulösen.

Ein erster Schritt auf diesem Weg ist die exakte Vermaßung: realistische Außenwandstärken, Raumhöhen, Deckendicken; tatsächliche Abstandsflächen, Attikahöhen, Dachaufbauten etc. In der Folge kann sich die konkrete Anzahl von Büroräumen, Hotelzimmern, Sitzplätzen, Stellplätzen etc. erheblich verschieben und der Entwurf muß nachjustiert werden. Aber auch die Bauaufsicht verlangt exakte Vermaßungen von Rettungswegbreiten, Öffnungsmaßen von Fluchtfenstern, maximalen Treppenlauf-Längen und Steigungsverhältnissen etc., die an manchen Stellen zu unangenehmen Korrekturen führen können. Ebenso ist bei der Bemessung von Funktionsräumen schon in einem frühen Stadium darauf zu achten, daß später bei der Detailplanung keine Probleme mit der Möblierung entstehen. Und schließlich liefert die aus allen diesen Überlegungen resultierende Festlegung der endgültigen Baukörperabmessungen auch schon die maßlichen Grundlagen für den amtlichen Lageplan.

Aber das ist nur die technische Seite der Vermaßung. Für die Architektur viel bedeutsamer ist der Anteil der Vermaßung am ästhetischen Erscheinungsbild des Gebäudes. Fenster, Vorsprünge oder ganze Fassadengliederungen, deren Proportionen während des Entwerfens eher intuitiv und unter Gestaltungsaspekten festgelegt wurden, müssen auf einmal mit exakten Maßen versehen werden, ohne daß man begründet entscheiden kann, ob der Pfeiler oder das Fenster eher 0,80 m, 0,82 m oder 0,85 m breit sein sollte. Man muß sich aber festlegen! Das ist die Stunde der Maßordnungen und Proportionssysteme. Sie haben die Funktion, den Architekten Entscheidungshilfen zu geben, beziehungsweise ihnen die Entscheidung in den unwägbaren Bereichen der maßlichen Feinjustierung zu erleichtern. Dies gilt nicht nur für die gesamte Geschichte der Alten Architektur, in der Proportionen immer eine herausragende Rolle spielten, sondern auch für den Beginn der modernen Architektur. Von vielen Protagonisten (Behrens, Gropius/Meyer, Le Corbusier etc.) ist bekannt, daß sie Proportionssysteme benutzten, Le Corbusier präsentierte später sogar eine eigene Maßordnung, den *Modulor.* Aber schon 1922 hatte er in *Ausblick auf eine Architektur* geschrieben: „Die Wahl des Maßreglers bestimmt die geometrische Grundlage des Werkes", sie ist „einer der entscheidenden Momente der schöpferischen Inspiration, sie zählt zu den wichtigsten Faktoren in der Baukunst."[276] Und Bruno Taut antwortete im ersten Kapitel seiner *Architekturlehre* auf die Frage: Was ist Architektur? „Architektur ist die Kunst der Proportion."[277] Allerdings ging es Taut nicht um die mechanische Übernahme von Maßen aus zugrunde gelegten Proportionssystemen oder die sklavische Ausrichtung an einer beliebigen Maßordnung, sondern gerade um die Korrektur mathematisch oder funktional festgelegter Proportionen durch das ästhetische Empfinden.

In diesem Zusammenhang taucht eine weitere Schwierigkeit auf: der Unterschied zwischen „Daseinsform" und „Wirkungsform"[278], zwischen den Maßen im Plan und der Wirkung in der Realität. Soll etwa ein Fenster am fertiggestellten Gebäude wie ein Quadrat wirken, darf es im Plan nicht als Quadrat vermaßt werden, sondern die Höhe muß gegenüber der Breite etwas vergrößert werden, sonst sieht es gedrückt aus. „Stellt der Architekt die Daseinsform nicht nach Maßgabe der Wirkung fest, die sie an Ort und Stelle zu machen hat, so hat er nichts für das Auge geschaffen und hat die künstlerische Gestaltung noch nicht begonnen"[279], bemerkt Adolf von Hildebrand dazu. „Der Architekt muß also nicht nur in der Lage sein, die tatsächliche Wirkung seines geplanten Gebäudes über den Maßstabssprung zwischen Zeichnung und Realität hinweg zu antizipieren, sondern er muß, wenn er nicht böse Überraschungen erleben will, die *doppelte Umwandlung* von der ästhetischen Vision in einen technischen Plan und wieder zurück in die tatsächliche ästhetische Wirkung des realisierten Gebäudes beherrschen. Er muß dem Handwerker ‚krumme' oder ungleiche Maße vorschreiben, damit der spätere Betrachter genau jene graden oder gleich großen Bauteile wahrnimmt, die Bestandteil seiner Ursprungsvision waren – und er muß das notwendige Maß der Abweichung oder Krümmung genau einschätzen können."[280]

Man kennt dieses Phänomen spätestens seit der Untersuchung der genau kalkulierten maßlichen Abweichungen am griechischen Tempel. Aber auch Mies van der Rohe sah sich gezwungen, das Dach seiner Nationalgalerie in der Mitte um zwölf Zentimeter zu überhöhen, damit es nicht wirkte, als würde es durchhängen.

„Der Architekt ist derjenige, der die Maße liefert"[281] – das ist, neben dem Entwurf, nicht nur ein wesentlicher Schwerpunkt seiner Tätigkeit, sondern auch die Voraussetzung für die gelungene ästhetische Wirkung des zukünftigen Gebäudes. „Weil der Architekt seine Entwürfe nicht selbst ausführen kann (wie der Maler oder Bildhauer), muß er für den Handwerker seine visuellen Vorstellungen in ‚harte Zahlen' übersetzen, muß ihm maßliche Entsprechungen seiner ästhetischen Vision liefern, muß ‚Schönheit' vermaßen."[282]

Strukturieren

Auch wenn nach Abschluß der Konzeptionsphase die prinzipielle Entscheidung zwischen Skelett-, Massiv- oder Mischbauweise meist schon vorliegt, ist die Tragstruktur des zukünftigen Gebäudes selten schon bis ins Detail durchdacht und festgelegt. Die anschließenden Gespräche mit dem Tragwerksplaner führen regelmäßig zu Korrekturen oder sogar zu Konzeptänderungen, weil bestimmte Spannweiten oder Stützenabstände sich als ungünstig oder unwirtschaftlich erweisen. Hinzu kommt, daß das Tragverhalten der gewählten Baustoffe meist eine gewisse maßliche Disziplinierung und Vereinheitlichung oder die Einhaltung eines bestimmten Konstruktionsrasters erfordert. Dieses Raster muß dann sowohl den funktionalen Anforderungen an bestimmte Raumgrößen als auch dem statischen Optimum zwischen Spannweite und Materialaufwand Rechnung tragen. Solche Systematisierung kann wiederum zu vielfältigen Korrekturen an Raumgrößen und Abmessungen der sonstigen Nutzungseinheiten führen; außerdem muß eine Koordination von Konstruktions- und Ausbaustruktur erfolgen. In den Anfängen der Industrialisierung des Bauwesens gehörten diese Festlegungen sogar zu den wichtigsten Entwurfsparametern (Primär-, Sekundär- und Tertiär-Struktur) und bestimmten das Erscheinungsbild der damaligen Architektur maßgeblich. Gestaltungsfragen hatten sich dem Primat der Konstruktion unterzuordnen. Diese Zeiten sind allerdings – sieht man von bestimmten Entwicklungen der High-Tech-Architektur ab, die sich die Inszenierung der Konstruktion auf ihre Fahnen geschrieben hat – längst vorbei. Die Statik ist eher in eine dienende Rolle zurückgefallen, die alles ‚hinrechnet', was Architekten sich ausdenken.

Beide Extreme sind aber nur Ausdruck einer Verkennung der *strukturellen Logik* der Architektur. In dieser Logik bilden Nutzung, Konstruktion und räumliche Gestalt eine Einheit, ein Ganzes, ähnlich wie bei den Lebensformen der uns umgebenden Flora und Fauna, wo Struktur und Gestalt – ohne zwanghaft miteinander verkettet zu sein – aufeinander aufbauen und sich logisch auseinander entwickeln, während sie sich gleichzeitig im Rahmen dieser Abhängigkeiten die notwendigen Freiräume und Gestaltungsmöglichkeiten offenhalten. Der strukturelle Aufbau eines Gebäudes sollte ähnlichen Prinzipien folgen. Eine futuristische Gebäudehülle, unter der eine konventionelle Konstruktion verborgen liegt, ein minimalistisches Gebilde, das nur durch höchsten technischen Aufwand in dieser reduzierten Form erscheinen kann oder ein als konstruktive Spitzenleistung präsentiertes Gebäude, das gegen simpelste Prinzipien statischer Logik verstößt, erfüllt diese Forderung nicht.

Die Bedeutung der strukturierenden Arbeit wird noch dadurch unterstrichen, daß der konstruktive Aufbau in der Regel unverrückbar und auch unveränderbar ist. Er determiniert das Gebäude bis ans Ende seiner Lebensdauer, während leichte Trennwände und sonstige Einbauten demontierbar sind und auf diesem Wege immer neue Lebens- und Nutzungszyklen möglich machen. Um so wichtiger ist – gerade in Zeiten immer schnelleren Wandels – die Wahl einer klaren und möglichst offenen Gebäudestruktur, welche die aktuelle Nutzung nicht festschreibt, sondern ein hohes Maß an Flexibilität für zukünftige Nutzungen ermöglicht.

Koordinieren und Integrieren

Es bedarf heutzutage besonderer Situationen, etwa eines strengen Winters, in dem plötzlich der Strom und in der Folge dann auch Heizung, Kochmöglichkeiten, Computer, Internet etc. ausfallen und schließlich auch noch das Wasser einfriert, um daran erinnert zu werden, daß ein Haus mehr ist als eine bauliche Hülle, daß es ohne die technische Infrastruktur letztlich unbewohnbar bleibt. *Commoditas* (oder heute *Bequemlichkeit, Komfort*) tritt also als notwendige Bedingung zu der Trias *firmitas, utilitas* und *venustas* des Vitruv hinzu, schon bei Alberti wird sie zu einer wichtigen Kategorie.[283] Da Architekten diese technische Infrastruktur aber in der Regel nicht selbst planen können, wird deren *Koordination und Integration* in das Gebäudekonzept zu einem weiteren wichtigen Baustein ihrer Planung.

In diesem Zusammenspiel sind gute Fachingenieure, die neben ihrem Spezialwissen auch noch über ein tiefergehendes Verständnis der Architektur verfügen, immer ein Glücksfall, besonders aber, seit die technische Infrastruktur immer mehr an Bedeutung gewinnt. Bei manchen Bauaufgaben (Büro- oder Laborbauten, Forschungszentren, Krankenhäusern etc.) hat sich das Verhältnis zwischen Rohbau und technischem Ausbau, bezogen auf die Baukosten, längst umgekehrt. Entsprechend aufwendig ist die Koordination der unterschiedlichen Subsysteme und deren Integration in ein gemeinsames gestalterisches Gesamtkonzept geworden. Bei einigen Großbaustellen scheint in dieser Hinsicht die Grenze des Möglichen bereits erreicht oder überschritten zu sein, aber auch das normale Einfamilienhaus wird durch Energieeinsparsysteme und immer mehr elektronische, digitale, oder ‚intelligente' Subsysteme allmählich zu einer durch stationäre oder mobile Steuerungszentralen betriebenen Wohnmaschine. Zwar läßt sich der extrem erhöhte Installationsbedarf immer noch hinter Vorsatzschalen, abgehängten Decken oder Doppelböden verbergen, so daß der Integrationsaufwand überschaubar bleibt. Kommen aber gestalterische Aspekte wie etwa Sichtbetonoberflächen hinzu oder dürfen bestimmte Proportionen oder Raumhöhen nicht verändert werden, kann er schnell ins Unermeßliche steigen. Bei jeder Planung muß also zwischen der additiven Koordination, die jedem Medium seine eigene Installationsebene zugesteht und dies mit entsprechenden Raumeinbußen bezahlt, und der integrierten Planung, die möglichst viele Funktionen mit möglichst wenigen, dafür aber hochkomplexen Bauteilen erfüllen will, entschieden werden.

Dabei spricht nicht nur der geringere Planungsaufwand, sondern vor allem der Unterschied in der Lebensdauer der Bauteile für die erste Variante. Technische

Systeme haben schon prinzipiell eine vielfach geringere Lebensdauer als die tragende Substanz, veralten aber um so schneller, je höher der Technisierungsgrad ist und müssen dementsprechend – ähnlich wie im Maschinenbau – immer öfter ausgetauscht oder ersetzt werden. Die Planung muß also so ausgelegt werden, daß bei einem Austausch nicht jedes Mal das halbe Haus in Schutt und Asche gelegt wird. Überhaupt gibt es im Zuge der Nachhaltigkeitsdiskussion deutliche Bestrebungen, die Gebäude von vornherein über die gesamte Lebensdauer hinweg zu planen und Aspekte der Umnutzung und des späteren Recycling, also auch Themen wie „graue Energie" oder „ökologischer Fußabdruck" in die Überlegungen einzubeziehen. (vgl. dazu S. 191).

Nimmt man den Aspekt der Nachhaltigkeit allerdings wirklich ernst, sollte an erster Stelle immer noch die *architektonische Qualität* stehen, denn diese hat sich im Vergleich mit anderen Strategien als das weitaus erfolgreichste Überlebenskonzept in der Baugeschichte erwiesen. Das setzt wiederum voraus, daß ein Gebäude überhaupt noch über genügend eigenständige architektonische Substanz verfügt und nicht längst von außen auf eine energetische Verpackung und von innen auf eine Verkleidung der technischen Infrastruktur reduziert worden ist.

Unabhängig davon müssen bei großen Bauvorhaben noch viele weitere Fachleute einbezogen und deren Anliegen integriert werden: Bodengutachter, Brandschutzsachverständige, Akustiker, Lichtgestalter, Innenarchitekten, Fachleute für Arbeitsschutz, Sicherheitstechnik und vieles andere mehr. Behnisch beschreibt die Planung eines großen Bauvorhabens als „komplexes und kompliziertes Gefüge, beeinflußt von zahllosen Kräften aus zahllosen Disziplinen"[284]. Es sei ein „Getriebe aus dreißig bis hundert Zahnrädern, die unauflösbar ineinander greifen. Werde an nur einem dieser Räder gedreht, dann bewege sich das ganze Gefüge. Über die gesamte Planungszeit sei es immer in Bewegung, wodurch die Erscheinung des Bauwerks sich fortwährend wandle."[285] Aber – und das ist das Aufreibende – der Architekt oder die Architektin müssen die ganze Zeit die Kontrolle über das Getriebe behalten, über die Bewegungsrichtung ebenso wie über den Punkt, an dem es zum Stillstand kommen muß – sonst werden ihre Entwurfsideen darin fein säuberlich zermahlen.

Detaillieren

Die Detaillierung, die in der Abfolge der Planungsphasen der HOAI relativ weit hinten rangiert (als letzte Phase der Ausführungsplanung) und oft auf der Rangskala geschätzter Tätigkeiten bei Architektinnen und Architekten einen ähnlichen Platz einnimmt, ist zur Hälfte eigentlich originäre Entwurfstätigkeit – nur auf einer anderen Maßstabsstufe. Mitten in den Mühen der Ebene und dem Ringen um die Transformation des Entwurfskonzepts in ausführungsreife Pläne beginnt noch einmal eine neue Phase des Entwerfens – zumindest wenn die Architekten nicht einfach auf ihre umfangreiche Katalogsammlung oder entsprechende Produktinformationen der Firmen im Internet zurückgreifen. Denn der Perspektivwechsel vom Gesamtgebäude zum Detail bringt ganz neue, aber nicht weniger anspruchsvolle und für die Gesamtwirkung nicht minder wichtige Entwurfsaufgaben hervor, deren Lösung genauso viel Zeit beanspruchen könnte und würde – wenn diese denn zur Verfügung stünde – wie das Gesamtkonzept. Darunter fällt beispielsweise die Gestaltung des Hauseingangs, der mehr sein sollte als ein ausreichend großes Loch in der Wand, mit Details wie Briefkasten, Klingeltableau, Beleuchtung, Türgriff, Eingangsstufe, Fußmatte, aber auch das Material und die Proportion der Tür selbst, einflügelig, zweiflügelig, mit Oberlicht etc. Dann das anschließende Treppenhaus oder die Innentreppe selbst mit all ihren Einzelelementen: Stufenausbildung, Material, Konstruktion; mit oder ohne Untertritt, Profil, Rutschkante; dazu die unbegrenzte Vielfalt der Geländergestaltungen sowie Form, Material und Befestigung der Handläufe; die Untersicht, der Antritt, die Podestausbildung, das Treppenauge – man denke nur an die unendliche Vielfalt faszinierender historischer und moderner Treppen. Schließlich die Innenräume selbst: die Wandoberflächen und Bodenbeläge, die Türen, Türklinken, Lichtschalter, bei Wohnungen zusätzlich die Küchen, die Bäder, die Armaturen, manchmal der Kamin, das Lichtdesign etc. Damit wird endgültig die Grenze zu Innenarchitektur überschritten, die ja lediglich das Ergebnis moderner Spezialisierung und Arbeitsteilung ist und von Architekten nur gezwungenermaßen abgegeben wird, wenn das Bauvorhaben eine bestimmte Größe überschreitet oder wenn der Bauherr oder die Bauherrin ihren eigenen Innenarchitekten mitbringen. Am liebsten würden sie bis zur Türklinke alles selbst entwerfen (wie dies ja auch viele berühmte Architekten praktiziert haben). Oder wie etwa Carlo Scarpa die wesentlichen Gestaltungsaussagen überhaupt aus dem Detail heraus entwickeln.

Zur anderen Hälfte ist Detaillierung aber auch originäre Planungsarbeit: zum einen das Lösen von bautechnischen oder bauphysikalischen Problemen mithilfe vieler konstruktiver Details, die aber den Blicken meist durch die raumabschließenden Oberflächen entzogen sind; zum anderen die Umsetzung bestimmter *gestalterischer* Vorgaben für die Konstruktion der Bauteile. Fenster sind beispielsweise immer prägend für das äußere Erscheinungsbild eines Gebäudes, und dementsprechend ist nicht nur ihre Größe, Proportion und Gliederung, sondern auch ihr Material sowie die Form und Abmessung der Profile von Bedeutung. Weiße Holzfenster oder Kastendoppelfenster mit Sprossen gehörten ebenso zum Erscheinungsbild der Gründerzeitvilla wie die schwarzen, filigranen Metallfenster zu den stilprägenden Elementen der Zwanziger-Jahre-Villa. Nur erwies sich die konstruktive Ausführung solcher Metallfenster als großes und mit den Mitteln der damaligen Zeit nicht zu lösendes bauphysikalisches Problem. Ästhetik und Konstruktion paßten nicht zusammen. Es erforderte weitere fünfzig Jahre Planungs- und Entwicklungsarbeit, um das Problem durch thermisch getrennte Profile und Isolierverglasungen in den Griff zu bekommen.

Das puristische Design der zwanziger Jahre, das bis heute stilprägend geblieben ist und mit dem Minimalismus eine neue Blüte erlebte, hat darüber hinaus viele Detailprobleme überhaupt erst neu geschaffen, die in einer Zeit handwerklich geprägter Verarbeitung noch gar nicht existierten: die glatt gespachtelten weißen Wände, auf denen jede winzige Delle, jeder Haarriß, jede kleinste Verschmutzung sichtbar ist; ebenso die Sichtbetondecke, auf der das zugespachtelte Loch eines fälschlich gebohrten Deckenauslasses unangenehm ins Auge fällt; oder etwa das Problem der Fuß- oder Scheuerleisten, die früher die doppelte Funktion hatten, sowohl die Verschmutzung des untersten Wandstreifens durch die Reinigung des Fußbodens zu verhindern als auch die Fuge zwischen Bodenbelag und Wand zu überdecken, die wegen der Toleranzen am Bau und der Ungenauigkeit beim Zuschnitt niemals makellos auszuführen ist. Der ästhetisch gewollte und begründete Verzicht auf die Fußleiste führt dann zu einem extrem aufwendigen Planungs- und vor allem Ausführungsdetail.

So ist insgesamt die Kluft zwischen ästhetischer Vorstellung und konstruktiver Umsetzungsmöglichkeit im Detail nicht wesentlich geringer geworden als in den zwanziger Jahren. Das Problem liegt heute aber eher in der Übertragung des Maschinenmaßstabs mit seinen Toleranzen im Millimeterbereich auf die Gebäudeplanung mit ihren eher nach Zentimetern bemessenen „Toleranzen am Bau“, zumal die Qualifikation der Handwerker vor Ort nicht mitgewachsen ist, sondern die dort tätigen Baukolonnen oft nicht einmal mehr über die handwerklichen Basisqualifikationen verfügen, die vor einigen Jahrzehnten noch Standard waren. Von daher schafft eine Detailplanung, welche die realen Fertigungsbedingungen der Bauprozesse vor Ort ignoriert oder gar nicht mehr kennt, weil sie hunderte von Kilometern entfernt in einem Büro stattfindet und sich nur noch auf die fehlerfreie und mathematisch exakte Vermaßung ihres Computers verläßt, oft mehr Probleme als sie löst.

Fixieren

Ziel aller Planung sind die fertigen Pläne. Aber wann ist ein Plan fertig? Planung ist ein immerwährender Prozeß, für den es kein ‚natürliches' Ende gibt. Schlimmstenfalls fallen den Architekten noch am fertiggestellten Gebäude Punkte auf, die sie anders oder besser hätten planen können. Die tatsächlichen Pläne sind also immer nur *Momentaufnahmen*, die den für den jeweiligen Adressaten relevanten Stand der Planung fixieren: für die Bauaufsicht die Baueingabepläne mit allen Aussagen über die Einhaltung der baurechtlichen Bestimmungen; für die Banken Pläne mit zusätzlichen Aussagen über den Standard und die erreichbare Nutzfläche, die für die Kreditvergabe unerläßlich sind, für die Baufirmen schließlich die Ausführungs- und Detailpläne mit ihrem viel weiter fortgeschrittenen Stand verbindlicher Aussagen über den Umfang der zu erbringenden Leistungen. Sie sind insofern Vertragsgegenstand und Handlungsanweisung zugleich. Aber auch nach Abgabe dieser Pläne läuft die Planung selbst kontinuierlich weiter.

Das Aufkommen der digitalen Planerzeugung hat diesen Prozeß erheblich erleichtert. Der Austausch von Plänen auf elektronischem Weg erspart nicht nur viele Planungssitzungen, sondern ermöglicht auch einen annähernd gleichen Informationsstand aller am Planungsprozeß Beteiligten. Hinzu kommt der Einsatz von Systemen der Gebäudedatenmodellierung (Building Information Modeling, kurz: BIM). Auf der anderen Seite erzeugt das ständige parallele Weiterarbeiten vieler Büros am gleichen Datensatz ein Dickicht von Planungsständen, die sich minütlich oder stündlich ändern und nur noch durch ein strenges Registrier- und Ablagesystem unter Kontrolle gehalten werden können. Das letzte Änderungsdatum ist dann unter Umständen die wichtigste Planaussage. Außerdem wächst die erforderliche Speicherkapazität für die ständig angepaßten Datensätze exponentiell. Und zusätzlich muß auch noch protokolliert werden, welche Pläne zu welchem Zeitpunkt jeweils auf der Baustelle gültig waren. Die in der HOAI als „Ausführungsplanung" definierte Leistung des Architekten: „Zeichnerische Darstellung des Objekts mit allen für die Ausführung erforderlichen Einzelangaben"[286] klingt da schon wie der Text aus einer anderen, statisch gedachten Welt, in der das fixierte Ergebnis ein für allemal feststand.

Planung als Umsetzung des Entwurfskonzepts

Jede der unzähligen Entscheidungen, die während der monate-, teilweise auch jahrelangen Planungsarbeit in den gerade skizzierten Feldern getroffen wird, hat Auswirkungen auf das ursprüngliche Entwurfskonzept. Ziel ist natürlich die Anreicherung, Steigerung oder gar Vervollkommnung des Projekts. Aber angesichts der vielfältigen Einflüsse und zahllosen zusätzlichen Aspekte, die integriert werden müssen, droht immer auch die Verunklärung, Verwässerung, Banalisierung oder gar Zerstörung der ursprünglichen Entwurfsidee. Natürlich müssen die Architekten Veränderungen – vielleicht sogar weitgehender Art – zulassen und an vielen Stellen auch auf die Durchsetzung liebgewonnener Teilaspekte des Ursprungskonzepts verzichten – aber sie dürfen die unsichtbare Grenze zwischen Modifikation und Sprengung einer Gestaltidee nie überschreiten. *Wenn man die Entwurfsphase als Eroberung eines unbekannten Terrains ansieht, in dessen Bereich ein neues Konzept Gestalt angenommen hat, dann ist die Planungsphase der bis zum Schluß andauernde Kampf um die Verteidigung dieses Terrains und der einmal gefundenen Gestalt.* Deshalb können Architekten den Planungsprozeß auch nie vollständig abgeben oder delegieren, sondern müssen bis zum Schluß die Kontrolle behalten.

Organisieren, Leiten, Überwachen

Aus der historischen Betrachtung des Architektenberufs ging hervor, daß das Organisieren, Leiten und Überwachen ursprünglich im Zentrum der Architektentätigkeit stand. Auch bei Vitruv findet sich diese Auffassung in dem bereits oft zitierten ersten Satz seiner architekturtheoretischen Überlegungen: „Das Wissen des Architekten, dessen Begutachtung alle Arbeiten unterliegen, die von den übrigen Gewerken ausgeführt werden“[287]. Ein Grund lag darin, daß die prinzipielle Gestalt und Form der wichtigen repräsentativen Bauten schon feststand und die Architekten sich eher um die jeweilige architektonische Umsetzung im Detail kümmern mußten. Heute hingegen, wo jedes Gebäude (von Fertighäusern oder Typenbauten abgesehen) eine Nullserie ist, liegt der Schwerpunkt der architektonischen Arbeit eher auf Entwurf und Planung, und der ganze Prozeß der Bauvorbereitung und Realisierung nimmt mehr und mehr den Charakter einer zwar notwendigen, aber undankbaren und ungeliebten Tätigkeit an.

Tatsächlich muß man nicht Architektur studiert haben, um eine Massenermittlung durchzuführen (und auch gewisse Puffer als Reserve vorzusehen), und es erfordert – wenn die Planung vollständig ist – auch keine herausragenden architektonischen Fähigkeiten, Ausschreibungstexte zu verfassen. Es erfordert – trotz weitgehend vorkonfektionierter Ausschreibungs-Software – ein hohes Maß an technischem Wissen und Kenntnis der DIN-Normen, der VOB und des Baurechts insgesamt (schon allein für die allgemeinen und speziellen Vorbemerkungen), aber es müssen in dieser Phase für den Gebäudeentwurf keine neuen Ideen entwickelt, keine Probleme gelöst, keine Entscheidungen gefällt werden – es müssen nur möglichst alle Eventualitäten und denkbaren Alternativpositionen bedacht werden. Und auch die Vorbereitung und Mitwirkung bei der Vergabe, das Einholen, Prüfen und Auswerten der Angebote (inklusive der Bonität der Bieter), die Aufstellung von Preisspiegeln, der Vergabevorschlag an den Bauherrn und die Teilnahme an den Vertrags- und Preisverhandlungen erfordern keine spezielle architektonische Qualifikation.

Aus diesem Grund werden die Leistungsphasen 6 und 7 (Vorbereitung und Mitwirkung bei der Vergabe) von Architekten gerne delegiert oder ganz abgegeben. Ähnliches gilt aber auch für die Bauleitung, obwohl in dieser Phase erneut ein hohes Maß an echter Planungsarbeit zu leisten ist:

- Zeitplanung
- Kostenplanung
- Qualitätsmanagement.

Jeder dieser Tätigkeiten liegt schon für sich genommen ein eigenes, umfangreiches Fachgebiet zugrunde. Darüber hinaus müssen Baustelleneinrichtungspläne und Bauablaufpläne erstellt werden, welche die Aktivitäten von zwanzig bis sechzig Gewerken zeitlich und räumlich koordinieren, bei Umbauten auch Stufenpläne, Umzugspläne, Zwischennutzungspläne, Abrißpläne etc. Gute Bauleiter müssen –

zumindest bei großen Baustellen – einen äußerst komplexen Prozeß bis in seine kleinsten Verästelungen hinein im Geiste *antizipieren* können.

Das ist aber nur die eine Seite, die *Planungsseite,* diesmal sogar im herkömmlichen Sinne einer Zeit- und Ablaufplanung. Aber darüber hinaus müssen sie diesen Prozeß auch noch leiten oder steuern, sich als Dirigenten eines überdimensionalen Orchesters betätigen und möglichst alle Ecken und Winkel und Abläufe zugleich im Blick haben – das ist die andere Seite, die *organisatorische* oder Managementseite. Und schließlich müssen sie – eigentlich – auch noch jedes Gewerk bis in die letzten Feinheiten der Ausführung hinein kennen, um Ausführungsfehler oder Mängel, die schon am nächsten Tag unter einer Betonschicht oder einer Ausbauplatte verschwunden sein können, rechtzeitig zu entdecken und beseitigen zu lassen. Tatsächlich erfordert die Bauleitungstätigkeit die ganze Bandbreite planerischer, organisatorischer und fachlicher Qualifikationen, und reine Entwurfsarchitekten haben nicht den geringsten Anlaß, auf diese Tätigkeit herabzublicken. Im Gegenteil sollten auch sie die Abläufe auf der Baustelle genauestens kennen, weil das Wissen um das, was machbar ist und was nicht, direkten Einfluß auf ihre Detailplanung hat. Nicht ohne Grund verlangen die meisten Architekturfakultäten vor Aufnahme des Studiums den Nachweis eines längeren Baustellenpraktikums, auch wenn dies eine Ausbildung in einem Bauberuf nicht ersetzen kann. Denn nur theoretisch entwickelte Details halten meist den komplexen Anforderungen der Praxis nicht stand oder müssen zumindest angepaßt und handhabbar gemacht werden, sei es, daß ihre Umsetzung zu technischen Problemen an anderer Stelle führt, sei es, daß der Aufwand unangemessen hoch ist, oder sei es, daß der geforderte Exaktheitsgrad bei den üblichen Toleranzen am Bau nicht erreichbar ist. Architektinnen oder Architekten, die sich in Theorie und Praxis gleichermaßen auskennen – wie es schon Vitruv gefordert hatte[288] – können viel Zeit und Kosten sparen und darüber hinaus viel Ärger auf der Baustelle vermeiden.

So behält das Idealbild einer Vereinigung von Entwurfs-, Planungs- und Organisationstalent in einer Person durchaus seine theoretische Berechtigung und war in der Frühzeit der Architektur sicherlich auch in der Praxis erreichbar. In Zeiten extremer Arbeitsteilung, Diversifikation und einer explosionsartigen Zunahme von Spezialwissen in allen Teilbereichen haben sich die unterschiedlichen Tätigkeiten aber längst in eigenständige Berufsfelder aufgeteilt, die zwar alle auch von Architektinnen oder Architekten besetzt werden, aber entsprechend unterschiedliche Qualifikationen verlangen.

Insgesamt sind Planen und Organisieren als Tätigkeiten keineswegs weniger anspruchsvoll als das Entwerfen, aber im Unterschied zu Letzterem bergen sie kein Geheimnis, sondern liegen in ihrer ganzen Komplexität offen zutage, sind Gegenstand umfangreicher Untersuchungen und Fachgebiete und müssen deshalb an dieser Stelle nicht eingehender behandelt werden. Stattdessen wird in einem weiteren Kapitel über das architektonische Handeln versucht, dem immer noch nicht vollständig entschlüsselten Geheimnis, das den Vorgang des Entwerfens umgibt, zumindest einen Schritt näher zu kommen.

4 Facetten des Entwerfens

> „The good news is that most of what we would like to know about design exists already, hidden deep inside the brains of designers. The bad news is that they are not usually able to explain to others what they do, why they do it, and how."[289]

Aus der komplexen und auf subjektiven Entscheidungen basierenden Natur des Entwurfsprozesses geht hervor, daß jeder Versuch, diesen als Ganzes zu beschreiben oder gar eine generelle Entwurfsmethode zu entwickeln, zum Scheitern verurteilt ist. „There is no one correct ‚method' of designing, nor one route through the process"[290], schreibt Lawson. Trotzdem gibt es in jedem Entwurfsprozeß Situationen, die Allgemeingültigkeit besitzen, Stationen, die nicht umgangen werden können, Abläufe, die immer die gleichen charakteristischen Strukturen besitzen, Rollen, die eingenommen, Werkzeuge, die benutzt und Schritte, die vollzogen werden müssen. Deshalb werden statt der Schilderung eines Gesamtprozesses solche einzelnen Facetten beschrieben, „facets of design"[291], allerdings nicht, wie bei Kees Dorst, in 175 jeweils eine Seite umfassenden „essays"[292], sondern an Hand von zehn übergeordneten Stationen, die jeweils einen charakteristischen Aspekt beleuchten und in ihrer Zusammenschau Licht in das eigentlich undurchdringliche Dunkel des Entwurfvorgangs bringen sollen.

Vor dem Start

Die entscheidenden Weichen sind meist schon gestellt, bevor der erste Strich gezogen ist. Nicht weil die Aufgabe unklar ist, unklar formuliert ist oder unklar formuliert sein muß, weil Aufgabe und Lösung untrennbar miteinander verbunden sind – das war der Ansatz der kritischen Planungstheorie von Rittel, Lawson, Dorst und anderen –, sondern weil die Aufgabenstellung von den Architekten selbst bereits im Vorfeld unterschiedlich rezipiert und interpretiert wird. Die intensive Analyse der Aufgabe erzeugt nicht, wie in der Planung, bereits die ersten Lösungsansätze, sondern im Gegenteil die Vervielfältigung der Aufgabenstellungen. Jede noch so präzis formulierte Bauaufgabe, die den Filter der eigenen Informationsaufnahme durchläuft, kommt am Ende verändert und als neue, persönliche Entwurfsaufgabe heraus. Sind beispielsweise dreißig Architektinnen und Architekten beteiligt, werden aus einer einzigen *Bauaufgabe* dreißig verschiedene *Entwurfsaufgaben*.

Gefiltert wird auf der Ebene der Bauaufgabe insgesamt, des Grundstücks und des Kontextes, des Programms und schließlich auch auf der Ebene der Rahmenbedingungen und Restriktionen.

1. Interpretation der Bauaufgabe. Jeder weiß, was ein Museum ist, aber was ist ein Museum wirklich? Ein Behälter für – wenn es etwa um moderne Kunst geht – Objekte und Installationen, eine möglichst neutrale Hülle? Oder selbst ein Stück moderne Kunst? Oder eine variable Aktionsfläche wie das Centre Pompidou? Oder ein erratischer Ort wie das Kunsthaus in Bregenz? Wie wird überhaupt das Form-Inhalt-Problem behandelt? Muß ein Bauhaus-Museum aussehen wie Bauhaus-Architektur? Oder gerade nicht, sondern eher so, wie die Bauhaus-Architekten von damals vielleicht heute ein Museum entwerfen würden? Oder völlig unabhängig vom Thema Bauhaus? Oder geht es gar nicht um Inhalte, sondern nur um ein neues Wahrzeichen für die Stadt (oder für die Architekten selbst), um Stadtmarketing? Das sind nur einige von vielen Fragen, die sich bei jeder repräsentativen öffentlichen Bauaufgabe stellen und die alle Architekten unterschiedlich beantworten werden.

2. Interpretation von Grundstück und Kontext. Man sollte meinen, daß ein Grundstück und seine Umgebung, da für alle Architekten gleich und unveränderbar, wenig Ansätze für Varietät böte. Aber das Gegenteil ist der Fall. Jeder wird nach der Ortsbesichtigung mit anderen Eindrücken und Einstellungen ins Büro zurückkehren. Eine laute Straße, eine ungünstige Orientierung, ein Geländesprung; Lage, Größe, Form und Stil der Nachbarbebauung; eventuell vorhandene Bezüge oder Orientierungen auf einen Platz oder auf ein bedeutendes Gebäude; der ganze Charakter der Gegend: geordnet oder heterogen, neuzeitlich oder historisch, dynamisch oder spießig, Zentrum oder Peripherie, steinern oder grün – alle diese unveränderlichen Tatsachen werden durch die persönliche Interpretation zu Variablen, die im kommenden Entwurfsprozeß entweder eine Hauptrolle spielen oder vernachlässigt werden. Auch die prinzipielle Haltung zum Thema Anpassung oder Kontrast, Einordnung oder Dominanz führt je nach individueller Disposition zu gravierenden Weichenstellungen.

3. Interpretation des Programms. Auch Raumprogramme, die oft mehrere Seiten umfassen und bis zum letzten Abstellraum mit exakten Quadratmeterangaben versehen sind, erwecken vordergründig den Anschein vollständiger Eindeutigkeit und Objektivität. Die Architekten können aber in der Phase der Informationsaufnahme und -verarbeitung mit diesem Detaillierungsgrad überhaupt nichts anfangen. Sie müssen die Komplexität und Kleinteiligkeit wieder reduzieren, das bis auf einzelne Räume heruntergebrochene Raumprogramm wieder in größere oder ganz große Programmblöcke und Flächenbereiche zurückverwandeln, um eine Vorstellung von den Größenordnungen und Größenverhältnissen der unterschiedlichen Nutzungsarten zu bekommen. Wie viele Hauptnutzungen sind es und welche Volumina werden sie einnehmen? Sollte ein sehr großes Volumen vielleicht besser in zwei, drei oder vier Untervolumina geteilt werden? Macht das vom Funktionsprogramm her Sinn? Was wie zusammengefaßt, was wie getrennt wird und was wie funktionieren soll, führt zu elementaren Weichenstellungen lange vor Entwurfsbeginn.

Unabhängig davon müssen in dieser Phase der Informationsaufnahme sowohl Größenordnungen als auch funktionale Beziehungen der Räume und Nutzungen zueinander vollständig verinnerlicht werden, um später in der Entwurfsphase mit diesen Parametern jonglieren zu können, ohne ständig nachschlagen zu müssen.

4. Interpretation der Rahmenbedingungen und Restriktionen. Meist enthält die Aufgabenstellung neben dem Raumprogramm noch weitere Rahmenbedingungen oder Restriktionen, die eingehalten werden sollen, etwa den Erhalt eines vorhandenen Altbaus oder den Schutz zweier alter Bäume oder die Berücksichtigung eines Grünstreifens an der Straße etc. Hinzu kommen rechtliche und bauaufsichtliche Einschränkungen: Abstandsflächen, überbaubare Grundstücksfläche, Anzahl der Geschosse, Gebäudehöhe etc. In vielen Fällen verhindert dann die korrekte Einhaltung sämtlicher Randbedingungen eine wirklich gute Lösung. Ob das der Fall ist, wird letztlich erst der Entwurfsprozeß selbst zeigen. Aber wie ernst Architekten solche Restriktionen nehmen: ob sie als unveränderliche Festpunkte akzeptiert oder als ärgerliche Randprobleme ignoriert werden, die später – vielleicht – auch noch gelöst werden müssen, – das steht schon vorher fest und läßt die Entwürfe von Anfang an ganz unterschiedliche Entwicklungen nehmen.

Würde man also nach dem Programmstudium und der Grundstücksbesichtigung die oben erwähnten dreißig an einem Wettbewerb teilnehmenden Architektinnen oder Architekten fragen: Was ist wichtig, was ist das Hauptthema? Wo liegen die größten Schwierigkeiten? Wie soll an die Aufgabe herangegangen werden? – dann würde man mit einiger Sicherheit dreißig verschiedene Antworten bekommen. Nimmt man noch die aus der Person und Situation resultierenden Rahmenbedingungen hinzu: ob es sich um ein etabliertes Büro handelt, das schon einige realisierte Lösungen ähnlicher Aufgaben ‚in der Schublade' hat oder um ein junges Team, das zum ersten Mal ein Museum plant; ob sich das Büro zwei Monate Zeit nimmt oder zwei Wochen; ob nur ein Bearbeiter vorgesehen ist oder das ganze Team; ob es rein pragmatisch um das Gewinnen und den späteren Auftrag geht oder um architektonische Selbstverwirklichung etc. – dann wird die eingangs getroffene Aussage noch weiter erhärtet, *daß die meisten Entscheidungen schon gefallen sind, bevor überhaupt mit dem Entwerfen begonnen wurde.*

Betrachtet man einen solchen Wettbewerbsverlauf schließlich vom Ende her, etwa aus der Perspektive des Preisgerichts, dessen Mitglieder in gleicher Weise durch subjektive Einschätzungen vorgeprägt sind, läßt sich die Aussage auch noch dramatischer formulieren: Viele Teilnehmer haben schon verloren, bevor sie den ersten Strich gezogen haben, weil sie die Bauaufgabe, die städtebauliche Situation, das Programm, die vorhandenen Spielräume oder die Restriktionen anders (das Preisgericht wird später sagen „falsch") interpretiert haben. Sie hätten sich die ganze Arbeit sparen können. Aber zum Glück kennen die Teilnehmer die Voreinstellungen und Wertvorstellungen des Preisgerichts meistens nicht. Und in seltenen Fällen kann eine herausragende Arbeit diese Einstellungen auch ändern.

Die Reise ins Unbekannte

Es paßt schlecht zum Bild hochqualifizierter Akademikerinnen und Akademiker mit langjähriger wissenschaftlicher, technischer und gestalterischer Ausbildung, daß sich Architekten am Anfang eines Entwurfsprozesses jedes Mal aufs neue in einer Situation vollständiger Ungewissheit und Ratlosigkeit („area of total uncertainty"[293]) befinden, daß sie einfach nicht wissen, wie das Projekt einmal werden und aussehen wird. Aber sie können es nicht wissen, weil es zu diesem Zeitpunkt noch gar nicht existiert. „As you start a project, you have nothing but loose ends"[294], schreibt Dorst.

Natürlich löst jede Beschäftigung mit einer neuen Aufgabe sofort eine Fülle von Assoziationen aus: Ergebnisse der jüngsten Wettbewerbe zu dem Thema, Veröffentlichungen in Zeitschriften und Büchern, realisierte Beispiele, die man selbst schon auf Reisen besichtigt hat etc. Vielleicht ergibt sich auch die Möglichkeit, endlich ein spezielles Vorbild, das man schon lange im Kopf herumträgt, auf die Aufgabe anzuwenden oder zumindest etwas Ähnliches zu entwerfen, so daß die Lösung schon ganz nah erscheint – sie muß nur noch an die speziellen Programmvorgaben angepaßt werden. Aber die meisten dieser ersten, spontanen Ideen lösen sich im weiteren Verlauf des Entwurfsprozesses in Luft auf. „Generating ideas based on a minimum of information and with only a vague idea about the problem just leads to naive, uninteresting or standard solutions."[295]

Immerhin helfen diese Einstiegsideen bei der Überwindung des Paradoxons, die Lösung nicht zu kennen und trotzdem mit aller Kraft darauf hinzuarbeiten. Dazu gehört die Einsicht, daß man nur ankommen kann, wenn man sich tatsächlich auf die Reise begibt, daß es der Prozeß selbst ist, der die Lösung hervorbringt: „You are laying down a path by walking"[296], sagt eine alte Zen-Weisheit. Heinrich von Kleist hat diesen Mechanismus für das Gebiet der menschlichen Rede in seiner faszinierenden Schrift *Über die allmähliche Verfertigung der Gedanken beim Reden* beschrieben. „Aber weil ich doch irgendeine dunkle Vorstellung habe, die mit dem, was ich suche, von fern her in einiger Verbindung steht, so prägt, wenn ich nur dreist damit den Anfang mache, das Gemüt, während die Rede fortschreitet, in der Notwendigkeit, dem Anfang nun auch ein Ende zu finden, jene verworrene Vorstellung zur völligen Deutlichkeit aus, dergestalt, daß die Erkenntnis, zu meinem Erstaunen, mit dem Ende des Satzes tatsächlich fertig ist."[297] Kleist führt als Beispiel den berühmten ‚Donnerkeil' des Mirabeau an, durch den die Französische Revolution ausgelöst wurde, als nach Auflösung der Ständeversammlung durch den König der Zeremonienmeister – und hier beginnt das Zitat – „in den Sitzungssaal, in welchem die Stände noch verweilten, zurückkehrte und sie befragte, ob sie den Befehl des Königs vernommen hätten? ‚Ja', antwortete Mirabeau, ‚wir haben den Befehl des Königs vernommen' – ich bin gewiß, daß er bei diesem humanen Anfang noch nicht an die Bajonette dachte, mit welchen er schloß: ‚Ja, mein Herr', wiederholte er, ‚wir haben ihn vernommen' – man sieht, daß er noch gar nicht recht weiß, was er will. ‚Doch was berechtigt Sie' – fuhr er fort, und nun plötzlich geht ihm ein Quell ungeheurer Vorstellungen auf – ‚uns hier Befehle anzudeuten? Wir sind die Repräsentanten der Nation.' – Das war es, was er brauchte! ‚Die Nation gibt Befehle und empfängt keine' – um sich gleich auf den Gipfel der Vermessenheit zu schwingen. ‚Und damit ich mich Ihnen ganz deutlich erkläre' – und erst jetzt findet er, was den ganzen Widerstand, zu welchem seine Seele gerüstet dasteht, ausdrückt – ‚so sagen Sie Ihrem Könige, daß wir unsere Plätze anders nicht als auf die Gewalt der Bajonette verlassen werden.'"[298]

Es gibt weitere Beispiele, die das Phänomen der Gedanken- oder Ideenentwicklung zu beleuchten versuchen, etwa die Bergsteiger-Metapher: Ein Kletterer befindet sich in einer Steilwand, der Gipfel ist von dort aus ebensowenig zu sehen wie der Pfad dorthin, nur die allgemeine Richtung ist klar. In dieser Situation kann der Bergsteiger nur Schritt für Schritt vorgehen. Erst wenn er den nächsten Haltepunkt erreicht hat, sieht er, welche weiteren Haltepunkte von dort aus überhaupt in seiner Nähe liegen und weiterführen.

Sehr treffend ist auch das Bild einer Entdeckungsreise („Journey of exploration"[299]). Dorst betont in seinem Essay „Design as Exploration" vor allem die Schwierigkeiten des Weges durch ein unbekanntes Territorium (etwa einen Dschungel). „There is a general direction you want to go to, but no trails [...]. Deciding whether to climb a mountain or go around it, are difficult choices to be made, if you don't know their consequences. You basically have to forge ahead, but be ready to backtrack if your route becomes too difficult."[300] Entscheidend ist jedoch der Moment, wenn der Berg erklommen oder die Schlucht durchquert ist und auf einmal etwas vollkommen Neues, Unbekanntes, nie zuvor Gesehenes oder Gedachtes sichtbar wird, ein weites Feld neuer Möglichkeiten, die weder vorhersehbar noch denkbar waren, solange man sich noch durch den Dschungel quälte. Wäre man im Tal geblieben, hätte man nicht einmal gewußt, daß es diese Möglichkeiten überhaupt gibt. Das ist der Moment, an dem der Entwurf eine ganz neue Richtung einschlägt, Fahrt aufnimmt, zum ersten Mal auf dem Weg zu einer echten, eigenständigen Lösung ist – bis zum nächsten Hindernis.

Wenn es um Hindernisse und Irrwege geht, taucht öfter auch die Labyrinth-Metapher auf: Der oder die Entwerfende verfolgen eine Idee, kommen an eine erste Kreuzung mit drei potentiellen Lösungen, folgen derjenigen, die am vielversprechendsten erscheint, kommen an die nächste Kreuzung mit mehreren Alternativen etc., bis sie am Ende völlig die Orientierung verloren haben. Das Bild des Labyrinths steht dann für die Tatsache, daß es für das Gelingen eines Entwurfsprozesses keine Erfolgsgarantie gibt, daß man sich auch verlaufen oder hoffnungslos verheddern kann, daß zu jedem gelungenen Entwurf auch ein Quäntchen Glück gehört – Georg Franck nennt es „glückliche Koinzidenz"[301], Dorst „pure luck"[302] –, um genau jenen Abzweig zu finden, der schließlich zu der gewünschten Lösung führt, um die Gleichung glatt und sauber aufgehen zu lassen, ohne daß störende Reste, lose Enden oder offenkundige Mißverhältnisse übrig bleiben, die eventuell übertüncht werden müssen. Voraussetzung ist weiterhin, daß die Aufgabe so gestellt wird, daß überhaupt eine gute Lösung möglich ist. Oft ist jedoch schon die Ausschreibung so widersprüchlich formuliert oder von Kompromissen geprägt, daß auch nur Kompromißlösungen herauskommen können.

Aus allen Metaphern und Beschreibungen geht aber auch hervor, daß eine gehörige Portion Selbstbewußtsein dazu gehört, sich immer wieder neu in diese Situation absoluter Ungewißheit zu begeben und darauf zu vertrauen, daß man schließlich doch eine Lösung finden wird. Vielleicht ist es sogar gerade diese Herausforderung, die das Entwerfen am Ende so faszinierend macht.

Das Summen der Neuronen

Bei vielen chemischen Experimenten ist es notwendig, die beteiligten Stoffe in einen anderen Aggregatzustand zu versetzen, um eine Reaktion hervorzurufen. Liegen sie etwa bei Zimmertemperatur noch wie Blei und ohne die geringste Veränderungsneigung nebeneinander, so beginnt durch stetige Zuführung von Wärmeenergie ein Prozeß der Auflösung, Ausdehnung, Lockerung, bis schließlich im gasförmigen Zustand alle festen Bindungen verschwunden sind und die freischwebenden Moleküle neue Verbindungen eingehen und einen neuen Stoff bilden können. Das ist kein Mysterium, sondern ein naturgesetzlicher Vorgang, der ähnlich auch beim Entwerfen stattfindet. Die Fähigkeit, überhaupt etwas Neues denken zu können, setzt die gleiche Überführung festgezurrter Fakten, Vorstellungen, Denkschemata und Lösungsmuster in eine Art gasförmigen Zustand voraus, in dem alles in Bewegung gerät und reversibel wird, alle Hierarchien, Verknüpfungen und Bewertungen aufgelöst, alle Varianten im Lösungsraum offen gehalten werden. Lawson[303] und auch Dorst[304] vergleichen Entwerfende in dieser Phase mit Jongleuren, die alle Bälle (oder Teller) gleichzeitig in der Luft halten müssen: die Zwänge und die Freiheiten, die Teile und das Ganze, die Muster und den Spezialfall, die historischen und die aktuellen Beispiele, die Bilder, Assoziationen, Typologien, Images – damit all jene Formen, Komponenten, Funktionselemente und Konstruktionsteile, die bisher fest in bestimmte Standardverknüpfungen eingebunden waren, plötzlich neue Verbindungen eingehen und neue Muster und Möglichkeiten bilden können.

Um diesen Zustand einer bestimmten „Erregung des Gemüts“[305] zu erreichen, wie Heinrich von Kleist es formuliert, bedarf es einer gewissen Anlaufphase, vergleichbar dem Hochfahren eines Computers: Speicher müssen aktiviert, Bibliotheken geladen, eine bestimmte Betriebstemperatur muß erreicht werden. Kreativitätsforscher sprechen davon, in den „Flow“ zu gelangen. Ist dieser Zustand jedoch erreicht – und darüber gibt es unzählige Berichte –, vergeht die Zeit wie im Flug, wie im Rausch oder wie im Traum –, bis irgendwann die Spannung zusammenbricht, die Konzentration erlischt, die Energie verbraucht ist. Es macht keinen Sinn, über diesen Punkt hinaus fortzufahren, es kommen keine neuen Ergebnisse hinzu. Unter Umständen ist aber vorher der Entwurf einen großen Schritt vorangekommen. Andererseits kann es aber auch passieren, daß das ‚glühende Magma der Inspiration‘ am nächsten Tag zu grauer, kalter Lava erstarrt ist und es nicht mehr nachvollziehbar ist, wieso das Ergebnis überhaupt eine solche Begeisterung und Euphorie ausgelöst hatte. Dann beginnt der Suchprozeß von vorn. Man kann den Durchbruch nicht erzwingen, nicht beeinflussen, man kann nur immer aufs neue Anlauf nehmen – und meist kommt dann die Lösung (wenn sie kommt) in einem Moment, wenn man sich bereits abgewandt hat und mit etwas ganz anderem beschäftigt ist: einen Spaziergang machen, essen gehen, joggen, eine Nacht darüber schlafen im Vertrauen darauf, daß das Unterbewußtsein in der Zwischenzeit schon weiterarbeiten wird. (Vielleicht werden dort die festen Alltagsverknüpfungen in gleicher Weise gelockert.) Dann kann es an den unwahrscheinlichsten Orten zu den bekannten „Heureka“-Erlebnissen kommen.

Davon abgesehen braucht aber ein solcher Prozeß vor allem Zeit, Ruhe und Konzentration. Jede Störung oder Ablenkung läßt das neuronale Netz sofort zusammenbrechen, in sinnlose Einzelteile zerfallen. Ein lauter Seminarraum oder ein hektischer Bürobetrieb sind eher ungeeignet, in den „Flow“ zu gelangen (obwohl es Personen gibt, die auch dort ‚abschalten‘ können), so daß das wirkliche Entwerfen meist auf einen Zeitpunkt verschoben werden muß, an dem man ungestört ist. Das heißt nicht, daß kreative Situationen auf eine Person beschränkt sind: lange Diskussionen zu zweit oder in einer Gruppe, in denen plötzlich neue Einsichten auftauchen, ein Team, das Brainstorming betreibt oder allgemein alle Situationen, in denen die unterschiedlichen Gedankenprozesse der Beteiligten für kurze Zeit auf der gleichen Frequenz schwingen, können in gleicher Weise zu kreativen Ereignissen führen. Als Ergebnis tauchen neue Ideen, Einsichten oder Ansatzpunkte auf, die aber in einem nächsten Schritt bearbeitet und zu einem konkreten Entwurfsansatz weiterentwickelt werden müssen. Damit beginnt eine neue Phase der Konzentration, des Hochfahrens der neuronalen Netze, in denen die endgültige Lösung eingefangen werden soll. Ohne den Durchgang durch eine solche Phase wird der Entwurf nie über eine Standardlösung hinausgelangen.

Ideenfänger

Seit der Trennung von Entwurf und Ausführung, die bereits auf Alberti zurückgeht, sind Zeichnungen und Pläne aller Art – Entwurfs-, Präsentations-, Werk- und Detailzeichnungen – zum entscheidenden Kommunikationsmittel der Architekten mit den anderen am Bau Beteiligten geworden. Solche Zeichnungen sind jedoch streng von *Entwurfsskizzen* zu unterscheiden, die sie als ‚Kommunikation mit sich selbst' oder „as part of the very thinking process itself"[306] produzieren. Das Skizzieren ist neben dem Sprechen und dem Schreiben die einzige Möglichkeit, Gedanken und visuelle Vorstellungen sichtbar zu machen, festzuhalten und zu speichern, es ist, wie schon Vasari für den *disegno* feststellte, „die anschauliche Gestaltung und Darlegung jener Vorstellung, die man im Sinn hat, von der man sich im Geist ein Bild macht"[307]. Was nicht aufgezeichnet – oder durch Aufzeichnen einfangen werden kann – ist auch als Idee verloren.

Aber Ideen oder Bilder im Kopf sind selten so scharf und klar wie Fotografien, sondern eher undeutlich, verschwommen und unfertig („hazy, brief and all too elusive"[308]) – neuronale Gespinste, die ihre endgültige Form erst beim Aufzeichnen erhalten oder sogar erst *durch* das Aufzeichnen. Die Übertragung in ein anderes Medium, das Wechselspiel zwischen Denken und Aufzeichnen, bringt bereits eine Bearbeitung, Verarbeitung, Veränderung hervor, es findet eine Art „design by drawing"[309] statt oder, wie Dorst es formuliert: „you invent and construct images by drawing"[310] –, weil die Idee im Kopf noch gar nicht fertig ausformuliert ist. Dies gilt allerdings auch für die auf diesem Wege entstandene erste Skizze –, aber jetzt ist etwas, das vorher nur im Kopf existierte, auf dem Papier, in der Welt, externalisiert, und es kann das beginnen, was Donald Schön als „having a conversation with the drawing"[311] bezeichnet, ein Prozeß der kontinuierlichen Interaktion zwischen Betrachter und Zeichnung, das „thinking aloud"[312] der Architekten. „In der Zeichnung sind Produktions- und Reproduktionsprozeß verschränkt, da der Künstler das Gezeichnete immer wieder betrachtend überarbeitet."[313] Es wird verbessert, verdeutlicht, interpretiert, noch einmal neu gezeichnet, bis das Ergebnis dem vor dem geistigen Auge Gesehenen entspricht, bis das gewünschte Bild oder

Muster gefunden ist. „The act of drawing seems to clarify my thoughts"[314], schreibt Cross. Dieses Klären der Gedanken, das „thinking by drawing"[315], kann aber auch so weit gehen, daß aus dem Probieren, Verbessern, Überlagern plötzlich ein *neues* Bild aufscheint, das in der Ursprungsidee noch gar nicht enthalten war –, daß also ein neues Muster sichtbar, oder besser: herausgelesen wird und der Entwurf in eine ganz andere Richtung gelenkt wird. „The design emerges in the drawings"[316] beschreibt Cross dieses Phänomen.

Die Skizze übernimmt aber im weiteren Verlauf des Entwurfsprozesses neben dem *Einfangen* und *Festhalten* auch noch das *Sammeln, Speichern* und *Aufbewahren* der Ideen. Da diese nicht gleichzeitig, sondern nur nacheinander auftauchen, so daß die nachfolgende Idee die jeweils Vorangegangene meist wieder auslöscht, ist es notwendig, ‚mitzuschreiben', eine Art ‚externen Speicher' anzulegen, auf den man immer wieder zurückgreifen kann, wenn man mit der bisher favorisierten Idee nicht weiterkommt. „Sketching provides a temporary, external store for tentative ideas"[317] and „keeps a record of previous views, ideas and notes, that can be accessed relatively quickly and inserted into the current frame of reference."[318]

Die besonderen Vorzüge der Skizze

Die Skizze als Werkzeug der Architekten kann diese für das Entwerfen unverzichtbaren Funktionen nur erfüllen, weil sie über bestimmte Eigenschaften verfügt, die sie von allen anderen Zeichnungsarten unterscheidet:

1. Schnelligkeit, direkte Leitung vom Kopf zur Hand. Mentale Prozesse sind extrem kurzlebig und flüchtig, in der Regel kann eine Idee nur zehn bis zwanzig Sekunden im Ultrakurzzeitgedächtnis gehalten werden, dann zerfällt die spezifische Konstellation der Synapsenverbindungen oder wird durch den nächsten Gedanken, der andere Synapsen aktiviert, ausgelöscht. Deshalb ist es so wichtig, den Gedanken oder das Bild innerhalb weniger Sekunden zu Papier zu bringen: „You need a medium, in which you are fluent."[319] Zeichnerische Unfähigkeit bremst nicht nur das Zeichnen, sondern auch das Denken. Das Insistieren der Architekturhochschulen auf einer gründlichen Ausbildung im Skizzieren und Freihandzeichnen beruht daher nicht auf einem antiquierten Festhalten an traditionellen Ausbildungsinhalten, sondern auf der Notwendigkeit, die Verbindung zwischen Denken und Zeichnen zu trainieren, eine Trasse vom Kopf zur Hand zu schlagen, bestimmte Zeichenkompetenzen als Programm ähnlich zu

automatisieren wie das Gehen, Schreiben oder Klavierspielen („developing the eye-mind-hand-coordination“[320]). Im Idealfall beginnt man irgendwann „mit dem Zeichenstift zu denken“[321]. Aber auch schon Cennino Cennini, der Verfasser des ersten Malereitraktats der Neuzeit, des *libro dell'arte* (um 1400), schrieb, durch das ständige Zeichnen mit der Feder werde man erfahren und fähig, „viel Zeichnung im Kopf zu haben“[322], die bei Bedarf ohne Verzögerung wieder auf das Papier zurückfließen könne. Das Wort „Skizze“ stammt im übrigen, wie Gänshirt in seinem Buch *Werkzeuge für Ideen* erwähnt, aus dem Italienischen „schizzo“, also wörtlich übersetzt „Spritzer“[323].
2. Unschärfe. Da die Gedanken oder Ideen verschwommen sind, jedenfalls nicht präzise vermaßt oder proportioniert, benötigen Architekten ein Medium, das dieser Unschärfe Rechnung trägt, oder umgekehrt gesagt, das immer genau jenen Grad an Präzision ermöglicht, den die Idee gerade aufweist („a level of precision which corresponds to the level of certainty in the designers mind at the time“[324]). Solche ‚Krakeleien‘ werden oft abschätzig beiseite gelegt, geben aber präzise den jeweils aktuellen Entwicklungsstand der Idee wieder.
3. Ausschnitthaftigkeit. Eine Idee ist nie vollständig, sondern eher eine Art Gedankensplitter (eine Kontur, eine Form, eine Struktur, ein Raumgefüge etc.). Spätestens beim Aufzeichnen merkt man, daß das Bild viele Leerstellen aufweist, große Bereiche noch gar nicht belichtet sind. Dem entspricht die Möglichkeit der Skizze, alles Überflüssige wegzulassen und nur das Wesen der Idee zu erfassen. Alles andere würde auch viel zu viel Zeit kosten.
4. Abstraktion. Mit Hilfe von Skizzen ist es außerdem möglich, auch unkörperliche oder unanschauliche Aspekte einer Idee blitzschnell zum Ausdruck zu bringen, etwa durch Diagramme, Schemata, Strukturen, Symbole, briefmarkenkleine Logos oder zeichenhafte Kürzel. Sie helfen, die Vorstellungen ‚auf den Punkt zu bringen‘, Klarheit und Prägnanz zu erzeugen, wo vorher nur ein Gewirr von Strichen und Formen herrschte. Oft sind solche abstrakten Piktogramme auch Ausgangspunkt für weitere Ideen oder Anstoß für neue Weichenstellungen.

Skizzenrolle

Alle bisher genannten Eigenschaften gelten für die Entwurfsskizze allgemein, unabhängig von dem benutzten Untergrund oder Zeichenwerkzeug. Skizzen können überall und mit jedem Material entstehen, auf Karton, auf kleinen Blöcken, in

Ton geritzt oder auf der berühmten Serviette im Restaurant. Und benutzt werden kann alles, was gerade zur Hand ist: ein Nagel, ein Filzstift, ein Füller oder der früher so beliebte 6-B-Bleistift.

Es gibt allerdings ein zusätzliches, geradezu geniales Zeichenwerkzeug, das speziell auf die Entwurfstätigkeit von Architekten zugeschnitten ist: die Skizzenrolle. Sie weicht in zwei wesentlichen Punkten – Transparenz und ‚Endlosigkeit' – vom normalen Zeichenpapier ab. (Wobei die Transparenz durch die besondere Materialität des Skizzenpapiers leicht milchig gedämpft ist, so daß die Ebenen trotz Durchscheinens klar voneinander abgesetzt sind – auch in dieser Hinsicht ein perfektioniertes Werkzeug.)

Transparenz erleichtert und beschleunigt das für den Entwurf so wichtige Ausprobieren und Entwickeln von Varianten um ein Vielfaches. Unterlagen, etwa ein Lageplan mit sämtlichen Umgebungs- und Grundstücksinformationen, bleiben ständig unter der Skizzenrolle präsent und als Unterlage intakt, auch wenn eine Variante nach der anderen ausprobiert wird. Außerdem bleiben alle Ansätze auf der Skizzenrolle gespeichert und stehen damit weiterhin als Lösungen zur Verfügung. Transparenz schafft auch die Möglichkeit, Teilbereiche zu bearbeiten, während das Ganze sichtbar bleibt, so daß beim Zeichnen eines Details immer auch die Auswirkungen auf das Umfeld berücksichtigt werden können. (Beim Computer wird derselbe Effekt mit transparenten Ebenen erreicht.)

Transparenz erlaubt es schließlich, durch ständiges *Übereinanderlegen* eine Idee immer deutlicher herauszuarbeiten oder kontinuierlich in eine bestimmte Richtung weiterzuentwickeln – eine Art stufenförmiger Prozeß, kein Nebeneinander, sondern ein Aufeinander oder Übereinander, bei dem jede Lösung die nächste Stufe bildet, auf der man dann weiter emporsteigen kann, während die bereits überwundenen Stadien immer noch durchschimmern. Allerdings kann man durch Wegnahme der darunterliegenden Blätter jederzeit auch das Gegenteil erzeugen: die Isolation der letzten, reinen Idee ohne störende Vorstufen, das klare Hervortreten der bis dahin erreichten Gestalt.

Die *Endlosigkeit* der Skizzenrolle wiederum entspricht in perfekter Weise dem Charakter des Gedankenflusses, der sich nicht an Papierformate oder Blattränder hält, sondern kontinuierlich abläuft und eines in gleicher Weise kontinuierlichen Mediums bedarf. Besonders deutlich wird dieser Zusammenhang, wenn Studierende aus Kostengründen auf einzelne, kleine Transparentblätter zurückgreifen und mit jedem Wechsel des Blattes nicht nur der Zeichenfluß, sondern auch der freie Fluß der Gedanken stockt. Unabhängig davon kann auf einer Skizzenrolle der Fortschritt der Ideen – oder auch ein abrupter Wechsel – wie in einem Protokoll lückenlos nachvollzogen werden und bei Bedarf immer wieder an einen bestimmten Abzweig zurückgekehrt werden.

Modell

Für viele Architektinnen und Architekten erfüllt die Arbeit am Modell dieselbe Funktion wie das Zeichnen mit der Skizzenrolle (wobei in diesem Zusammenhang gleichermaßen nur vom Arbeitsmodell die Rede ist). Pappe, Cuttermesser und Klebstoff, aber auch einfache Holzklötzchen oder Styroporteile ersetzen dann Zeichenstift und Skizzenrolle. Der Prozeß der Interaktion zwischen Denken und Modellieren verläuft identisch, die Möglichkeiten des spielerischen Ausprobierens, Wegnehmens und Hinzufügens, Verschiebens, Verdrehens sind vergleichbar groß, auch die Unfertigkeit des Arbeitsmodells, das noch Raum für neue Formvorstellungen und -interpretationen läßt. Bezogen auf das schnelle und vollständige Erfassen der räumlichen Kontur, auf deren Beziehung zum Kontext, auch auf die Möglichkeit, um das Modell herumzugehen und es von allen Seiten zu betrachten, hat die Arbeit mit dem Modell sogar eindeutige Vorteile gegenüber der zweidimensionalen Skizze. Nachteilig wiederum ist, daß jede neue Variante das Modell verändert, so daß frühere Zustände nicht erhalten bleiben, es sei denn, es werden bei Bedarf Schnappschüsse von vorangegangenen Konfigurationen gemacht.

Inzwischen sind allerdings dreidimensionale Visualisierungen am Computer zu einer direkten Konkurrenz geworden, da die Möglichkeiten sofortiger räumlicher und perspektivischer Darstellung inklusive des Bewegens der erzeugten Objekte kaum noch hinter der Betrachtung der realen Modelle zurückbleiben – mit der Einschränkung, daß keine dreidimensionale Animation auf einem zweidimensionalen Bildschirm den tatsächlichen Raumeindruck vollständig wiedergeben kann.

Computer

Mit dem Computer werden inzwischen auch sämtliche eingangs erwähnten Zeichnungen und Pläne erzeugt, die der Kommunikation mit dem Auftraggeber und den anderen am Bau Beteiligten dienen. Und je besser die Programme werden, desto größer werden auch die Zeit-, Effizienz- und Qualitätsgewinne in der Darstellung. Allerdings steigen auch die Möglichkeiten exponentiell, höchst banale Entwürfe, deren mangelnde Qualität durch die früher nur vorhandenen Darstellungsmittel sofort offensichtlich geworden wäre, als ‚Architektur' zu verkaufen. Daß ungeschulte Auftraggeber sich dem Glanz der Präsentationszeichnungen nicht entziehen können, ist verständlich (und natürlich auch Absicht), aber die Täuschung funktioniert immer öfter auch bei den Berufskollegen oder bei den Entwurfsverfassern selbst. Aber insgesamt sind das lediglich Anlaufschwierigkeiten im Umgang mit einem höchst leistungsfähigen neuen Werkzeug und Medium.

Problematischer wird es, wenn der Computer auch beim Entwerfen helfen soll. Maschinen denken ja nicht, sie führen Befehle aus. Zum Denken fehlt ihnen alles: Motivation, Intention, Richtung, Antrieb, Ziel. Immerhin kann man dem Computer Befehle zur Formerzeugung geben: der Bearbeiter legt bestimmte Parameter fest und die Maschine erzeugt algorithmengesteuert endlose Varianten phantastischster dreidimensionaler Formen, die kein menschliches Gehirn mehr hervorbringen und keine menschliche Hand mehr zeichnen oder konstruieren kann. Auch komplexe Strukturen, wie sie aus der Biologie bekannt sind (zellulare Formen, Blatt- oder Knochenmarkstrukturen etc.) können in perfekter Weise generiert werden und dann in der Realität beispielsweise als Decken-, Innenraum- oder Fassadenverkleidungen eingesetzt werden. Allerdings sind solche Strukturen in der Natur das Ergebnis entwickeltster Ökonomie und Funktionalität, die Antwort auf das Problem, mit einem Minimum an Materialeinsatz ein Maximum an Stabilität und Tragfähigkeit zu erreichen, während sie beim Bauen nur selten funktional oder konstruktiv begründbar sind – und ökonomisch noch viel weniger.

Aber sie sind oft spektakulär und von hoher ästhetischer Qualität. Sie verleiten dazu, *die Erzeugung von Formen mit der Erzeugung von Architektur zu verwechseln.* Während die Gebäudeformen in der Architektur jedoch als Synthese räumlicher, funktionaler, konstruktiver, aber auch inhaltlicher, symbolischer und atmosphärischer, den späteren Gebrauch antizipierender Aspekte der Bauaufgabe entstehen – als Ergebnis eines äußerst komplexen Abwägungsprozesses also –, kann eine Computersoftware lediglich *mathematisch oder logisch basierte Formen* erzeugen, diese allerdings in so überwältigender Variationsbreite, daß letztlich die Entwurfsaufgabe auf eine Auswahlaufgabe reduziert wird.

Maschinen können also – auf Anweisung – Formen erzeugen, aber es sind Maschinenformen: leer, bezugslos, tausendfach variierbar, mit der Realität zunächst nicht inhaltlich verknüpft. Die Entwurfsbearbeiter haben dann die Aufgabe, diese Verknüpfung nachträglich vorzunehmen, aber das umgekehrte Vorgehen ist für das Erzeugen *originär architektonischer Formen* wesentlich sinnvoller.

Digitaler Skizzenblock

Von den vielfältigen Einsatzmöglichkeiten des Computers als Zeichenwerkzeug, Darstellungsmittel und Formengenerator bleiben also bestimmte mentale Prozesse in den Köpfen der Entwerfenden vollständig unberührt, vor allem das Hervorbringen von grundlegenden Gestaltungsansätzen. Diese können durch die Maschine weder erzeugt noch ersetzt werden, müssen weiterhin manuell eingefangen und in einem externen Medium sichtbar gemacht werden. Es gibt allerdings inzwischen eine Vielzahl elektronischer Oberflächen, kombiniert mit einer entsprechenden Zeichensoftware und einem speziellen Eingabestift, welche die Funktion des Ideenfängers in ähnlicher Weise erfüllen wie ein Skizzenblock (oder diesen vielleicht schon übertreffen). Ausgetauscht werden in diesem Fall nur der Untergrund und das Zeichenwerkzeug, alle anderen Mechanismen bleiben erhalten: das Freihandzeichnen, der direkte Gedankenfluß vom Kopf zur Hand, die Schnelligkeit der Eingabe, die Möglichkeit der Unschärfe und des ‚Kritzelns', des Ebenen-Übereinanderlegens und der selektiven Bearbeitung von Teilbereichen.

Wer allerdings versucht, diese Phase zu überspringen und gleich mit den normalen, hochkomplexen Programmen und ihren vorkonfigurierten Elementen, Verknüpfungen und einprogrammierten Versatzstücken zu entwerfen – eine Unsitte, die gerade bei Studienanfängern immer mehr um sich greift –, muß kläglich scheitern. Die Langsamkeit und Zähigkeit der Eingabe (im Vergleich zur sekundenschnellen Skizze), der Zwang zur (noch gar nicht vorhandenen) Exaktheit und zur (ebenfalls noch nicht vorhandenen) Vollständigkeit unterbricht, verstopft und blockiert jeden Ideenfluß oder läßt ihn gar nicht erst entstehen. Oder der Hyperrealismus und die Perfektion der erzeugten Visualisierung stellt die Entwerfenden viel zu früh zufrieden, läßt sie gar nicht mehr weitersuchen: „The pictorial quality is too high, everything looks much too realistic to support an explorative sketching and thinking phase. You really need vagueness, not a nice presentation drawing."[325]

Der Bauplan: Ordnung und Struktur

> „Ordnung ist die notwenige Vorbedingung für alles, was der Menschengeist verstehen möchte. Den Plan einer Stadt oder eines Gebäudes, einen Satz zusammengehöriger Werkzeuge, eine Warenauslage oder auch die Darlegung von Tatsachen und Gedanken in Worten, ein Gemälde, ein Musikstück – alles das nennen wir geordnet, wenn ein Beschauer oder Zuhörer die Gesamtstruktur erfassen und ihre Verzweigungen im einzelnen verfolgen kann."[326]
> Rudolf Arnheim, *Entropie und Kunst. Ein Versuch über Ordnung und Unordnung*

Damit aber ein Betrachter eine solche Gesamtstruktur erfassen kann, muß sie vorher erzeugt worden sein, als Ganzes und auch als Verhältnis der einzelnen Teile zueinander und zum Ganzen. Ein detailliertes Raumprogramm, das jedem größeren Bauvorhaben oder jeder Wettbewerbsausschreibung zugrunde liegt, liefert dafür nur den Ausgangspunkt. Es ähnelt in diesem Stadium einer umfangreichen Stückliste, die beispielsweise dem Bausatz eines Modellbauschiffs, einer Schrankwand oder einer Gangschaltung beigefügt wird – als detaillierte Aufzählung von Elementen, die alle für das Funktionieren des gewünschten Objekts benötigt werden, ohne daß aber schon vermerkt ist, *welches Teil an welche Stelle gehört.* Dazu bedarf es einer weiteren Unterlage, des Bauplans, und meist auch noch einer Bauanleitung mit numerierter Abfolge der Arbeitsschritte. An dieser Stelle endet die Analogie aber schon wieder, denn beim Entwerfen sind es die Architekten selbst, die den Bauplan liefern und die festlegen müssen, was wohin gehört und wie alles miteinander zusammenhängen muß, damit die Bauteile und die Funktionen nicht nur irgendwie untergebracht sind, sondern optimal zusammenwirken und als Ganzes optimal funktionieren. *Die Festlegung des Aufbaus und der grundlegenden Gebäudestruktur ist der innerste Kern der Architektentätigkeit und kann unter keinen Umständen delegiert werden.*

Diese Erstellung des Bauplans umfaßt drei aufeinanderfolgende Schritte: *Ordnen, Gruppieren* und *Strukturieren.* Zunächst einmal müssen die Positionen des Raumprogramms nach gleichen oder ähnlichen Funktionen oder auch Raumqualitäten sortiert und zusammengefaßt werden: bei den Funktionen zum Beispiel alle dienenden und alle bedienten Räume (vgl. Louis Kahn), alle öffentlichen und alle privaten Räume, alle Produktions- und alle Verwaltungsräume etc.; bei den Räumen etwa alle großen und alle kleinen, alle hohen und alle niedrigen, alle rechteckigen und alle besonders geformten Räume (beispielsweise ein Auditorium); bildlich gesprochen werden dadurch ‚Haufen' gebildet, deren Umfang und eventuell vorhandene Ungleichheit sofort den nächsten Schritt auslöst: Zuordnen und Gruppieren. Sollen beispielsweise Hotelzimmer endlos an einem Korridor aneinandergereiht oder besser in zwei oder drei Abschnitte geteilt oder um eine zentrale Erschließungshalle gruppiert werden? Sollen die Räume insgesamt auf eine Symmetrieachse bezogen werden? Gibt es ein Vorne und ein Hinten? Eine Mitte? Ein Zentrum? Oder bietet sich ein ‚Übereinander' an, vielleicht sogar ein vertikaler Akzent? Oder zwei Türme und ein verbindender Sockel? Sollen die Räume überhaupt direkt aneinander grenzen oder Abstand voneinander halten, so daß zusätzliche, eigenständige Zwischenzonen entstehen? Oder sollen sie gar so arrangiert werden, daß eine Art „fließender Raum" entsteht, der ja nicht weniger, sondern nur auf andere Weise geordnet ist? Mies van der Rohe schreibt dazu: „Der freie Plan ist eine neue Konzeption mit eigener Grammatik – wie bei einer neuen Sprache. Viele meinen, daß der freie Plan absolute Freiheit bedeutet. Ein Mißverständnis! Der freie Plan verlangt ebensoviel Disziplin und Verständnis vom Architekten wie ein konventioneller Plan."[327]

Über diese Überlegungen hinaus müssen aber auch die funktionalen Abhängigkeiten oder im Raumprogramm geforderten Handlungszusammenhänge adäquat in räumliche Zusammenhänge umgesetzt werden: Was gehört zusammen, was muß getrennt werden, wo ist eine bestimmte Reihenfolge der Abläufe (und der dafür bestimmten Räume) erforderlich? Welche Funktionen müssen zwingend im Erdgeschoß liegen, welche gerade nicht, welche direkt am Eingang, welche möglichst weit davon entfernt? Wie sieht überhaupt die Erschließungsstruktur aus, die bei größeren Bauvorhaben die gleiche Funktion erfüllt wie der Blutkreislauf im menschlichen Körper und wie dieser eine optimale Zirkulation gewährleisten soll? Solche Überlegungen finden ihren Niederschlag in abstrakten Funktionsdiagrammen, aus denen die Struktur des Gebäudeaufbaus unmittelbar ablesbar ist.

Es sind Architektinnen und Architekten, die diese Gebäudestruktur buchstäblich aus dem Nichts, aus einer zusammenhangslosen Anhäufung von Programmpunkten und Einzelräumen erschaffen, denn im Gegensatz zum Dogma des Funktionalismus ist der Gebäudeaufbau gerade nicht durch die Funktion und das Raumprogramm determiniert, sondern in geradezu erschreckender Weise offen und unbestimmt – man betrachte nur die Vielzahl gleichermaßen gut funktionierender Bürohaustypologien (Zweibund-, Dreibund-, Kamm-, Hof- oder Atriumslösungen etc.) oder die unüberschaubare Bandbreite von Wohnungsgrundrissen für die immer gleiche Nutzung. Einen schlagenden Beweis für diese These liefern auch die zahllosen Beispiele gelungener Umnutzungen von Altbauten: Kraftwerke in Museen, Speicher in Konzerthäuser, Mühlen in Wohnungen etc. Und die begehrtesten Räumlichkeiten für Anwaltskanzleien, Steuerbüros, Zahnärzte oder Werbeagenturen befinden sich in ehemaligen Wohnhäusern der Gründerzeit. Drastisch ausgedrückt: Die Funktion treibt es mit (fast) jeder Form.

Von daher müssen Nutzungen und Räume so lange gruppiert, zusammengefaßt, getrennt, gekreuzt, gespiegelt, gedreht und miteinander verwoben oder hintereinander, nebeneinander, übereinander arrangiert werden, bis ein feinmaschig geknüpftes Netz von Elementen und Beziehungen erzeugt, eine ideale ‚*Verkörperung*' oder ‚*Verkörperlichung*' des abstrakten Raumprogramms erreicht ist – und zugleich eine neue, funktionierende Einheit.

Gestaltbildung

Viele Architektinnen und Architekten meinen, mit dem Entwickeln der Gebäudestruktur sei der Hauptteil der entwurflichen Arbeit schon getan. Aufbau und Konzept stünden ja fest und müßten nur noch umgesetzt und konkretisiert werden. Aber in Wirklichkeit fängt die gestaltende Arbeit erst an. Denn die endgültige Gestalt eines Gebäudes ist mehr – oder sollte mehr sein – als die Summe seiner wohlgeordneten Teile. Das ist zumindest einer der Hauptsätze der Gestalttheorie, die immer wieder, wenn es um Gestaltbildung geht, zur Klärung der theoretischen Grundlagen herangezogen wird.

Dabei ist die Theorie selbst bis heute umstritten und nach einer Blütezeit in den zwanziger Jahren in gewisser Weise stecken geblieben, weil sie versucht hat, die verblüffenden Gestaltbildungsprozesse, die sie hauptsächlich im Bereich der sinnlichen Wahrnehmung entdeckt hatte, auf das gesamte Seelenleben auszudehnen, anstatt sich auf ihre Ursprünge, die wissenschaftliche Untersuchung von Wahrnehmungsphänomenen, zu beschränken. Es sind aber die Wahrnehmungsphänomene, die hier interessieren (und deshalb bleiben die Ergebnisse der Gestaltpsychologie relevant), weil es die gleichen Prozesse sind, die einerseits die Gestaltbildung in der Wahrnehmung bewirken und andererseits den Gestaltungsprozeß der Entwerfenden steuern. Deshalb ist zunächst ein kurzer Exkurs über die Mechanismen der Wahrnehmung notwendig.

Wahrnehmung

Die Abkehr von der bis Ende des neunzehnten Jahrhunderts herrschenden Elementpsychologie gehört zu den großen Errungenschaften der Gestaltpsychologie. Forscher wie Christian von Ehrenfels, Max Wertheimer, Wolfgang Köhler und andere entdeckten, daß die sinnliche Wahrnehmung kein passiver Vorgang der Informationsaufnahme ist, der im Labor in einzelne Elemente oder ‚Wahrnehmungsatome' zerlegt werden kann, sondern ein „aktives Erforschen"[328] unserer Umwelt, ein ganzes „System der Informationsgewinnung"[329], das – etwa im Falle des Sehens – nicht nur aus der Linse, den Rezeptoren auf der Netzhaut und dem Sehnerv besteht, sondern zusätzlich aus einem eigenständigen Verarbeitungszentrum im Gehirn, das diesen ‚Fotoapparat' bedient und seinerseits wieder in drei Bereiche zerfällt: einen Filter am Eingang, der nur passieren läßt, was in den Fokus der Aufmerksamkeit gelangt, einen Verarbeitungsbereich, der sämtliche Informationen klassifiziert und auf ihre Relevanz prüft, und in einen Speicherbereich, der bei Wiederauftauchen einer bereits bekannten sensorischen Information die sofortige Identifizierung ermöglicht. Augenfällig wurde die Existenz eines solchen Verarbeitungsapparates durch die Beobachtungen der Gestaltpsychologen zu den sogenannten *Konstanzphänomenen:* verzerrte Objekte werden unverzerrt gesehen, bewegte Objekte behalten ihre Form, verdeckte Objekte werden ergänzt, unvollständige Objekte werden vervollständigt etc. Ganz offensichtlich besteht eine Diskrepanz zwischen dem Netzhautbild und dem Vorstellungsbild. „Wir sehen einen runden Tisch, obwohl die Figur, die sich auf unserer Netzhaut abbildet (sofern wir nicht direkt von oben schauen) eine Ellipse ist; wir sehen quadratische Fenster, wenn wir eine Fassade hinaufschauen, obwohl sich auf unserer Netzhaut ein Trapez abbildet."[330] Oder umgekehrt: „Wir nehmen nicht den Teil einer Kugel wahr (obwohl genau das der Fall ist), sondern die ganze Kugel."[331] Arnheim hat in bezug auf die Architektur die verblüffende Tatsache notiert, daß „ein Werk der Architektur ein Objekt ist, das kein Mensch je in seiner Gesamtheit gesehen hat oder sehen wird. Es ist ein Vorstellungsbild."[332] Anscheinend lernen die Menschen im Laufe ihrer Sozialisation, aus Tausenden von Einzelansichten den Aufbau, die Struktur – also das, was konstant bleibt, auch wenn sich das Netzhautbild durch die Bewegung des Betrachters ständig ändert –, zu extrahieren und nur diesen Extrakt in Form einer Merkmalstruktur abzuspeichern – eine erstaunliche, automatisiert ablaufende Leistung. Aber anders geht es auch nicht, denn das Speichern von unendlich vielen unterschiedlichen Momentaufnahmen würde viel zu viel Speicherkapazität erfordern. Das Gehirn arbeitet hier ähnlich wie die entsprechende Computersoftware, die Fotos oder Pläne komprimiert, indem sie nur die spezifischen Informationen und Vektoren, die das Ganze repräsentieren, die Merkmalstruktur also, abspeichert. Schlagender Beweis für das Funktionieren solcher auf wenige Merkmale reduzierten Gedächtnisbilder sind beispielsweise Karikaturen, die mit wenigen Strichen ein ganzes Gesicht oder sogar einen ganzen Menschen charakterisieren können. Auch Assoziationsübungen wie der Rorschach-Test zeigen, wie das dynamische Such- und Vergleichsprogramm unserer Wahrnehmung schon aus ein paar Klecksen vielfältigste Gestalten herauslesen kann – eine Fähigkeit, die sich schon Leonardo da Vinci zunutze machte: „Wenn du dir gerade eine Landschaft ausdenken sollst, so kannst du dort [beim Betrachten eines Gemäuers mit verschiedenen Flecken oder mit einem Gemisch aus verschiedenartigen Steinen] Bilder verschiedener Landschaften mit Bergen, Flüssen, Felsen [...], ebenso verschiedene Schlachten und Gestalten mit lebhaften Gebärden, seltsame Gesichter und Gewänder und unendlich viele Dinge sehen."[333] Daß dieser Mechanismus jedoch nicht nur für ‚Kleckse' wahrnehmende Betrachter interessant ist, sondern auch für über ihren Entwürfen brütende Künstler oder Architekten, die vielleicht zunächst auch nur Punkte und Striche produzieren, liegt auf der Hand.

Die Möglichkeit der Produktion solcher Bilder setzt allerdings voraus, daß das Gehirn auf eine fast unendlich große Bibliothek bereits gespeicherter Merkmalstrukturen zurückgreifen kann, die im Fall von neu einlaufenden sensorischen Daten sofort aktiviert und abgerufen werden. Deshalb sehen wir nicht, was wir sehen, sondern „wir nehmen die Summe unserer eigenen Erfahrungen wahr"[334], wie Christian Norberg-Schulz pointiert schreibt. Oder, wie es Francis D. Ching formuliert: „Visual perception thus is a creation of the mind's eye. The eye is blind to what the mind does not see."[335] Jeder kennt „die Schwierigkeiten, Gesichter fremder Rassen auseinanderzuhalten oder in ihnen die gleichen individuellen Charakterzüge wahrzunehmen wie bei den Angehörigen der eigenen Rasse – obwohl die Differenzierung der Gesichtszüge in gleicher Weise vorhanden ist –, weil uns die entsprechenden Merkmalstrukturen fehlen."[336] Experimente haben ergeben, „daß wir dazu neigen, die Größe von Gegenständen, die wir für wertvoll halten, z. B. Münzen, zu überschätzen"[337], und „bei drei sehr unterschiedlich großen Paketen mit gleichem Gewicht sind wir erstaunt über die Leichtigkeit des größten."[338]

Die Wahrnehmung wird aber nicht nur durch unser *eigenes* Vorwissen und das bereits Erlernte beeinflußt, sondern auch durch Einflüsse von *außen,* durch Konventionen, Medien, den Zeitgeist. Was als ‚schön' oder ‚häßlich' wahrgenommen wird, bestimmen vielfach Zeitschriften oder sonstige Meinungsmacher, die alle paar Monate (Mode) oder Jahre (Kunst, Architektur) neue Sichtweisen vorgeben. Problematisch wird diese Möglichkeit der Manipulation besonders im gesellschaftlichen und politischen Bereich, wenn auf einmal Ausländer als bedrohlich und Minoritäten als minderwertig ‚wahrgenommen' werden.

Figur – Grund

Neben der Beeinflussung durch eigenes Vorwissen und äußere Vorgaben geht unsere Wahrnehmung aber auch eigenständig und aktiv auf die Suche nach Informationen. Grund ist die entscheidende evolutionsbiologische Funktion der Sinne im Kampf ums Überleben: Freund und Feind, Eßbares und Ungenießbares, Bekanntes und Unbekanntes müssen blitzschnell identifiziert und voneinander unterschieden werden können. Zwei Phänomene sind in diesem Zusammenhang von besonderer Bedeutung: die *Bewegung* und das *Figur-Grund-Schema.*

Auf keinen Vorgang in der Umgebung reagiert die optische Wahrnehmung stärker als auf Bewegung, sei sie auch noch so gering oder ganz am Rande des Sehfelds gelegen. Der Grund ist klar: „Bewegung bedeutet [...] entweder Gefahr (Raubtier) oder Nahrung (Beutetier). Es ist daher verständlich, daß die Natur alles getan hat, um das, was sich bewegt, der höchsten Bewußtseinsstufe teilhaftig zu machen."[339] Das oft einzige Gegenmittel, wenn man sich selbst in der Rolle des Beutetiers befindet, ist daher absolute Bewegungslosigkeit, das Erstarren in der Hoffnung, der Aufmerksamkeit des Jägers, die bei der geringsten Bewegung anschlagen würde, zu entgehen. Das ist aber nur dann eine sinnvolle Strategie, wenn man sich ansonsten nicht sehr stark von seiner Umgebung abhebt – und damit kommt das zweite Phänomen, das *Figur-Grund-Schema,* ins Spiel. Lebewesen müssen auch Objekte, die *in Ruhe* sind, aber nichtsdestoweniger Gefahr oder Eßbares bedeuten können, identifizieren und als ‚Gestalten' aus einem ansonsten chaotischen visuellen Hintergrund herauslösen können. In vielen Versuchen haben Gestaltpsychologen die dabei wirksamen Gestaltbildungsfaktoren oder Prägnanzmerkmale herausgefunden und klassifiziert. Es sind dies auf einer ersten Stufe (nach ihrer Wirksamkeit aufsteigend geordnet):

- Größe
- Form
- Farbe/Material
- Regelmäßigkeit/Ordnung
- Spitzenwirkung[340]

Daß ein größerer Stein, Apfel, Baum unsere Aufmerksamkeit erregt, ist klar, aber die Wirkung ist nicht besonders spektakulär. Eine auf beliebige Weise abweichende Form (krummer, gerader, dicker, dünner etc.) ist schon auffälliger, aber wenn das Objekt darüber hinaus auch noch eine andere Farbe oder Oberfläche hat, rückt es bereits sehr stark in den Fokus der Aufmerksamkeit. Noch stärker hebt sich jedoch eine völlig regelmäßige Form (Kreis, Quadrat, Dreieck etc.) oder ein geometrisch stark geordnetes Objekt (ein Ball auf einer Wiese, eine perfekt geformte Muschel, ein kreisrunder Kiesel am Strand etc.) als Figur von einem ansonsten ungeordneten Hintergrund ab. Erstaunlich ist die besonders hohe Bedeutung der Spitzenwirkung. Gemeint ist damit ein Objekt mit einem oder mehreren spitzen Ausläufern (‚Stacheln'), das in einem Umfeld von kompakten Körpern sofort ins Auge springt. Das mag mit der Furcht vor Verletzungen zu tun haben, findet aber noch heute seine Anwendung in den Serifenschriften, die im Buchdruck alle Ablösungsversuche durch moderne, gradlinige Buchstabenformen erfolgreich abgewehrt haben, weil die winzigen Querstriche (Serifen) an den Enden der Linien die Lesbarkeit der Buchstaben extrem erhöhen.

Alle Prägnanzfaktoren lassen sich darüber hinaus beliebig kombinieren, wodurch die Figurwirkung von Objekten noch stärker betont wird. Und „je stärker die Figur im Bewußtsein hervortritt, desto mehr tritt der Grund zurück und umgekehrt"[341] (Bild 12). Aus dem entgegengesetzten Vorgehen resultieren wiederum alle Formen der Tarnung, Maskierung, Mimikri, wie sie aus dem Tierreich, aber auch aus militärischen Bereichen bekannt sind.

Was bei der *Wahrnehmung* hilft, eine prägnante Gestalt immer deutlicher hervortreten zu lassen, funktioniert aber ebenso bei der *Erzeugung* einer solchen Gestalt. Größe, Form, Farbe, Material, aber auch die Ordnung, das Geordnet-Sein sind

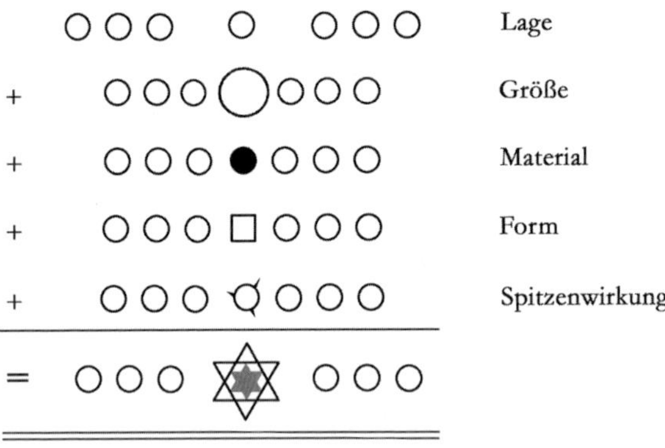

12 Kombination von Prägnanzfaktoren

elementare Mittel der architektonischen Gestaltungsarbeit (seltener die Spitzenwirkung, wenn man von der Gotik, Teilen des Jugendstils, des Expressionismus oder auch des Dekonstruktivismus absieht). So kann – insbesondere durch Überlagerung mehrerer oder aller Faktoren – ein Gebäude klar von seiner Nachbarbebauung abgehoben werden und als eigenständiges Objekt hervortreten, es können aber auch Teilbereiche (Eingang, Treppenhaus, Dachabschluß etc.) durch das gestaltende Spiel mit Prägnanzfaktoren akzentuiert werden.

Zu diesen primären Gestaltbildungsfaktoren treten aber noch weitere Phänomene hinzu:

- Geschlossenheit
- Motiviertheit
- Einfachheit
- Ähnlichkeit

Geschlossenheit oder Abgeschlossenheit ist vielleicht im Hinblick auf Gestaltbildung das wichtigste Phänomen überhaupt. Damit sich eine Figur vom Hintergrund abheben kann, darf sie nicht noch an einer oder mehreren Stellen mit diesem verbunden sein, sozusagen in den Hintergrund ‚auslaufen'. Beide Bereiche, Figur und Grund, müssen auf verschiedenen Ebenen liegen, eindeutig voneinander getrennt werden können. In Experimenten zeigt sich daher eine eindeutige Tendenz der Wahrnehmung, den Mangel der Unabgeschlossenheit zu beheben und offene

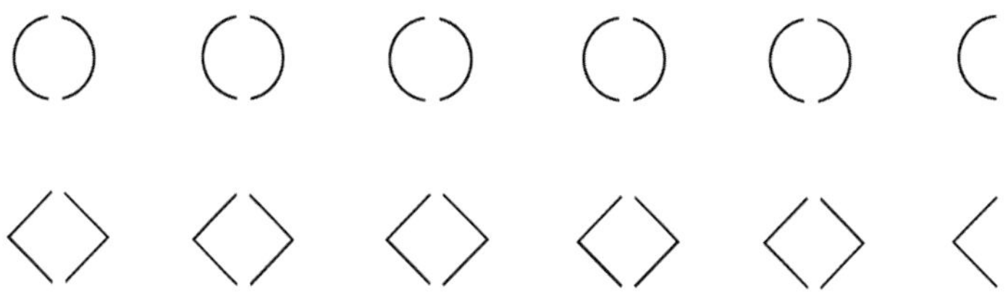

13 Geschlossenheit als Gestaltbildungsphänomen

Figuren zu ergänzen oder zu vervollständigen, sie als ‚ganz' wahrzunehmen. Die Formen in Bild 13 werden zum Beispiel nicht als elf Halbkreise (bzw. elf Winkel) gelesen, sondern als fünfeinhalb Kreise (bzw. fünfeinhalb auf der Spitze stehende Quadrate).

Nichts ist den entwerfenden Architekten jedoch vertrauter als die Unruhe, die eine unfertige Grundrißform, Fassadengestaltung, Baukörperkontur erzeugt, verbunden mit dem Impuls, so lange weiterzuarbeiten, bis diese unvollendete Figur ‚geschlossen' ist, nichts mehr ‚übersteht', alles im Gleichgewicht ist und die Gestalt als Einheit, als in sich Abgeschlossenes erscheint.

Ein anderer Fall ist die *Motiviertheit* eines Objekts: Wenn (etwa in einer Menge ungeschälter Kartoffeln) eine Knolle an ein Gesicht erinnert, eine Wurzel an eine Giraffe oder eine Astgabel an einen ausschreitenden Menschen, zieht dies sofort die Aufmerksamkeit auf sich und hebt das entsprechende Objekt aus dem Kontext der ‚normalen' Kartoffeln, Wurzeln, Äste heraus. So hat es auch in der Architekturgeschichte nie an Versuchen gefehlt, Motive aus architekturfremden Bereichen der Gegenstandswelt in die Gestaltung von Fassaden und Gebäuden zu übernehmen. In vielen Werken der Architektur schwingen bildhafte Botschaften mit und erhöhen dadurch deren Prägnanz und Gestaltqualität. (Ein schönes Beispiel ist Le Corbusiers Übernahme von Elementen des Ozeandampfers in seine weißen Villen der zwanziger und dreißiger Jahre). Eine zu direkte Übernahme von Motiven wirkt allerdings sehr schnell plump und führt zu einer Banalisierung der Gesamtaussage.

Das Streben nach *Einfachheit* wiederum wird von Rudolf Arnheim als das „Grundgesetz der visuellen Wahrnehmung" bezeichnet: „Dieses Gesetz besagt, daß jede Reizkonfiguration danach strebt, so gesehen zu werden, daß die sich ergebende Struktur die einfachste ist, die unter den gegebenen Umständen möglich ist."[342]

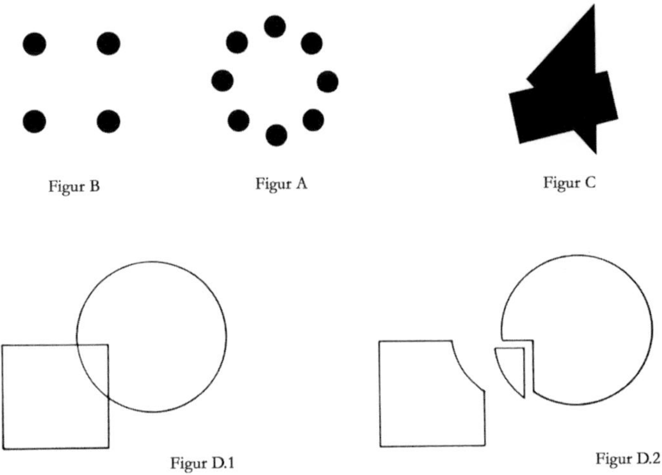

14 Einfachheit als Gestaltbildungsphänomen

Figur A in Bild 14 wird als Kreis gelesen, obwohl darin auch das Quadrat von Figur B sowie ein weiteres, um 45° verdrehtes Quadrat enthalten ist. Die Figur C wird nicht als vielzackiger Stern gelesen, sondern als ein Rechteck, das von einem Dreieck durchdrungen wird (oder umgekehrt). Ebenso besteht die Figur D.1 in unserer Wahrnehmung nicht aus drei relativ komplizierten Teilfiguren (D.2), sondern aus einem Quadrat und einem Kreis, die einander überlagern. Wiederum ergibt sich aus diesem Wahrnehmungsmechanismus auch die Möglichkeit der Maskierung: Eine Figur, die man verbergen möchte, wird beispielsweise zu einer wesentlich einfacher lesbaren Form ergänzt (wie das Wort „men" in Bild 15).

Im Entwurfsprozeß, in dessen Verlauf eine Vielzahl einzelner, zunächst durchaus nicht zueinander passender Elemente zu einer überzeugenden Gesamtgestalt zusammengefaßt werden müssen, ist die Vereinfachung von zu komplexen Formen und Zusammenhängen eine wesentliche Voraussetzung der Lösung. Zum Schluß müssen die widerstreitenden und widerstrebenden Teilelemente zu einer oder jedenfalls zu nur wenigen Gesamtformen zusammengeschmolzen werden, sonst bleibt auch die Gesamtaussage verworren und diffus. *Einfachheit* oder *Klarheit* in der Disposition und Formgebung ist in der Architektur ein hoher Wert. Im Laufe des architektonischen Entwurfsprozesses entsteht daher ein ähnlich stetiger Druck,

15 Das Phänomen der Maskierung

unklare und komplizierte Konstellationen auf einfachere, sofort erfaßbare Zusammenhänge zurückzuführen, wie er von der Wahrnehmung auf das Entziffern komplexer visueller Botschaften ausgeht.

Schließlich fallen der Wahrnehmung beim Abtasten der Umwelt *Ähnlichkeiten* zwischen Objekten auf, die als zugehörig zu einer Sorte, Klasse, Spezies etc. identifiziert werden und spontan zu bestimmten *Gruppenbildungen* führen. Solche Gruppen können dann durch zusätzliche formale Eigenschaften noch stärker zur Figur erhoben werden. Aber auch beim Entwerfen muß ständig nach *Gleichheit* oder *Ähnlichkeit* sortiert werden (vgl. den Abschnitt über Ordnung, S. 153), um Gruppen zusammengehörender Elemente zu bilden (Verwaltungstrakt, Fenster in der Fassade etc.) oder um Ähnlichkeiten zwischen Elementen herzustellen, deren innerer Zusammenhang zum Ausdruck gebracht werden soll.

Gestaltqualität

Faßt man die in der Wahrnehmung auf gestalthaftes Sehen drängenden Kräfte und Prinzipien zusammen, so wird offensichtlich, daß mit der Liste der Wahrnehmungsmechanismen zugleich ein Katalog der Entwurfs- und Gestaltungsmechanismen, zumindest aber der in diesen Prozessen wirksamen Faktoren gewonnen ist. Hier wie dort geht es um aktive Vorgänge der Gestaltbildung, um die Konstruktion von Merkmalstrukturen einerseits und deren Wiedererkennung und Benutzung andererseits, um das Hervortretenlassen von Gestalten, Formen, Figuren aus einem diffusen Hintergrund, um Ergänzen, Vervollkommnen, Vereinheitlichen, aber auch um Verstärken, Zuspitzen, nach vorne holen oder in den Hintergrund treten lassen; um Transformation, Inversion, Spiegelung, Verformung; um Metamorphosen, Umschlag und Überschlag zwischen Figur und Grund; um Klarheit, Prägnanz, Signifikanz, Geschlossenheit, Aufgehen ohne Rest. Es ist die gleiche, auf Figuren, Gestalten, Ganzheiten, Bedeutungen drängende Arbeitsweise, welche die Wahrnehmung bei ihrer Aufgabe der Orientierung in einer sich ständig verändernden oder sogar gänzlich unbekannten Umwelt unterstützt, die auch den Entwerfenden bei ihrem Ringen um die endgültige Gebäudegestalt zu Hilfe kommt und ohne deren Vorhandensein weder die Wahrnehmung noch die Gestaltbildung funktionieren würde.

Gestaltbildung ist also eine notwendige, aber noch keine hinreichende Bedingung architektonischer Gestaltqualität. Eine charakteristische, äußerst prägnante Gestalt kann trotzdem sehr häßlich sein (die ‚alte Hexe' aus dem Märchen, der Mops etc.), eine in höchstem Maße geordnete Gestalt (Kugel, Würfel, Zylinder) sehr banal. Auf einer nächsten Ebene müssen also noch weitere, qualitative Kriterien erfüllt werden, um dem Ideal einer gelungenen Gestaltung möglichst nahezukommen. Christian von Ehrenfels, der in seinem Aufsatz *Über Gestaltqualität*[343] zunächst die Kriterien der *Übersummativität* (Das Ganze ist ‚mehr' als die Summe seiner Teile) und der *Transponierbarkeit* (Das Ganze ist ‚anders' als die Summe seiner Teile) benannt und damit die Gestaltpsychologie begründet hatte, fügte daher später noch weitere Faktoren hinzu: *Gestalthöhe* und *Gestaltreinheit.*

Gestalthöhe[344] bezieht sich auf den oben erwähnten Aspekt, daß auch sehr einfache Formen einen hohen Wiedererkennungswert und eine vollständige Gestalt besitzen können, aber nur eine sehr geringe Komplexität, so daß die Wahrnehmung eine solche sensorische Information innerhalb weniger tausendstel Sekunden ‚abhakt'. Die Kunst besteht aber gerade darin, aus vielen unterschiedlichen Elementen und manchmal sehr komplexen Beziehungen eine Gestalt zu schaffen, die trotzdem als Einheit in Erscheinung tritt und dadurch die Wahrnehmung entsprechend länger zu fesseln vermag.

Gestaltreinheit wiederum bezieht sich auf das Phänomen, daß die Formationsgesetze von Gestalten jeweils bestimmte Gruppen von Elementen und Beziehungen zulassen, andere aber ausschließen. In einem typischen Mondrian-Bild wird man keinen Kreis finden, in einer Zwanziger-Jahre-Villa keinen Dachüberstand, in einem dekonstruktivistischen Gebäude keine Symmetrie etc. ‚Verunreinigungen', und sei es nur ein Fallrohr an der falschen Stelle, können die Gestaltqualität sofort massiv beeinträchtigen. Das Lernen und Anwenden des jeweils zu einer bestimmten Ausdrucksform, einem Stil, einer architektonischen Sprache ‚passenden' Vokabulars gehört zu den wesentlichen Bestandteilen der Entwurfsausbildung an den Architekturhochschulen.

Über die Kriterien der *Gestalthöhe* und der *Gestaltreinheit* hinaus beeinflussen schließlich noch weitere, übergeordnete Faktoren die tatsächlich erreichte Gestaltqualität des Gebäudes: *Originalität* und *Ausdruckskraft* (vgl. S. 53), *Angemessenheit* und *ästhetische Qualität* – letztere allerdings zeitgebunden. Was vielleicht zunächst als häßlich oder unästhetisch ‚wahrgenommen' wird, wie etwa viele Bauten der zwanziger Jahre vom überwiegenden Teil der damaligen Bevölkerung, kann fünfzig Jahre später schon zu den herausragenden Werken der Architektur gezählt werden.

Rollenwechsel

Nicht ohne Grund sind die Funktionen von Künstler und Kritiker, Autor und Publikum, Architekt und Architekturkritiker auf unterschiedliche Personen oder Gruppen verteilt: Den kreativ Tätigen fehlt die kritische Distanz, die für die objektive Beurteilung ihres Werkes notwendig ist. Solange aber ihre Arbeit noch nicht abgeschlossen ist, verlangt die besondere Art des Entwurfsprozesses, daß sie *beide Rollen zugleich* übernehmen, daß sie in ständigem Wechsel wie bei einem Ping-Pong-Spiel produzieren und reflektieren, erzeugen und betrachten, hervorbringen und beurteilen, daß sie immer auch ihre eigenen Kritiker sind.

In der aktiven, konzentrierten Phase des Entwurfsprozesses verläuft dieser Wechsel unbewußt und automatisiert. Die Entwerfenden registrieren gar nicht, daß jede neue Variante – vor allem aber die Richtung, die diese einschlägt: Verbesserung, Abwandlung, Korrektur, vollständige Änderung – ein Urteil voraussetzt, von „schon ganz gut", „besser", „richtige Richtung" bis hin zu „taugt nichts", „geht gar nicht" etc. Nachdem diese Phase für den Augenblick abgeschlossen ist und eine *bewußte* Reflexion einsetzt, bedarf es trotzdem bestimmter Mechanismen der Distanzierung, um den Rollenwechsel vom Erzeugenden zum Kritiker vollziehen zu können, beispielsweise: Liegenlassen und eine Nacht darüber schlafen; die Ergebnisse an die Pinnwand heften und sie aus der Entfernung und nebeneinander betrachten; die Zeichnungen miniaturisieren, um das Ergebnis als ‚Ganzes' zu sehen, auf einen Blick die erreichte Gestalt oder auch Mißgestalt, das noch nicht Stimmige zu erkennen. Dorst beschreibt den Vorgang so: „Keeping an overview of your project is quite a problem in design. It takes valuable time to regularly step back and assess the mess. It is not so easy either: as a designer, you are often completely engulfed in your project, struggling with the design problem and juggling possible solutions. It is difficult to muster the necessary distance and appraise your efforts with a cool eye."[345]

Beurteilen, Bewerten, Entscheiden

Die Reflexion und Bewertung der eigenen Entwurfsschritte und die immer neue Entscheidung darüber, welche Variante weiterverfolgt und welche aussortiert werden soll, ist von gleicher Bedeutung für das Endergebnis wie die Produktion der Varianten selbst. Je nachdem, wie der Abwägungsprozeß verläuft, werden die Weichen immer wieder anders oder neu gestellt. Dabei lassen sich drei Schritte unterscheiden: Beurteilen, Bewerten, Entscheiden.

1. Beurteilen. Die Fähigkeit, Qualität und Potential einer Konzeptskizze oder eines konstruktiven Details beurteilen zu können, setzt *Wissen und Kenntnisse* voraus. Das betonte schon Vitruv, als er im ersten Satz des Ersten Buches von *De architectura* formulierte: „Das Wissen des Architekten, dessen Beurteilung alle Arbeiten unterliegen, die von den übrigen Gewerken ausgeführt werden, zeichnet sich durch viele Lehrfächer und vielfältige Kenntnisse aus."[346] Aussagen wie „gut" oder „nicht gut", „richtig" oder „falsch" beziehen sich meist auf Sachfragen oder die Erfüllung von Programmpunkten, sind insofern durchaus objektivierbar, allerdings nur in Abhängigkeit vom aktuell erreichten Wissensstand über das Projekt. Kommen durch die weitere Bearbeitung mehr Informationen hinzu, kann die Beurteilung desselben Sachverhalts zu ganz anderen Ergebnissen führen. „You take a decision based on the knowledge you have at the moment. Later, when you have acquired more knowledge, you might live to regret those choices."[347]

2. Bewerten. Anders als bei der Beurteilung sind für die Bewertung Alternativen erforderlich, die man gegeneinander abwägen kann – „besser" oder „schlechter", „mehr" oder „weniger" erfolgversprechend etc. –, Aussagen also auf einer gleitenden Skala. Sind allerdings viele Varianten im Spiel, kann eine von ihnen auch als „die beste" aus dem Bewertungsprozeß hervorgehen, der im übrigen immer subjektiv bleibt.

3. Entscheiden. Am Ende des Bewertungsprozesses – auch wenn er nur den Bruchteil einer Sekunde dauert – steht eine Entscheidung für oder gegen eine Variante, ein Urteil über ihre Brauchbarkeit und weitere Verwendung. Ein „Urteil fällen" ist also etwas ganz anderes als eine Sache zu „beurteilen". Das Urteil ist der *Endpunkt* der Beurteilung und Bewertung. Horst Rittel zählt vier verschiedene Arten solcher Urteile auf; spontane, überlegte, Gesamt- und Partialurteile.[348] Ob eine Fassadengliederung ‚paßt', kann vielleicht noch intuitiv, ‚aus dem Bauch heraus' entschieden werden; ob aber eine Grundrißkonzeption funktioniert, muß unter Umständen länger überlegt werden. Um hier zu einem Gesamturteil zu gelangen, müssen vielleicht vorher Teilbereiche untersucht und Partialurteile gefällt werden. Aber „je mehr man versucht, sein Urteil durch Überlegung abzusichern, je sorgfältiger man Spontanurteile vermeiden will, desto tiefer verzweigt sich der Baum (der aufgefächerten Partialurteile) und desto größer wird die Zahl der zu fällenden Spontanurteile."[349] So Rittel über ein mit der Urteilsbildung verbundenes Paradoxon.

Kriterien, Gewichtungen, Ziele

Trotzdem macht es Sinn, nach Begründungen für seine Urteile zu suchen oder Entscheidungen auf der Basis von wohlüberlegten Argumenten zu fällen: 1. Man mißtraut seinem Spontanurteil. 2. Man muß sein Urteil gegenüber anderen (Kollegen, Bauherren, Jury etc.) rechtfertigen. 3. Man möchte die Entscheidung zur Diskussion stellen, den Entscheidungsprozeß als solchen so weit wie möglich objektivieren. Dazu ist jedoch die Offenlegung der *Kriterien* erforderlich, die zu der Entscheidung geführt haben. Das ist ein durchaus schwieriger Prozeß, weil hier oft – bewußt oder unbewußt – mit ‚objektiven' Gründen (Funktion, Konstruktion, Kosten, Aufwand etc.) für in Wirklichkeit rein subjektive Vorlieben argumentiert und geworben wird.

Aber auch wenn alle Kriterien offengelegt werden, muß noch geklärt werden, welches Kriterium wie viel zählt und welches letztlich den Ausschlag gibt. Jedes Kriterium muß also noch zusätzlich *gewichtet* werden: „The various criteria of performance are not likely to be equally important, so some weighting system is needed"[350], sagt Lawson. Hier kommt auch das Problem der „dominanten Gesichtspunkte"[351] ins Spiel: für Investoren sind ökonomische Aspekte am wichtigsten, für Bauleiter organisatorische, für Fachingenieure Probleme der Installationsführung, für Architekten vielleicht Gestaltungsfragen. Letzte Instanz für die Entscheidung ist dann oft das jeweilige *Ziel*, das die Architektin oder der Architekt verfolgen: Zufriedenheit des Bauherrn, nächster Auftrag, Anerkennung in der Szene, Platz in der Architekturgeschichte etc.

Innere Einstellungen, Denkblockaden, Konventionen, Zensur

Die Aufzählung der unterschiedlichen *Ziele* und *Motive*, von denen der Fortgang des Projekts abhängt, deutet schon darauf hin, daß das Aufstellen von *Kriterien* und

Gewichtungen nur den sichtbaren Teil des Bewertungs- und Entscheidungsprozesses erfaßt. Gesteuert wird dieser jedoch maßgeblich von Einstellungen, die unterhalb der Schwelle der bewußten Wahrnehmung liegen und in der Person der oder des Entwerfenden selbst verankert sind.

Auf einer ersten Ebene betrifft dies die Prägung durch die genossene *Ausbildung,* in der meist bestimmte Herangehensweisen und ästhetische Konzepte trainiert und dafür andere Architekturauffassungen deutlich vernachlässigt werden (‚Ungers-Schule', ‚Behnisch-Schule' etc.). Im Extremfall entwickelt sich eine Art Meisterschüler-Prinzip, bei dem die Schülerinnen und Schüler am Ende nur noch Prototypen des Meisters abwandeln. Denkblockaden entwickeln aber auch viele Praktiker, die aus Gewohnheit immer wieder auf dieselben Standardlösungen zurückgreifen oder sich aus der Erfahrung heraus, „was geht und was nicht geht", auf ein „Das machen wir immer so" beschränken. Die Erstarrung in der *Routine* versperrt dann jede Aussicht auf die vielen Alternativen, die in Wirklichkeit immer vorhanden sind.

Gefangen sind die Entwerfenden natürlich auch im jeweiligen *Zeitgeist*, in den ästhetischen Strömungen, die über Zeitschriften, Bücher und Ausstellungen ständig ihr Bewußtsein – bis hinein in die Farbnuancen der Wettbewerbspläne, die auf einmal alle grün-blau-grau daherkommen – infiltrieren. *Konventionen,* deren Nichtbeachtung ein erhebliches Maß an Selbstbewußtsein und Eigenständigkeit erfordert und oft mit Erfolgs- und Auftragseinbußen bestraft wird, spielen nicht nur im normalen Alltag, sondern auch in der Architekturproduktion eine maßgebliche Rolle.

Trotzdem ist es zumindest vorstellbar, sich von diesen Konventionen durch hartnäckiges Insistieren auf eigenen Sichtweisen zu distanzieren. Bei der dritten und wichtigsten Voreinstellung ist eine solche Distanzierung jedoch nicht möglich. Sie betrifft die *inneren Wertesysteme* und ‚Weltanschauungen', die in den jeweiligen Persönlichkeiten der Entwerfenden selbst begründet sind. Niemand kann es sich aussuchen, ob er oder sie eher konservativ oder progressiv geprägt, eher Bewahrer oder Erneuerin ist. Mies van der Rohe hat diesen Aspekt in bezug auf die Notwendigkeit, in der Architektur dem „Zeitwillen" gerecht zu werden, thematisiert: „Wir erleben immer wieder, daß hervorragende Baumeister nicht zu wirken vermögen, weil ihre Arbeit nicht dem Zeitwillen dient. Sie sind letzten Endes trotz ihrer großen Begabung Dilettanten, denn es ist bedeutungslos, mit welchem Elan das Falsche getan wird. [...] Man kann nicht mit zurückgewandtem Blick vorwärts schreiten und nicht Träger eines Zeitwillens sein, wenn man in der Vergangenheit

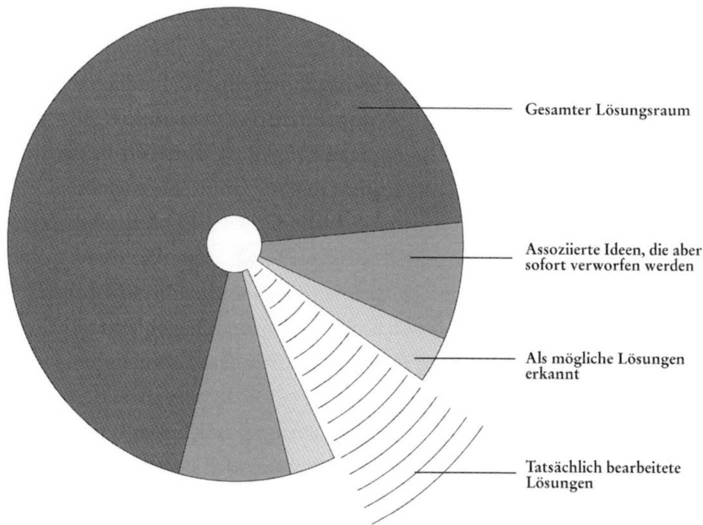

16 Selbstzensur

lebt. Es ist ein alter Trugschluß fernstehender Betrachter, für die Tragik solcher Fälle die Zeit verantwortlich zu machen.“[352] Erinnert sei in diesem Zusammenhang an viele Architekten der Postmoderne, aber auch an einige hervorragende, aber konservativ geprägte Architektinnen und Architekten der Gegenwart.

Es kommen aber noch andere Persönlichkeitsmerkmale hinzu, die man selbst nicht beeinflussen kann: ob man eher Harmonie sucht oder dramatische Zuspitzung; ob man eher rational oder emotional, bedächtig oder risikofreudig, pragmatisch oder visionär an eine Aufgabe herangeht. Aber alle diese Persönlichkeitsmerkmale entscheiden von Anfang an über alles, was letztlich als Entwurf auf dem Papier entsteht:

- ob ein Ansatz oder eine Idee überhaupt *gedacht* oder assoziiert wird;
- ob diese Idee dann als mögliche Lösung oder als Lösungsansatz *erkannt* wird;
- ob sie als solche dann *ernst genommen* und tatsächlich bearbeitet wird.

Im übrigen ist es gerade das Kennzeichen der Avantgarde, Konzepte denken zu können, von denen andere noch nicht einmal ahnen, daß es sie gibt. (vgl. Bild 16)

Äußere Vorgaben, Rahmenbedingungen, Constraints

Normalerweise gehören äußere Rahmenbedingungen nicht in ein Kapitel über Entscheidungen, weil sie ihrer Natur nach die Entscheidungsspielräume gerade begrenzen und durch Festlegungen die Freiheit der Entwerfenden einschränken. Aber deren Persönlichkeit entscheidet nicht nur über ihre eigenen Ideen und Entwurfsansätze, sondern auch über ihren Umgang mit den äußeren Zwängen. Rittel führt eine ganze Liste solcher von ihm als ‚constraints' bezeichneter Restriktionen an, die hier modifiziert (beziehungsweise auf das Bauwesen bezogen) wiedergegeben werden[353]:

– Technische Restriktionen	Grenzwerte statischer, konstruktiver oder bauphysikalischer Natur;
– Funktionale Vorgaben	Mindestgrößen von Funktionsräumen; Raumhöhen; Anzahl der Fluchtreppenhäuser; Treppenbreiten, Steigungsmaße etc.
– Gesetzliche Vorgaben	Bauordnung, Planungsrecht, Denkmalschutz, Brandschutz etc.
– Vorgaben des Bauherrn	Unverzichtbare Wünsche, ästhetische Vorstellungen, Vorlieben, Geschmack etc.
– Vorgaben des Grundstücks	Besonderer Zuschnitt, Topographie, Baumbestand; Erschließung, Nachbarschaft, Kontext allgemein etc.
– Sonstige Vorgaben	Kostenobergrenzen; Fertigstellungstermine etc.

Nun gibt es zwei prinzipielle Möglichkeiten, mit diesen Restriktionen umzugehen: sie akzeptieren oder infragestellen. Und an dieser Stelle kommt erneut die Persönlichkeitsstruktur der Entwerfenden ins Spiel.

Sachzwänge

Vorsichtige, rational agierende *Pragmatiker* werden die verschiedenen Vorgaben als unveränderliche Setzungen, als vorgegebene „Sachzwänge" akzeptieren. Für sie ist das keine – wie man vielleicht meinen könnte – unerfreuliche Situation, sondern eher eine Hilfe. Denn: „Je stärker die Sachzwänge, je enger der Entscheidungsspielraum, umso weniger gibt es zu entscheiden. [...] Die frustrierende Suche nach alternativen Handlungsmöglichkeiten [...] entfällt."[354] Im Extremfall wird der tatsächliche Lösungsraum auf ein kleines Restareal eingegrenzt.

Visionäre hingegen, die eher offensiv und zupackend an eine Aufgabe herangehen, werden die meisten Einschränkungen und Vorgaben zunächst ignorieren und sich ganz auf die bestmögliche Umsetzung der Bauaufgabe, das Entwickeln einer schlüssigen Idee konzentrieren. Alles weitere wird auf später verschoben, im Vertrauen darauf, daß sich für die auftauchenden Probleme schon eine Lösung finden werde. Tatsächlich ist das in der Regel ja auch der Fall. Der sogenannte ‚Sachzwang' ist in den meisten Fällen „ein Trugschluß, eine Selbsttäuschung oder eine Vernebelung"[355]. Bei genauerem Hinsehen „zeigt sich, daß die Konstriktionen keineswegs so hart und objektiv sind"[356], wie sie auf den ersten Blick erscheinen:

- Technische Grenzwerte können beispielsweise fast immer durch weitere technische Maßnahmen überschritten werden. Eine Balkonauskragung, die normalerweise auf etwa 2,50 m begrenzt ist, kann auch auf 6,00 m und mehr verlängert werden, wenn die entsprechenden konstruktiven Maßnahmen ergriffen werden; eine Betonaußenwand, die in der Regel nicht ohne zusätzliche Wärmedämmung auskommt, kann durch eingelegte Rohrleitungssysteme energetisch ertüchtigt werden etc.
- Funktionale Vorgaben, wie etwa in der *Bauentwurfslehre* von Ernst Neufert festgehalten, „bergen die Gefahr in sich, zu ‚Phantasiemördern' zu werden, da ihre allgemein geübte Anwendung zu dem Glauben verführt, die angegebenen Maße müßten so sein. Obwohl sie nur exemplarisch gemeint sein sollten, wird ihnen normative Gültigkeit unterstellt."[357]
- Rechtliche Vorgaben wie Geschoßflächenzahlen, Grundflächenzahlen, Abstandsflächen etc. können sehr wohl diskutiert und Ausnahmen erwirkt werden. (In den Innenstädten gibt es überhaupt kein Bauvorhaben ohne Ausnahmegenehmigungen mehr.) Ortsbildsatzungen können umgangen oder ausgehebelt, mit der Denkmalschutzbehörde kann verhandelt werden etc.
- Auch die Vorgaben der Bauherren sind meist viel weniger kategorisch, als es zunächst den Anschein hat – einfach weil diese die Alternativen nicht kennen. Deshalb besteht immer die Möglichkeit, durch ‚bessere' Vorschläge ein Umdenken zu erreichen, Ziele, Wünsche, Vorlieben zu beeinflussen und vielleicht sogar eine vollständige Planänderung zu erwirken.

- Selbst das Grundstück muß nicht zwangsläufig mit all seinen Beschränkungen akzeptiert werden: Hänge können eingeebnet, Erschließungen verlegt, ein Baum zur Not auch gefällt werden. Nicht einmal die Grundstücksgrenzen sind sakrosankt. Wenn sich durch geringfügiges Überschreiten ganz neue Möglichkeiten der Gebäudekonzeption eröffnen würden, können zumindest Verhandlungen mit dem Nachbarn über Kompensationen an anderer Stelle geführt werden.
- Schließlich sind sogar kategorische finanzielle Vorgaben relativ und eine Frage der Prioritätensetzung. Vielleicht lassen sich die Mehrkosten für einen bestimmten Bereich an anderer Stelle einsparen etc.

Ganz eindeutig hängt es „von der Phantasie, dem Mut, der Zuversicht und der Respektlosigkeit des Akteurs ab, wo er seine Konstriktionen setzt"[358]. Und die Entscheidung, „welche Constraints in die Planung einfließen sollen, muß jeder Planer selbst und bei jedem Planungsobjekt von neuem fällen."[359] Je nachdem, wie diese Entscheidung ausfällt, nimmt der Entwurf schon vom ersten Schritt an eine jeweils andere Richtung.

Unabhängig davon sind die Restriktionen oft so zahlreich und widersprüchlich, daß ein gutes Ergebnis von vornherein nicht zu erreichen ist. Man sieht dem Gebäude dann die Kompromisse und die Abstriche an der eigentlich angestrebten Lösung schon von weitem an. Deshalb sind es oft gerade die Entwürfe, die sich nicht an die Vorgaben halten, die zum Schluß als einzige die Bauaufgabe optimal erfüllen.

Verdeckte Einflüsse

Kein Entwurf entsteht ohne fremde Hilfe. Weil die Entwerfenden in den Grenzen ihrer eigenen Denkräume gefangen sind, bedürfen sie des Anstoßes, der Kritik, der Mitarbeit von außen. Aber es gibt verschiedene Stufen der Mitwirkung und Einflußnahme, und es sind verschiedene Personen und Personengruppen daran beteiligt.

Hebammenkunst

Manchmal sind es eher zufällige Anstöße von außen, Gespräche mit Freunden, Familienangehörigen oder auch mit gänzlich Fremden, die eine plötzliche Eingebung bewirken oder eine Blockade auflösen. „Wenn du etwas wissen willst und es durch Meditation nicht finden kannst, so rate ich dir […], mit dem nächsten Bekannten, der dir aufstößt, darüber zu sprechen. Es braucht nicht eben ein scharfdenkender Kopf zu sein, auch meine ich es nicht so, als ob du ihn darum befragen solltest: nein! Vielmehr sollst du es ihm selber allererst erzählen. […] Oft sitze ich an meinem Geschäftstisch über den Akten […], und siehe da, wenn ich mit meiner Schwester davon rede, welche hinter mir sitzt und arbeitet, so erfahre ich, was ich durch ein vielleicht stundenlanges Brüten nicht herausgebracht haben würde. […] Dabei ist mir nichts heilsamer, als eine Bewegung meiner Schwester, als ob sie mich unterbrechen wollte; denn mein ohnehin schon angestrengtes Gemüt wird durch diesen Versuch von außen, ihm die Rede […] zu entreißen, nur noch mehr erregt."[360] So Heinrich von Kleist über das bekannte Phänomen, oft erst durch den Zwang, einem Außenstehenden die eigene Idee erläutern zu müssen, zu einer klaren Formulierung derselben zu gelangen.

Als *aktives* Verfahren hat Sokrates diese „Hebammenkunst"[361], also die Fähigkeit, aus dem Gegenüber herauszulocken, was dieser unbewußt schon weiß, in seinen Dialogen bis zur Meisterschaft entwickelt. Aber auch heute noch müssen Hochschullehrer oder -lehrerinnen, die Entwurfsprojekte von Studierenden betreuen, diese Kunst beherrschen. Oder anders gesagt: Je besser sie diese beherrschen, desto größer ist ihre Qualität als Lehrende, desto eher finden die Studierenden zu einem eigenen Ansatz, anstatt lediglich die Eigenart der Lehrenden zu kopieren.

Interne Kritik

Es kommt vor, daß etwa ein Projektbearbeiter, der in einem größeren Architekturbüro einen Wettbewerb bearbeitet, die Höhen und Tiefen der ersten Entwurfsphase schon hinter sich hat und ein in seinen Augen perfektes Konzept erarbeitet hat, das er beim wöchentlichen Meeting voller Begeisterung seinen Kolleginnen und Kollegen vorstellt. Wenn er Pech hat, erntet er jedoch statt Lob und Anerkennung eher Stirnrunzeln oder Schweigen, zumindest aber kritische Nachfragen und vorsichtig geäußerte Bedenken. Das ist ein zutiefst frustrierendes Erlebnis, und es kostet einige Zeit, die Diskrepanz zwischen der eigenen und der Fremdwahrnehmung zu verarbeiten und vor allem zu akzeptieren. Es gehört zu den erstaunlichen Phänomenen, daß außenstehende Betrachter sofort erkennen, was gut ist und was schlecht[362], daß auch in Preisgerichten oder Kolloquien oft sofort Konsens über die Qualität – oder Nicht-Qualität – eines Entwurfs besteht. Nur die Entwurfsverfasser selbst können den Unterschied nicht unbedingt erkennen und müssen von außen schmerzhaft aus ihrer Fixierung auf eine Idee, die prinzipiell vielleicht sehr interessant, aber für diese spezielle Aufgabe nicht geeignet ist, gelöst werden. Im besten Fall bewirkt jedoch die durch Enttäuschung und Frustration freigesetzte Energie ein grundsätzliches Umdenken und führt zu einem neuen Ansatz, der dann bereits die später erfolgreiche und hoch gelobte Lösung enthält. Die Person ist dieselbe geblieben, aber der Entwurf nicht mehr derjenige, der ohne Intervention von außen weiterverfolgt worden wäre.

Externe Kritik

Das Gleiche kann geschehen, wenn zwar das gesamte Büro hinter dem Entwurf steht, der Bauherr aber mit dem Ergebnis nicht zufrieden ist, weil er vielleicht etwas ganz anderes erwartet hat oder konkrete Mängel in den Funktionsabläufen, bei der Größe, Lage oder dem Zuschnitt der Räume feststellt oder weil der Entwurf ihm zwar prinzipiell gefällt, aber den vorgesehenen Kostenrahmen weit überschreitet. Auch dann kann im positiven Fall die Kritik zu einem Planwechsel führen, der sich im nachhinein als Glücksfall erweist, weil er einen ganz neuen Zugang zur Lösung der Bauaufgabe eröffnet hat. Aber das ist eher die Ausnahme. Oft führt die ‚Einmischung' des Bauherrn auch zu Einbußen an Gestaltqualität, für die am Ende aber allein die Architekten verantwortlich gemacht werden. (Vgl. auch S. 75 f. und S. 176). Da gibt es beispielsweise den ‚reichen Banausen', der offen zugibt, daß er von Architektur nichts versteht und daher den Architekten über weite Strecken freie Hand läßt, an einer bestimmten Stelle aber doch seine fragwürdige Vorstellung von Repräsentation durchsetzt und so das Gesamtergebnis doch noch ruiniert; den ‚Oberlehrer', der über alles Bescheid weiß, ständig eigene Vorschläge und Alternativen einbringt und im Grunde überzeugt ist, daß er es eigentlich genauso gut (oder besser) könnte; oder den ‚Unentschlossenen', der dauernd seine Meinung ändert und nicht begreift, daß auch kleine Änderungen unter Umständen einen völlig neuen Entwurf erfordern würden, zu dem aber nach der fünften Änderung keine Kraft mehr bleibt; schließlich den ‚Widersprüchlichen', der miteinander unvereinbare Forderungen aufstellt und trotzdem von den Architekten eine vollkommene

Lösung erwartet. Jeder der hier nur grob skizzierten Bauherrentypen schließt das Zustandekommen von guter Architektur vor vornherein aus, ohne daß der wahre Verursacher sichtbar würde.

Da sind die Fronten beim Gewerbebau klarer. Hier spielen private Ambitionen oder Vorlieben kaum eine Rolle, es dominieren ökonomische und funktionale Aspekte (und prägen deshalb auch das Aussehen der meisten Gewerbebauten). Erst wenn eine Firma zur ‚Marke' aufsteigt, werden auf einmal Unsummen in aufwendigste Firmensitze investiert, die diese Marke angemessen repräsentieren sollen. Und es gibt Glücksfälle wie die Verpflichtung von Peter Behrens als künstlerischen Beirat der Firma AEG, der in der Folge eine ganz neue Richtung einschlug und zu einem der Begründer der modernen Industriearchitektur wurde. Oder die Weitsicht und Aufgeschlossenheit des Alfelder Schuhleistenfabrikanten Carl Benscheidt, der den jungen Architekten Walter Gropius und Adolf Meyer die Chance gab, ihre im Büro von Behrens erworbenen Erfahrungen bei der Erweiterung des Faguswerks anzuwenden. Ohne den fortschrittlichen Bauherrn hätte es diese Ikone des Neuen Bauens nie gegeben.

Bei Verwaltungen oder öffentlichen Auftraggebern, vertreten durch Baudirektionen, Staatsbauämter oder sonstige Bauabteilungen, ist das Problem wiederum, daß zu viele Personen und Interessengruppen mitreden, ohne selbst Verantwortung übernehmen zu wollen. Das führt fast unweigerlich zu Kompromiß- oder Standardlösungen oder ganz allgemein zur Realisierung des kleinsten gemeinsamen Nenners.

Bleibt schließlich noch das leuchtende Vorbild des Mäzens, der seinen Architekten völlig freie Hand läßt und auch einen extravaganten Entwurf nach Kräften fördert. Erstaunlicherweise führt aber diese Freiheit durchaus nicht immer zu guter Architektur. Anscheinend fehlt gerade jener kritische Widerstand, von dem weiter oben die Rede war.

Interne Mitarbeit

Während das *Planen* heutzutage immer Teamarbeit ist, ist es meist schwierig, im Team zu *entwerfen*. Man kann zwar ein gemeinsames Brainstorming veranstalten, Ideen und Konzepte entwickeln und auch immer wieder den Entwicklungsstand zusammen diskutieren, aber am Ende muß sich jemand hinsetzen und die vielfältigen Ideen in *einem* konkreten Entwurf zusammenfassen. Wie groß dabei der jeweilige Einfluß der anderen ist, bleibt meist verborgen. Vielleicht stammt die ursprüngliche Idee eigentlich von einem Kollegen, vielleicht hat ein anderer Mitarbeiter im Vorübergehen leichthin geäußert: „Mach's doch mal rund" – und damit den entscheidenden Durchbruch bewirkt, ohne daß sich später noch jemand daran erinnert.

Oft firmiert auch ein ganzes Team als Entwurfsverfasser, obwohl es tatsächlich immer dieselbe Person ist, welche die Entwürfe macht. Ein anderer Extremfall sind jene großen Architekturbüros, in denen junge Absolventinnen und Absolventen in den Entwurfsabteilungen die Wettbewerbe gewinnen und die Büroinhaber den Ruhm und die Aufträge einstreichen.

Externe Mitarbeit

Schließlich ist es oft der Bauherr selbst, der die entscheidenden Weichen stellt, indem er sich beispielsweise für einen traditionellen oder einen avantgardistischen Entwurf entscheidet – und dadurch entweder zum Geburtshelfer einer neuen Stilrichtung wird oder aber verhindert, daß ein geniales Gebäude das Licht der Welt erblickt. Oder der Bauherr entwirft aktiv mit wie etwa – zum großen Mißvergnügen der gequälten Architekten – die adligen oder königlichen Dilettanten, die sich selbst als berufene Architekten fühlten. Erinnert sei hier nur (neben den im Kapitel über die Hofarchitekten erwähnten Beispielen) an Kaiser Hadrian und sein gespanntes Verhältnis zu seinem Architekten Apollodorus, der seinen Herrn anscheinend einmal zu oft oder zu deutlich an seinen Dilettantenstatus erinnert hatte und diese Insubordination letztlich mit seinem Leben bezahlen mußte.

So birgt jeder Entwurf und jedes noch so große Meisterwerk der Baukunst sein eigenes Geheimnis, und niemand kann mit Sicherheit sagen, auf welchen verschlungenen Wegen es zu seiner endgültigen Gestalt gelangt ist.

Emotionen

Von außen betrachtet ist ein Entwurf lediglich eine Aufgabe, die erfüllt werden muß wie jede andere auch – ein klar definierter Vorgang. Und viele Architektinnen und Architekten sehen sich durchaus als technisch und gestalterisch versierte Fachleute, die in diesem Sinne rational und überlegt an die Lösung ihrer Bauaufgaben herangehen. Aber ein Blick auf die nachfolgende Aufzählung – oder besser auf die rechte Spalte – zeigt, wie sehr bereits der simple Prozeß der Aufgabenerfüllung mit starken Emotionen verbunden ist:

Eine Aufgabe lösen	nicht lösen
Einen Auftrag erfüllen	nicht erfüllen
Fertig werden	nicht fertig werden
Eine Lösung finden	keine Lösung finden
etc…	

Einen Auftrag nicht erfüllt oder keine Lösung für eine Aufgabe gefunden zu haben, ist mit äußerst negativen Gefühlen verbunden: Enttäuschung, Frustration und Selbstzweifel, manchmal auch mit Sanktionen oder materiellen Einbußen. Umgekehrt resultiert aus der Erfüllung oder Lösung die große Erleichterung, Freude oder der Jubel, wenn man es doch geschafft hat. Das ist zunächst ein allgemeines Phänomen, das nicht nur den Alltag vieler Berufe bestimmt, in denen eigenverantwortliches Handeln gefragt ist, sondern auch in der Freizeit beim Lösen von Kreuzworträtseln, Puzzles, Patiencen, Geduldsspielen bis hin zu Quizsendungen und Rateshows im Fernsehen eine große Rolle spielt – gerade weil dort die Faszination nicht von der gelösten Aufgabe an sich ausgeht (oft eine banale Wissensfrage), sondern von den offen zutage tretenden Emotionen, von dem Triumph des Gewinners, der Enttäuschung des Verlierers oder im privaten Bereich von der Freude über ein Aufgehen ohne Rest oder über das Finden der richtigen Lösung, wie sie in dem schon zitierten „Heureka"-Erlebnis des Archimedes zum Ausdruck kommt.[363]

Aber das alles gilt in noch viel größerem Umfang für das Entwerfen. Denn nicht nur Denken, sondern auch Wollen und Fühlen bestimmen den Entwurfsprozeß; letztere bilden sogar den Antrieb und liefern die Schubkraft. Das Denken allein ist nur Werkzeug und Mittel zum Zweck, um das architektonisch und gestalterisch *Gewollte* zu erreichen. *Gute Architektur entsteht nicht allein mit dem Verstand und wird nicht allein mit dem Verstand rezipiert.* Sehr schön kommt dieser Zusammenhang in einer Notiz von Bruno Taut zum Ausdruck. Es geht um den Widerspruch zwischen rational entwickelten technischen Zeichnungen, „von Leuten gemacht, die viel können und wissen, Baugewerkschulen und technische Hochschulen absolviert haben"[364], und dem Fühlen und Wollen der Architekten: „Man fühlt diese Zeichnungen als schwere Last, die man mit sich nach Hause nimmt. Man hängt sie da über den Arbeitstisch, läßt sie tagelang hängen, besieht sie sich immer wieder und prüft sie: praktisch und technisch ist alles in Ordnung; [...]. Schließlich aber beginnt man zu fühlen, daß hier oder da fünf oder zehn Zentimeter nach rechts oder nach links oder nach unten oder oben sowie andere ‚Kleinigkeiten' nichts daran ändern, daß die Sache ebenso praktisch und ebenso technisch richtig bleibt. So kommt schließlich eine neue Nachtarbeit; man legt Transparentpapier über die Zeichnungen und die Hand zeichnet wieder – der Kopf hat sie freigegeben [...]. Man muß warten, bis das, was bisher Schema war, beginnt, sich mit Leben zu füllen, bis man aufhört zu denken und tatsächlich nur fühlt. [...] Dann beginnt schließlich die Hand zu zeichnen, beinahe automatisch oder bewußtlos. Der Kopf ist ausgeschaltet."[365]

Die Emotionen hingegen sind beim Entwerfen nie ausgeschaltet. Schon im Kapitel über die Wahrnehmung und Gestaltbildung war deutlich geworden, daß im Prozeß des Formens, Verformens, Umformens, Verwandelns ein ständiger Druck vorhanden ist, die Formen passend, vollständig, einfach, in sich ‚rund' zu machen; begleitet von Unzufriedenheit, Unruhe oder Frustration, solange dieser Zustand noch nicht erreicht ist. Und um ihn zu erreichen, müssen mit erheblichem emotionalen Aufwand Widerstände überwunden, Blockierungen aufgelöst, Lücken geschlossen werden. Wenn man tagelang gegen eine Wand rennt und keine Lösung findet, sind Zähigkeit, Durchhaltevermögen und Selbstvertrauen erforderlich, um trotzdem weiterzumachen und auch Phasen der Lust- und Hoffnungslosigkeit, des Zögerns und des Herumtrödelns zu überwinden. Wenn sich „trotz intensiver Arbeit keine Lösung für ein Problem abzeichnet", wird das als „emotional außerordentlich belastend erlebt"[366]. Entwerfen ist, wie Behnisch sagt, auch heute noch ein „schmerzhafter Schöpfungsprozeß"[367]. Während das Strukturieren und Ordnen eher noch rational und ohne große Emotionen abläuft, ist das *Umstrukturieren,* also das Lockern und Auflösen standardisierter Verknüpfungen (das die Voraussetzung für das Entstehen neuer Konzepte ist) immer ein emotionaler Prozeß. Das Sich-trennen-Können von eigenen, falschen Ansätzen, das Zulassen-Können neuer, die gewohnte Wahrnehmung irritierender Lösungen, das mit sich selbst Verhandeln-Können: über Steigerung oder Abschwächung, Erweiterung oder Ausschluß, Akzentuierung oder Vereinheitlichung; schließlich das Entscheidungen-treffen-Müssen, ohne zu wissen, ob diese zum Erfolg oder in die Sackgasse führen, ist immer mit emotionaler Anspannung – bis hin zu zwischenzeitlicher Euphorie oder Depression – verbunden. Es sei denn, es ist gar kein Entwurf, kein ‚Wurf' in eine unbekannte Richtung, sondern nur eine technische (und dann meist auch banale) Lösung einer technisch (und damit falsch) verstandenen Aufgabe.

Es kommt aber noch eine weitere emotionale Ebene hinzu. Wie Künstler sind auch Architektinnen und Architekten immer *persönlich* beteiligt, bringen sich selbst mit ihren Ideen, Idealen und Vorstellungen von Architektur ein – und exponieren sich entsprechend. „Because you have inserted your own goals, you become personally attached to the project, desperately wanting to make your ideas work."[368] Jeder Entwurf ist auch ein Versuch der Selbstverwirklichung, ein Schritt in Richtung auf die ganz persönliche Vorstellung von guter Architektur und damit auch ein Zeugnis darüber, wie weit man auf diesem Weg schon vorangekommen ist. Um so stärker ist das Gefühl der Zurückweisung oder der persönlichen Niederlage, wenn der Entwurf dann verworfen oder von der Kritik zerrissen oder auch nur als belanglos übergangen wird. Wut und Enttäuschung, wie sie etwa Le Corbusier noch zwanzig Jahre nach der Niederlage im Wettbewerb um den Völkerbundpalast in Genf fast unvermindert empfand, sind ebenso Begleiter des Architektenberufs wie die Freude und der Jubel über einen prämierten Entwurf oder einen gewonnenen Wettbewerb.

Die unsichtbare Geschichte

Jeder Entwurf erzählt eine Geschichte. Oder genauer: Jeder *gute* Entwurf – nicht die übergroße Zahl derer, die *stumm* bleiben, die man in den Zeitschriften überblättert oder an denen man – wenn sie bereits realisiert sind – achtlos vorübergeht. Geschichten über das Gebäude selbst, über den Bauherrn, über die Architekten; über ihre Einstellung zur jeweiligen Bauaufgabe, über die von ihnen bevorzugten Materialien, Formen und ästhetischen Prinzipien, über ihre Vorstellungen von Architektur insgesamt.

Immer geht es darum, der Normalität und oft auch Banalität der meisten heutigen Funktionen und der Ausdrucksarmut vieler nur noch industriell bearbeiteten Materialien und Baustoffe ein zusätzliches Moment, ein Thema, eine ‚story' hinzuzufügen, um überhaupt die Aufmerksamkeit der Betrachter fesseln oder etwas in ihnen ansprechen zu können.

Gemeint sind damit nicht die sattsam bekannten spektakulären Formen, protzigen Baukörper oder aufwendigen Glitzerfassaden, durch die vor allem mittelmäßige Architektur nach den Gesetzen der „Ökonomie der Aufmerksamkeit"[369] bestehen und sichtbar bleiben will, sondern vielmehr jene Gebäude, in denen für einen Moment eine Idealvorstellung der Welt, wie sie sein sollte, aufscheint – zumindest für jenen kleinen Bereich, in dem das Thema der Bauaufgabe ‚spielt': eine andere Form des Wohnens, des Arbeitens, der Kindererziehung (wie etwa bei der Freiluftschule von Jan Duiker Anfang der zwanziger Jahre); andere Möglichkeiten des Zusammenlebens, der Kommunikation, der Kunstdarbietung (wie beispielsweise im Centre Pompidou der siebziger Jahre); andere Vorstellungen von Architektur (wie etwa im computergestützten Entwerfen von heute).

Einige Beispiele aus dem Bereich des Wohnens sollen verdeutlichen, was gemeint ist. Frank Lloyd Wright hat seine ‚Präriehäuser' wie etwa das *Robie-House* nicht entwickelt, um ein neues architektonisches Formkonzept zu kreieren, sondern um eine bestimmte Vorstellung vom Wohnen zu verwirklichen – er nannte es „Die Zerstörung der Schachtel"[370] –, bei der es um den fließenden Übergang zwischen den einzelnen Räumen einerseits und dem Innen und dem Außen andererseits ging, zusammengehalten nur durch den zentralen Kamin und das weit auskragende, schützende Dach. („Es ist eine Schutzform, die wirklich das Gefühl verleiht, daß das Außen hereinkommt oder das Innen hinausgeht."[371]) Aber auch sein Haus für Edgar J. Kaufmann *(Fallingwater)* war kein formales Konstrukt mit windmühlenflügelartig auskragenden Bauteilen, sondern eine traumhafte Erzählung über die Synthese von Natur und Zivilisation – ähnlich wie später das *Haus Douglas* von Richard Meier, das wie eine weiße Yacht über dem grün bewaldeten Hang schwebt, gekrönt von dem Promenadendeck eines Luxusliners. Eher in Richtung Entmaterialisierung ging Mies van der Rohe mit seinem *Farnsworth-House,* aber auch dies eine Erzählung über die Aufhebung der Grenze zwischen Natur und geschützter Behausung durch Technik und moderne Konstruktion.

Ganz andere Sinnbilder des Wohnens baute in den zwanziger Jahren Herrmann Muthesius mit seinen Villen in Berlin-Dahlem: kleine bürgerliche Landsitze, wohnlich, behaglich, auf dem Höhepunkt tradierter Handwerkskunst, aber in klarer Werkbundmanier ohne falsche Stilverkleidungen, heute Ikonen einer längst vergangenen Zeit. Aber nur wenige Jahre später realisierte Bruno Taut schon seine Wohnsiedlungen für Arbeiterfamilien in Berlin-Zehlendorf, die Häuser winzig im Vergleich, aber ebenfalls ein gebautes Programm mit der klaren Aussage, daß auch Arbeiter ein Recht auf bis ins kleinste Detail *gestaltete* Wohnverhältnisse hätten. Wieder ganz anders Le Corbusier, dessen Vision für den Bereich des Wohnens mit seiner Begeisterung für die Welt der Ozeandampfer und ihren zellenartigen Passagierkabinen zusammenhing und der in der Nachkriegszeit mit der *Unité d'habitation* in Marseille einen solchen Ozeandampfer an Land baute, inklusive Dachaufbauten und Promenadendeck.

Zwingend zu Le Corbusiers Vorstellung vom Wohnen gehörte allerdings auch die Zweigeschossigkeit, die bewirkte, daß die Bewohner nicht zwischen zwei Deckel eingepfercht wurden, sondern in ihrer Wohnung auch die dritte Dimension durch Luftraum und Treppe ins Obergeschoß erfahren konnten. Spätere Generationen haben dann die massenhafte Agglomeration von Wohneinheiten in den Unités kopiert, dabei aber genau dieses Detail weggelassen und nicht einmal gemerkt, daß sie damit die unsichtbare Grenze zwischen Wohnung und Behausung unterschritten. Überhaupt zeigte der funktionalistische Massenwohnungsbau der fünfziger bis siebziger Jahre, der sich über den ganzen Erdball verbreitete und in den Schwellenländern noch heute mit unverminderter Wucht und gegen jede ökonomische und ökologische Vernunft fortgesetzt wird, was aus dem Bauen und aus der Architektur wird, wenn alle Utopien und Erzählungen von menschlichem Zusammenleben verschwunden sind und es nur noch um ‚Unterbringung' geht.

Inzwischen gibt es in den westlichen Metropolen eine neue, großstädtische Wohnkultur mit dem Subtext von Offenheit, Großzügigkeit, Freiheit von festbetonierten Grundriß- und Lebensmustern, andererseits neue, ökologisch und energetisch optimierte Siedlungsformen auf revitalisierten ehemaligen Hafen-, Industrie- und Militäranlagen – Erzählungen auch dies über den Wunsch nach einem wie auch immer gearteten Gleichgewicht zwischen Ökologie und Ökonomie.

Aber es müssen gar nicht die allseits bekannten Beispiele aus der Architekturgeschichte sein und auch nicht die großen Visionen oder zukunftsträchtigen Neuansätze. Architektur muß lediglich an irgendeinem Punkt über sich hinausweisen auf die Lebenswelt der Menschen, für die sie gemacht wird. Es genügt schon ein großzügiges Panoramafenster, das bei den Passanten die Assoziation an einen herrlichen Blick über das Tal evoziert; oder ein Turmzimmer, das an ein geheimes Refugium erinnert; oder ein Baukörperschwung, der aus einer Kiste eine Skulptur macht; ein größeres Tor in einem Gebäude, das den Blick auf einen begrünten Innenhof freigibt und zum Betreten einlädt – eine Geste, ein Hinweis, ein winziges Surplus, um ein totes Stück umbauten Raumes in einen gestalteten Teil der gebauten Umwelt zu verwandeln.

Es gibt allerdings auch deutliche Tendenzen in der Architektur und unter Architekten, genau dieses zu verweigern. Angestrebt werden eher Neutralität, Anonymität, die Vermeidung jeglicher Aussage über Zweck, Inhalt, Bedeutung und kulturellen Hintergrund eines Gebäudes. Es geht um die Herstellung von Objekten, die nur noch für sich selbst stehen, um möglichst undurchdringliche Container für unbekannte Nutzungen, deren einzige Aussage davon handelt, wie technisch perfekt die Fassadenkonstruktion, sei sie aus Glas, aus hinterlüftetem Naturstein oder aus hölzernen Lamellen, ausgeführt ist. *Architektur* allerdings, die ja über das Technische weit hinausgehen muß, läßt sich auf diesem Wege schwerlich erzeugen. Und wenn man nichts (mehr) sagen will – oder nichts mehr zu sagen hat –, wird auch die Architektur verstummen.

Exkurs: Architekturtheorie als Reflexion *über* Architektur

Nun findet Architektur nicht im luftleeren Raum statt, und Architektinnen und Architekten sind nicht die einzigen, die ständig mit dem Phänomen ‚Architektur' befaßt sind. Letztlich ist *jeder Einzelne* – als Hausbewohner und als Stadtbewohner – direkt mit den Ergebnissen der Architektentätigkeit konfrontiert, und entsprechend groß ist der Stellenwert, den Fragen der baulich-räumlichen Gestaltung der Umwelt in der Gesellschaft einnehmen. Deshalb gibt es neben der notwendigen theoretischen Beschäftigung mit den Grundlagen des Faches, der Architekturtheorie für Architektinnen und Architekten, eine deren Umfang um ein Vielfaches übersteigende Diskussion über *Inhalte, Ergebnisse* und *Auswirkungen* ihres Handelns: Architekturtheorie als Reflexion *über* Architektur.

Auch an diesen Diskussionen sind die Architekten maßgeblich beteiligt, aber darüber hinaus finden solche Auseinandersetzungen vorrangig in Fachzeitschriften oder in Artikeln der Architekturkritiker im Feuilleton statt, in denen in stetem Wechsel alle virulenten Fragen der Architektur aufgegriffen und stellvertretend für die Allgemeinheit diskutiert werden. Hinzu kommen Vorträge, Podiumsdiskussionen, Architekturausstellungen und nicht zuletzt Dissertationen, Monographien und Essays von Architektur- und Kulturwissenschaftlern, in denen übergeordnete Diskurse geführt, neue Themen gesetzt oder gar Paradigmenwechsel eingeleitet werden.

Für alle genannten Ebenen der Diskussion aber gilt, daß nicht mehr das *Machen* von Architektur, sondern das *Betrachten* und *Beurteilen* von Konzepten oder bereits fertiggestellten Ergebnissen, das Nachdenken, Reden, Diskutieren *über* Architektur als Spiegelbild gesamtgesellschaftlicher und kultureller Prozesse im Zentrum steht.

Die Besonderheit des Phänomens Architektur im gesellschaftlichen und kulturellen Kontext

1. Eine Besonderheit wurde bereits erwähnt: Architektur geht alle an. Im Unterschied zu Literatur, Malerei, Theater, Film, Musik und diversen anderen kulturel-

len Betätigungen muß man nicht unbedingt Romane lesen, Museen oder Theateraufführungen besuchen, ins Kino oder ins Konzert gehen oder an Vorträgen, politischen Veranstaltungen etc. teilnehmen – aber dem Einfluß der gebauten Umwelt kann sich niemand entziehen, sie ist als ‚dritte Haut des Menschen' (Wohnung) und als ‚Lebensraum für die Spezies Mensch' (Stadt) allgegenwärtig und dementsprechend ständig Thema von Erörterungen und Auseinandersetzungen.

2. Mit dieser allgegenwärtigen Präsenz hängt eine weitere Besonderheit zusammen: daß ein Gebäude nicht nur *für sich* steht, sondern zugleich *Teil der Stadt und des Öffentlichen Raumes* ist und damit nicht nur für Bauherren und Nutzer, sondern für alle Bewohner der Stadt von Bedeutung ist. Einen mißlungenen Roman kann man ignorieren oder wegwerfen, schlechte oder schlecht inszenierte Theaterstücke oder belanglose Filme verschwinden sang- und klanglos von den Spielplänen –, aber ein mißlungenes Gebäude bleibt nicht nur als solches erhalten, sondern beeinträchtigt zusätzlich die Qualität des Öffentlichen Raumes, oft sogar schwerwiegend und über lange Zeiträume hinweg. Daß der Öffentliche Raum der Stadt als gemeinschaftliches Gut (common ground) jederzeit durch kulturlose Willkürakte Einzelner beschädigt werden kann, daß er meist gar nicht mehr als Bühne des gesellschaftlichen Lebens, sondern nur noch als Beute renditeorientierter Investoren betrachtet wird, gehört zu den zentralen Themen der Debatte über Baukultur und den Zustand der Gesellschaft insgesamt.

3. Während sich also andere Kulturphänomene teilweise in Nischen zurückgezogen haben und als erheblich subventionierte Enklaven bürgerlicher Hochkultur am Alltagsgeschehen kaum noch teilhaben, ist ein solcher Rückzug für die Architektur nicht möglich. Sie muß den mühevollen Prozeß ihrer Erneuerung und qualitativen Häutung in aller Öffentlichkeit und vor aller Augen führen und ist damit sowohl der begeisterten Zustimmung (eher selten) als auch der Kritik, dem Hohn und der offenen Empörung (eher häufiger) ausgesetzt. Sie wird damit tatsächlich zu einem kulturellen Phänomen par excellence.

Dabei lassen sich verschiedene Ebenen dieser breit geführten Diskussionen unterscheiden. Allerdings kann an dieser Stelle nur ein winziger Ausschnitt der *jüngeren* Debatten mit Kurzverweisen auf ihre Wurzeln wiedergegeben werden. Eine zusätzliche Berücksichtigung aller *vergangenen* Auseinandersetzungen über Architektur oder auch nur die Behandlung aller *aktuellen* Themen würde nicht nur den Umfang dieses Exkurses, sondern den Rahmen des gesamten Buches sprengen.

Gesellschaftspolitische Diskurse

Eine erste Ebene betrifft den innersten Kern des Bauens: das ‚Hausen', die Behausung, die Wohn- und Lebensformen der Menschen. Wohnungsbau ist und bleibt ein zentrales Thema der Architektur, kann aber nicht architekturimmanent diskutiert werden, sondern nur im Zusammenhang mit den jeweiligen gesellschaftlichen, politischen und ökonomischen Bedingungen. Jeder *muß* wohnen, aber die wenigsten können sich aussuchen, *wie* sie wohnen wollen. Slums und Villenviertel, Besitzende und Besitzlose, Vermieter und Mieter stehen einander seit uralten Zeiten meist konträr gegenüber, und nicht selten wurde die ‚Wohnungsfrage' zum Keim für weitergehende gesellschaftliche Auseinandersetzungen oder gar für Aufstände oder Revolutionen.

In jüngerer Zeit – in Deutschland vor allem nach den beiden Weltkriegen – trat der Staat als dritter Akteur auf den Plan, um zumindest den Antagonismus zwischen Hausbesitzern und Mietern aufzubrechen: in den zwanziger Jahren durch die großen genossenschaftlichen Siedlungsprojekte in Berlin und Frankfurt, in den fünfziger bis achtziger Jahren durch die hochsubventionierten Programme des „Sozialen Wohnungsbaus". Zusätzlich flankiert wurden diese Maßnahmen durch Mietpreisbindung, Wohngeld, ein verbessertes Mietrecht etc. Allerdings wurde das positive Anliegen, die gesamte Bevölkerung mit angemessenem und bezahlbarem Wohnraum zu versorgen, durch eine unheilige Allianz aus funktionalistischer Ideologie, Industrialisierung des Bauwesens und verfehlter Städtebaupolitik schnell in sein Gegenteil verkehrt. Zwar wurden tatsächlich jedes Jahr mehrere hunderttausend neue und moderne Wohnungen mit ständig steigendem Standard gebaut, aber die oft menschenverachtende Umsetzung der Programme in Form neuer Massenquartiere und Ghettos auf der grünen Wiese geriet bald zu einem Tiefpunkt der Architektur. Denn nicht nur die Stadtplaner, sondern auch die meisten Architekten waren in den Sog des Funktionalismus geraten und ließen sich zu Erfüllungsgehilfen der Bauindustrie und der rein marktwirtschaftlich orientierten Wohnungsbaugesellschaften degradieren.

Die langsam aber stetig wachsende Kritik an den Auswüchsen des funktionalistischen Städtebaus entwickelte sich schließlich zu einer der großen kulturellen Auseinandersetzungen der siebziger und achtziger Jahre. Die im Fahrwasser des deutschen Städtebauförderungsgesetzes einhergegangenen Versuche der Politik und der Bauindustrie, die noch intakten, wenn auch heruntergekommenen Sanierungsgebiete in den Innenstadtbezirken dem Boden gleichzumachen und ebenfalls mit monotonen Massenquartieren neu zu bebauen, hatten das Faß zum Überlaufen gebracht. Bewohnerproteste bis hin zu Hausbesetzungen waren die Folge, Bürgerinitiativen wurden gegründet, unterstützt von Intellektuellen und von der Studentenbewegung, aber auch von progressiven Architektinnen und Architekten, die inzwischen das Ghetto des funktionalistischen Denkens verlassen hatten. Höhepunkt und auch sichtbares Zeichen des Umdenkens war die *Internationale Bauausstellung* 1987 in Berlin, die in ihrem Neubauteil eindeutig nicht-funktionalistische, teilweise auch schon postmoderne Architekturkonzepte ausstellte, in ihrem Altbauteil in Anknüpfung an das Europäische Denkmalschutzjahr 1975 jedoch beispielhaft sanierte Altbauquartiere zeigte und damit bewies, daß das Erreichen moderner Wohnqualität auch ohne die massenhafte Vertreibung der Bevölkerung aus preiswerten Wohnverhältnissen möglich war.

Gleichzeitig schuf sie in den ebenfalls instandgesetzten Fabrik- und Lagergebäuden im Inneren der Blöcke Raum für *neue Wohn- und Lebensformen,* die als solche zu einem weiteren wichtigen Thema der Architekturdebatten wurden. Die Auflösung der bürgerlichen Kleinfamilie, neue Partner- und Lebenskonzepte, die rapide anwachsende Zahl von Single-Haushalten einerseits, von Wohngemeinschaften und Patchworkfamilien andererseits, führten zu lebhaften Diskussionen über neue Grundrißlösungen und Architekturkonzepte insgesamt. Ein Ansatzpunkt wurde das ursprünglich in New York entstandene Wohnen in Lofts (ehemalige Fabrik- und Lageretagen), die als offene, nutzungsneutrale Räume viele individuelle Nutzerkonzepte zuließen und sich inzwischen fest auf dem Wohnungsmarkt der Großstädte etabliert haben.

Inzwischen haben die politischen und ökonomischen Folgen der Globalisierung und des unkontrolliert wuchernden Finanzkapitalismus, verbunden mit wachsender Armutsmigration, zu einer neuen Wohnungsnot in den Großstädten geführt. Der Druck auf die Immobilienmärkte hat Wohnungen in London oder New York längst unbezahlbar gemacht, Studierende in deutschen Großstädten hausen erneut in Kellern oder Baucontainern, und in Los Angeles wird die Zahl der Obdachlosen auf 120000 Personen geschätzt. So bleibt die Wohnungsfrage virulent und ein existentielles Thema der Menschen und der Architektur.

Städtebauliche Diskurse

Öffentliche Diskussionen über Architektur bleiben selten auf einzelne Gebäude beschränkt. Zwar gibt es die Besprechungen spektakulärer Bauten oder besonders gelungener Architekturbeispiele in Architekturzeitschriften und im Feuilleton, aber die großen Themen gehen immer über das Einzelobjekt hinaus, weil Architektur – und nur sie – die Eigenschaft hat, geschützter Raum für Einzelne zu sein und zugleich Teil des Lebensraums für alle: *das Janusgesicht der Architektur.* Wenn daher die Allgemeinheit über Architektur spricht, ist fast immer der gemeinschaftliche Aspekt, also die Gestaltung des Öffentlichen Raumes, des Quartiers oder der Stadt insgesamt gemeint. Das erklärt auch die Dominanz städtebaulicher Themen in der aktuellen Forschungsliteratur zur Architektur, die sich hauptsächlich mit urbanistischen Fragen beschäftigt.

Tatsächlich kann man die Menschen nicht nur „mit einer Wohnung erschlagen wie mit einer Axt" (Heinrich Zille), man kann sie auch durch eine verfehlte Städtebaupolitik in monotone, maßstabslose und verwahrloste Großsiedlungen an der Peripherie verbannen und dort sozial verelenden lassen. Diese bereits erwähnte Problematik war aber nur ein Teilaspekt der katastrophalen, Stadt und Urbanität zerstörenden Gesamtkonzeption des funktionalistischen Städtebaus. Hinzu kamen das Postulat der autogerechten Stadt und die Dominanz der Verkehrsplanung, die Funktionstrennung und Ghettobildung, die Aufhebung der klaren Trennung zwischen öffentlichem und privatem Raum – überhaupt die Mißachtung der eminenten Bedeutung eines funktionierenden Öffentlichen Raumes für das gesellschaftliche Leben der Stadt. Deutlich wurde diese verfehlte Einstellung durch das konsequente Negieren raumbildender Bebauungsformen, also durch die Bevorzugung von Zeilen und Solitärgebäuden, die in ihrer Isolation und Maßstabslosigkeit jegliche Entstehung öffentlichen Lebens im Keim erstickten.

Die Revolte von Psychologen, Soziologen und Stadttheoretikern wie Alexander Mitscherlich *(Die Unwirtlichkeit unserer Städte),* Hans Paul Bahrdt *(Die moderne Großstadt),* Wolf Jobst Siedler *(Die gemordete Stadt),* Jane Jacobs *(Tod und Leben großer amerikanischer Städte)* und anderer bezog sich direkt auf diesen Niedergang des städtischen Lebens und führte nach langen Auseinandersetzungen immerhin zu einer Wiederentdeckung des „Leitbildes der europäischen Stadt", zu verschiedenen post-funktionalistischen Ansätzen wie etwa von Rob Krier *(Stadtraum),* Colin Rowe *(Collage City)* oder Rem Koolhaas *(Delirious New York)* sowie zu einer neuen Wertschätzung der Innenstädte und ihrer Funktion als kulturelles Gedächtnis und Vermächtnis gleichermaßen.

Zwanzig Jahre später setzte sich Koolhaas allerdings an die Spitze einer erneuten Wende hin zum spektakulären Einzelobjekt und zu einer Art Designer-Städtebau, der die Hoffnung auf eine Revitalisierung des Öffentlichen Raumes längst aufgegeben hat und sich stattdessen mit den globalen Tendenzen der Angleichung kommerzialisierter Stadtstrukturen und deren Verschmelzung zu einem Konglomerat aus weltweit austauschbaren, immer gleichen Shoppingmalls und Entertainmentcentern beschäftigt, die Koolhaas mit dem Ausdruck „generic"[372] (allgemein, generell, ohne Identität) charakterisiert. Einen Ausweg sieht dieser Designerstädtebau nur noch in der Implantierung aufwendig inszenierter ‚Wahrzeichen', mit denen sich immer mehr Städte in Zeiten von Städtetourismus und Stadtmarketing schmücken. Jedes Jahr werden neue „Kulturhauptstädte Europas" ausgerufen und in Szene gesetzt, andere Instrumente sind die inzwischen schon überhand nehmenden *Internationalen Bauausstellungen* oder das Akquirieren sportlicher Großereignisse, die immer auch mit der Errichtung spektakulärer baulicher Anlagen einhergehen und viel Stoff für das Feuilleton und die Architekturzeitschriften bieten.

Neben diesem Trend zur ‚*Inszenierten Stadt*' werden natürlich auch die vielfältigen *Probleme* der Städte und der Stadtentwicklung – sowohl global als auch lokal – theoretisch untersucht und in den Medien diskutiert. Da sind auf der einen Seite die explodierenden *Megacities* mit ihren schier unlösbaren energetischen, baulichen und sozialen Problemen bis hin zu den riesigen Slums von Mumbai bis Mexiko City; auf der anderen Seite nimmt das Phänomen der ‚*Schrumpfenden Städte*', der Entvölkerung und des Niedergangs ganzer Regionen mit Wohnungsleerständen bis zu vierzig Prozent und dem Entstehen sogenannter ‚ereignisarmer' Räume zu. Darüber hinaus findet eine zunehmende *Segregation* der Bevölkerung statt, einerseits in Form von Ghettobildungen auch in reichen Städten, andererseits als Rückzug eines immer kleiner und immer reicher werdenden Teils der Bevölkerung in abgeschottete Enklaven und *Gated Communities*. Diese eingezäunten und rund um die Uhr bewachten Enklaven sind aber nicht nur ein Indiz für den schleichenden Zerfall und die zunehmende Entsolidarisierung der Gesellschaft, sondern auch für die allgemeine Tendenz zur Überwachung städtischer und öffentlicher Räume durch den flächendeckenden Einsatz von Videokameras und Webcams, aktuell noch einmal auf die Spitze getrieben durch das Bekanntwerden der Totalüberwachung der weltweiten

Kommunikation durch die Geheimdienste, die unwillkürlich an die Dystopien eines George Orwell *(1984)* denken läßt.

Solche Debatten gehen einher mit der teilweisen oder vollständigen Kommerzialisierung des Öffentlichen Raumes, der Dominanz der Immobilienspekulation und der daraus resultierenden *Gentrifizierung* und Vertreibung ärmerer Bevölkerungsschichten aus ihren angestammten Quartieren, die dann innerhalb kurzer Zeit ihren Charakter vollständig ändern.

Zwar gibt es einen Trend zurück in die Stadt, der diese Zustände noch verschärft, aber es gibt auch weiterhin das Phänomen der Auflösung der Städte ins Umland und der Zersiedelung der Landschaft, das mit dem von Thomas Sieverts geprägten Begriff „Zwischenstadt" treffend auf den Punkt gebracht wurde. Dabei geht es auch um jene *‚Virtuelle Stadt'*, die nur noch in den Köpfen der Nutzer existiert (und in jedem Kopf eine andere ist), in der die Entfernungen nicht mehr in Kilometern, sondern in Zeit gemessen werden, weil alle benötigten Infrastruktureinrichtungen wie auch die Arbeitsstätten nur noch mit dem Auto erreicht werden können. Das ‚Leben im Grünen' verliert allerdings durch die dafür benötigten Straßen, Tankstellen, Supermärkte und sonstigen Versorgungsflächen immer weiter und schneller an genau jener angestrebten ‚natürlichen' Qualität, die der Grund für den Auszug aus der Stadt gewesen war (von den Kosten und der Umweltbelastung flächendeckender Mobilität ganz zu schweigen). Im Gegenzug gibt es *in* den Städten inzwischen einen Trend zum *Urban Gardening.*

Unabhängig davon zeigt auch die Statistik, daß die Zukunft der Menschheit – global wie lokal – in den großen Städten liegen wird. Aber dieser neuen Herausforderung stehen bisher – trotz unzähliger neuer Publikationen zum Städtebau – erstaunlich wenige konkrete Konzepte oder auch nur Ideen gegenüber, die neben dem quantitativen auch ein qualitatives Wachstum erwarten lassen. Eine rühmliche Ausnahme bildet das von Andreas Feldtkeller, dem Autor des Buches *Die zweckentfremdete Stadt* initiierte Konversionsprojekt „Tübinger Südstadt".

Diskurse über Umwelt und Nachhaltigkeit

Auch ein anderes großes Thema, der Klimawandel und seine Auswirkungen auf Natur, Wetter, Umwelt und das Leben der Menschen, hat tiefe Spuren in den Diskussionen über Architektur sowie im Bauen selbst hinterlassen. Ausgehend von dem Bericht des Club of Rome über *Die Grenzen des Wachstums* entwickelte sich spätestens seit dem Erdgipfel von Rio de Janeiro 1992 und der dortigen Proklamation der „Agenda 21" eine grundlegende Diskussion über Nachhaltigkeit und Umweltschutz, in der auch der Energieverbrauch der Gebäude – als dritter Faktor neben Verkehr und Industrie – immer mehr in den Fokus geriet. Die Verbrennung fossiler Energieträger zum Zwecke der Heizung erschien sowohl aus Gründen der Endlichkeit der Öl- und Gasvorräte als auch wegen des mit ihrer Verbrennung verbundenen CO_2-Ausstoßes nicht länger tragbar.

In der Folge wurden beide Problembereiche gleichzeitig in Angriff genommen: die *Knappheit* durch Reduktion des Energieverbrauchs, die *Schädlichkeit* durch Umstieg auf alternative Energien. Was den zweiten Punkt angeht, hat zum Beispiel Deutschland mit der „Energiewende" – auch als Folge der atomaren Katastrophe von Fukushima 2011 – eine Vorreiterrolle auf dem Gebiet der erneuerbaren Energien übernommen. Die optische Präsenz von immer mehr Windkraft- und Solaranlagen, die inzwischen unübersehbar das Bild von Natur und Landschaft prägen, wird von Teilen der Bevölkerung aber nicht nur positiv gesehen und liefert immer wieder Gesprächs- und Diskussionsstoff. Architektonisch betrachtet ist vor allem bedauerlich, daß eine gestalterische Integration der Photovoltaik-Anlagen bisher kaum gelungen ist. Im Gegenteil hat die flächendeckende Belegung von Dächern mit starren Solarmodulen, deren Abmessungen weder mit den Dachfenstern noch mit den tatsächlichen Dachgrößen koordiniert sind und so überall zu unschönen Restflächen führen, die ästhetischen Defizite der meisten Gebäude noch verstärkt. *Letztlich werden sie zu Aufstellflächen für Solaranlagen degradiert.* Wenn der begrüßenswerte Einsatz alternativer Energieträger nicht zu einem weiteren Verlust an Baukultur führen soll, muß in diesem Bereich noch viel technologische und gestalterische Entwicklungsarbeit geleistet werden.

Auch auf dem Feld der Energieeinsparung ist viel Positives und Negatives gleichzeitig geschehen. Das energieeffiziente Bauen ist durch immer neue Novellierungen des Energieeinspargesetzes, aber auch durch staatliche Subventionen flächendeckend auf dem Vormarsch; in wenigen Jahren wird sich der Passivhaus-Standard bei Neubauten weitgehend durchgesetzt haben, und inzwischen wird bereits an Plus-Energie-Häusern gearbeitet. Auch die Baustoffindustrie hat durch die Entwicklung erschwinglicher Dreifach-Verglasungen für Fenster und viele andere Innovationen ihren Teil zur Erhöhung der Energieeffizienz beigetragen. Andererseits gibt es eine unheilige Allianz zwischen dem Gesetzgeber und der Dämmstoffindustrie, die das immer stärkere Verpacken der Gebäude einseitig bevorzugt und zumindest im Altbaubereich teilweise zu grotesk vermummten, hohl klingenden und die Proportionen verzerrenden Gebäudehüllen führt. Außerdem sind die vielerorts aus Kostengründen immer noch eingesetzten Styropor-Dämmstoffe unter Brandschutzaspekten mehr als bedenklich, und der Energieeinsatz und Rohstoffverbrauch bei der *Herstellung* dieser Dämmstoffe frißt einen großen Teil der Energieeinsparung wieder auf.

Solche Gesamtbetrachtungen zur Energiebilanz eines Gebäudes, zum ‚ökologischen Fußabdruck' haben zu einem gewissen Umdenken in der Diskussion geführt. Intelligente Konzepte der Wiederverwendung, Umnutzung und des Recycling, die auch die ‚Graue Energie' in die Überlegungen einbeziehen, also die in dem Gebäude gespeicherte Herstellungsenergie beziehungsweise den potentiell bei Abriß und Entsorgung erneut anfallenden Energiebedarf. Thematisiert wurden diese Ansätze beispielsweise auf der Bienale in Venedig 2012 durch den deutschen Beitrag mit dem Thema „Reduce, Re-use, Recycle". Allerdings wird von den Wortführern manchmal vergessen, daß ein Gebäude mehr ist als eine optimierte Klimahülle und Architektur sich nicht auf Bauphysik und Energieverbrauch reduzieren läßt.

Überhaupt ist unklar, ob mit einer flächendeckenden Dämmstoffverpackung nicht nur der Neubauten, sondern des gesamten Gebäudebestandes nicht das Kind mit dem Bade ausgeschüttet würde. Die täglich von der Sonne auf die Erde abgestrahlte Energie beträgt ein Vielfaches des Bedarfs, so daß, sollte es in den nächsten zwanzig Jahren zu einem technologischen Durchbruch im Bereich der Speicherung von Energie kommen, Investitionen von mehreren hundert Milliarden Euro ebenso überflüssig gewesen wären wie die unzähligen Windräder und die Offshore-Windparks, die dann als rostende Dinosaurier-Technologie verspottet und verschrottet würden. Solange die Forschungen zum optimalen Umgang mit kostenlos vorhandener Solarenergie wie auch die Debatten über die richtige Gesamtstrategie noch in vollem Gange sind, sollten Architekturkonzepte immer sämtliche Strategien und Alternativen im Auge behalten und sich ihre gestalterischen Entscheidungen nicht von eindimensionalen Lösungsansätzen diktieren lassen.

Theoretische Diskurse

Während die Verbindung von Fragen des Wohnens, des Städtebaus und des Umweltschutzes mit architektonischen Belangen auf der Hand liegt, ist der Bezug zu anderen theoretischen Diskursen, die in der zweiten Hälfte des zwanzigsten Jahrhunderts das Architekturgeschehen maßgeblich beeinflußt haben, nicht unmittelbar einleuchtend. Einige von ihnen sollen daher stellvertretend für alle anderen zumindest in Stichworten wiedergegeben werden.

Strukturalismus und ‚Linguistic Turn'

Schon Anfang des zwanzigsten Jahrhunderts war die gesprochene Sprache, unabhängig von ihrer Mitteilungsfunktion, als *System* und *Struktur* in den Fokus der wissenschaftlichen Aufmerksamkeit gerückt, ausgelöst unter anderem durch die noch weiter zurückliegenden Entdeckungen des Sprachwissenschaftlers Ferdinand de Saussure (1857–1913), der als Begründer der modernen Linguistik und des Strukturalismus gilt. Er fand heraus, „daß die Sprache ihre verblüffenden Leistungen nur vollbringen kann, weil ihr eine besonders komplexe Struktur zugrunde liegt, und daß diese Struktur – und nicht die einzelnen Zeichen – das Wesen der Sprache ausmachen."[373] Diese innersprachliche Struktur beschrieb de Saussure anhand von Gegensatzpaaren wie *Syntagma/Paradigma, Langue/Parole, Synchronie/Diachronie, Signifikant/Signifikat* etc. und zog bei seiner Erläuterung der syntagmatischen und paradigmatischen Beziehungen auch ein Beispiel aus der Architektur heran: „Unter dieser doppelten Betrachtungsweise ist eine sprachliche Einheit vergleichbar mit einem bestimmten Teil eines Gebäudes, zum Beispiel einer Säule; diese steht einerseits in einer gewissen Beziehung zum Architrav, den sie trägt – und diese Gruppierung zweier gleichermaßen gegenwärtigen Einheiten im Raum erinnert an die syntagmatische Beziehung; andererseits, wenn eine Säule von dorischer Ordnung ist, dann ruft sie im Geist einen Vergleich mit anderen Stilarten (ionisch, korinthisch usw.) hervor, welche im Raum nicht vorhandene Bestandteile sind: die Beziehung ist assoziativ."[374] Zusammenfassend läßt sich der gesamte Aufbau der Sprache tatsächlich als „stufenförmig komplexer werdendes, engmaschiges Gewebe miteinander vernetzter Strukturen darstellen"[375] oder anders ausgedrückt: „Die Sprache zerfällt nicht mehr in eine zufällige Ansammlung einzelner Wörter oder

Äußerungen, sondern sie besteht aus dem System von Elementen und Beziehungen, das diesen zugrunde liegt."[376]

Diese Erkenntnis der Sprachforschung übte eine geradezu elektrisierende Wirkung auf all jene Architekten der Nachkriegszeit aus, die sich aus den technokratischen Zwängen des Funktionalismus befreien wollten: Auch das Bauen mußte wieder mehr werden als die simple Aneinanderfügung von Bauteilen, auch die funktionalen und konstruktiven Elemente konnten ihre eigentliche Bedeutung erst durch die Einbettung in eine komplexe, übergeordnete Struktur erlangen. Das war die Geburtsstunde des holländischen Strukturalismus, dessen führende Vertreter Aldo van Eyck und Hermann Hertzberger der Architektur der damaligen Zeit wesentliche Impulse gaben. Allerdings bezogen sie sich weniger auf die Lektüre des bereits 1913 verstorbenen de Saussure, sondern auf das Studium der Schriften von Claude Lévi-Strauss (1908–2009), der als Begründer des französischen Strukturalismus gilt. Lévi-Strauss war von Hause aus Ethnologe, wurde aber durch Roman Ossipowitsch Jakobson, einen der wichtigsten damaligen Vertreter der strukturalistischen Linguistik, Anfang der vierziger Jahre im Sinne des Strukturalismus nachhaltig beeinflußt. Auf seinen ethnologischen Forschungsreisen stellte Lévi-Strauss verblüffende Ähnlichkeiten zwischen linguistischen Strukturen und den Verwandtschaftsbeziehungen der eingeborenen Völker fest und postulierte in seinen Büchern die Übertragbarkeit solcher Strukturen auf die Ethnologie. Dies nahmen die Architekten zum Anlaß, eine solche Übertragung auch für den Bereich der Architektur zu prüfen und mit dieser Methode ganz neuartige strukturalistische Gebäudekonfigurationen zu entwickeln. Beeindruckt waren die Strukturalisten aber auch durch die von Lévi-Strauss beschriebenen Lebens- und Denkformen der Eingeborenen, denen er in seinem Buch *Das wilde Denken* (1967) ein Denkmal gesetzt hatte, vor allem aber von deren ganz anders gearteten Bau- und Siedlungsstrukturen. Luftbilder nordafrikanischer Städte mit ihrer labyrinthartigen Struktur und ihren introvertierten Hofhäusern, aber auch arabische Bauformen wie die Kasbah machten in Architekturbüros die Runde und wurden für strukturalistische Stadtentwürfe und Wohnformen adaptiert.

Die Linguistik spielte aber auch in der *Informatik* eine wichtige Rolle, und zwar für jene Forschungen, die später in die Entwicklung der ersten Computer mündeten. Informationstheoretiker waren intensiv mit der Entwicklung formaler Sprachen beschäftigt und griffen dabei auch auf die Erkenntnisse der strukturalistischen Linguistik zurück. Einer der weltweit bekanntesten US-amerikanischen

Strukturalisten wurde Mitte der sechziger Jahre der Amerikaner Noam Chomsky, der mit seiner *Generativen Transformationsgrammatik* und der Differenzierung zwischen Oberflächen- und Tiefenstruktur der Sprache eine wichtige Verbindung zu den Kognitionswissenschaften, der Informatik und der Computer-Linguistik herstellte. In Deutschland wurde die Informationstheorie durch die Stuttgarter Schule Max Benses bekannt und durch die Dissertation von Manfred Kiemle *Ästhetische Probleme der Architektur unter dem Aspekt der Informationsästhetik* auch in Architektenkreisen viel diskutiert. Wiederum hoffte man dort, mittels der Überlegungen der Informationstheorie die Banalität und Informationsarmut funktionalistischer Bauweisen überwinden zu können.

Einen dritten Ansatzpunkt bot die *Semiotik* oder *Zeichentheorie*, die ebenfalls, aufbauend auf den Überlegungen von Charles S. Peirce *(Phänomen und Logik der Zeichen)* und Ogden/Richards *(Die Bedeutung der Bedeutung)*, als Ableger der Sprachwissenschaft einen großen Aufschwung erlebte und mit ihrer Zeichentriade von *Signifkant, Signifikat* und *Referent* auch unter Architekten populär wurde. Maßgeblich war hier Anfang der siebziger Jahre Umberto Eco mit seinen Büchern *Einführung in die Semiotik* sowie *Zeichen. Einführung in einen Begriff und seine Geschichte.* Für Architekten war wichtig, daß es in der Zeichentheorie nicht mehr nur um *sprachliche* Zeichen ging, sondern um *alle* Formen des Zeichens, also auch um jene Bilder und Symbole, die sie so dringend für eine ‚bedeutsamere' Architektur benötigten.

Alle diese Strömungen werden inzwischen unter dem Begriff des ‚linguistic turn' (Linguistische Wende) zusammengefaßt, obwohl der Begriff schon früher durch den österreichischen Wissenschaftstheoretiker und Philosophen Gustav Bergmann geprägt worden war, bevor ihn dann 1967 Richard Rorty als Titel einer Anthologie zu sprachwissenschaftlichen Themen benutzte. Bergmann bezog sich noch ausdrücklich auf Ludwig Wittgenstein, dessen sprachkritische Philosophie („Die Grenzen meiner Sprache bedeuten die Grenzen meiner Welt") in seinem *Tractatus logico-philosophicus* und seinen *Philosophischen Untersuchungen* enorme Bedeutung für die Sprachwissenschaft und die Erkenntnistheorie gewann (und der nebenbei mit dem Architekten Paul Engelmann das berühmte, in Loosscher Manier entworfene Haus Wittgenstein in Wien baute).

Nur am Rande sei erwähnt, daß eine der grundlegenden Erkenntnisse der Linguistik und der Zeichentheorie, die Unterscheidung zwischen Signifikant und Signifikat, zwischen dem Bedeutungsträger und der Bedeutung selbst, anscheinend schon den Römern geläufig war. Dies geht aus einer Stelle im ersten Kapitel des

Ersten Buches von Vitruvs *De architectura libri decem* hervor: „... maxime etiam in architectura haec duo insunt: quod significatur et quod significat"[377] („... so gibt es besonders auch in der Architektur folgende zwei Dinge: das, was bezeichnet wird, und das, was bezeichnet"[378]). Gemeint sind damit der Entwurf und die Projektzeichnungen.[379]

Postfunktionalismus und Postmoderne

Die mächtigen Strömungen des Strukturalismus, der Informationstheorie und der Semiotik lieferten die theoretischen Begründungen für die Saat, die dann in der Architektur der sechziger und siebziger Jahre des letzten Jahrhunderts aufging und auch Architektinnen und Architekten die Möglichkeit eröffnete, den engen Fesseln des Funktionalismus zu entkommen. Es war ja nicht nur das (angebliche) *Primat der Funktion* gewesen, das die Revolution der zwanziger Jahre der Nachkriegsgeneration als problematisches Erbe hinterlassen hatte, sondern auch die Sterilität industrieller Bauweisen, die puristische Ästhetik, die radikale Zerstörung des traditionellen Raumbegriffs zugunsten der Objektarchitektur, die Nivellierung sprachlicher und stilistischer Ausdrucksmittel, die Tabuisierung der Geschichte, die Eliminierung regionaler Bauformen zugunsten eines stereotypen Internationalismus und schließlich der Verlust des menschlichen Maßstabs und dessen Ersatz durch monotone Großstrukturen.[380] Den daraus entstandenen radikalen Bedeutungs- und Informationsverlust versuchten die Architekten nun durch die Einführung neuer sprachlicher, semiotischer oder bildhafter Ausdrucksformen zu kompensieren, griffen dabei teilweise allerdings auch auf die formalen und stilistischen Mittel vergangener Epochen zurück und wurden damit über lange Zeit Tabubrecher in einer noch ganz vom Bauwirtschaftsfunktionalismus geprägten Zeit. Robert Venturi, der auch theoretisch mit seinem Buch *Komplexität und Widerspruch in der Architektur* Bahnbrechendes zur Funktionalismuskritik geleistet hatte, Aldo Rossi *(Die Architektur der Stadt)*, Ralf Erskine, Charles Moore, Rob und Leon Krier, Hans Hollein und viele andere mehr entwickelten jeder für sich Auswege aus der Uniformität des zeitgenössischen Bauens.

Bedauerlicherweise wurde diese breite postfunktionalistische Architekturströmung 1978 durch den englischen Kunsthistoriker und Publizisten Charles Jencks unter dem problematischen Titel „Postmoderne" subsumiert. In seiner Abhandlung *Die Sprache der Postmodernen Architektur* bezog sich Jencks dezidiert auf Analogien zur Sprache und zur Semiotik und unterlegte linguistische Termini wie „Syntax, Semantik, Pragmatik“ oder „Wörter, Metaphern, Zeichen, Sätze, Codes“ jeweils mit architektonischen Beispielen, ohne allerdings wesentlich über ein Sammelsurium nachfunktionalistisch aussehender Gebäude hinauszukommen.

In der Folge versuchten Kunsthistoriker wie Heinrich Klotz mit Begriffen wie „Revision der Moderne“ und „Zweite Moderne“ (ein Ausdruck, den auch der Soziologe Ulrich Beck benutzte, der darüber hinaus von „reflexiver Moderne“ oder Modernisierung sprach), ein wenig Klarheit in die Diskussion zu bringen, ohne allerdings den verfehlten Ansatz (nicht postmodern, sondern postfunktionalistisch) grundlegend korrigieren zu können. Zu einem wichtigen deutschsprachigen Theoretiker der Postmoderne wurde auch der Philosoph Wolfgang Welsch *(Unsere postmoderne Moderne, 1987).*

Poststrukturalismus und Dekonstruktivismus

Zu dieser Zeit hatte der Diskurs aber längst eine weitere Drehung des *linguistic turn* vollzogen. Dies wurde 1988 in der von Philip Johnson, Mark Wigley und Heiko Herden kuratierten Ausstellung „Deconstructivist architecture“ im Museum of Modern Art in New York sichtbar, in der die Werke von sieben Architekten vorgestellt wurden: Frank O. Gehry, COOP Himmelb(l)au, Bernard Tschumi, Rem Koolhaas, Zaha Hadid, Daniel Libeskind und Peter Eisenman. Französische Philosophen und Schriftsteller der Generation nach Lévi-Strauss wie Roland Barthes und Jacques Derrida hatten inzwischen den Strukturalismus weiterentwickelt und durch Einflüsse der Philosophie von Husserl und Heidegger (bei Roland Barthes auch durch Nietzsche) auf eine neue Ebene der Auseinandersetzung gehoben. Vor allem Derrida gilt als Begründer und Hauptvertreter der *Dekonstruktion,* die als Begriff die Operationen der *Destruktion* und der *Konstruktion* in sich vereinte. Es ging um Fragen der Interpretation von Texten und um die Analyse ihrer Herstellungsbedingungen und ihres Kontextes, wobei mit Texten jetzt alle Arten von informationstragenden Medien gemeint waren, also auch Architekturdarstellungen und die Architektur selbst.

Zum Zusammenhang zwischen Dekonstruktion und Architektur schreibt Derrida, es sei das Ziel der Dekonstruktion, „die Architektur von all jenen äußeren

Finalitäten und fremden Zielen zu befreien", beispielsweise von der „Vorherrschaft der Ästhetik, der Schönheit, [...] der Nützlichkeit, der Funktionalität, des Lebens, des Wohnens". Anschließend aber müsse man „diese Themen innerhalb der Arbeit *neu einbringen*". Man könne „diese Werte [...] nicht einfach abtun", sondern müsse „einen neuen Raum und eine neue Form sozusagen konstruieren, um eine neue Art des Bauens zu gestalten."[381] In diesem Sinne hatte sich der amerikanische Architekt Peter Eisenman intensiv mit der Konstruktion und Destruktion von Texten und auch von Gebäudeentwürfen auseinandergesetzt, die er konsequenterweise durchnumerierte (Haus I-X) und in denen er verschiedene mögliche und unmögliche Kombinationen syntaktischer Elemente (Bauteile) durchexerzierte. Eisenman arbeitete auch zeitweilig intensiv mit Derrida zusammen, beide gingen aber im Streit auseinander, und aus der Verbindung selbst gingen keine nennenswerten Ergebnisse hervor.

Überhaupt war der Zusammenhang zwischen der philosophischen und literaturwissenschaftlichen Dekonstruktion von Texten und der als „Dekonstruktivismus" bekannt gewordenen Architekturströmung eher oberflächlich und blieb im wesentlichen auf die Person Eisenmans beschränkt. Denn ähnlich wie in der Postmoderne waren auch unter der fragwürdigen Bezeichnung „Dekonstruktivismus" sehr unterschiedliche inhaltliche und formale Architekturpositionen vereint.

Da war zum einen das wirklich destruktiv und anarchisch geprägte Frühwerk von Frank O. Gehry und COOP-Himmelb(l)au („Architektur muß brennen"), charakterisiert durch Gehrys Wohnhaus in Santa Monica mit seinen sich gegenseitig durchstoßenden Elementen aus Materialien der Baumärkte, das als Gründungsbau des Dekonstruktivismus bezeichnet wurde, obwohl es seine Wurzeln auch in der gleichzeitigen kalifornischen Bewegung der Homemade-Houses hatte.

Aus einer ganz anderen Tradition heraus entwickelte sich die Architektur von Bernard Tschumi, Rem Koolhaas und Zaha Hadid, die sich alle zur gleichen Zeit an der AA *(Architectural Association School of Architecture)* in London aufhielten, Tschumi als Lehrer, Koolhaas und Hadid erst als Studierende, später ebenfalls als Lehrende. Dort wurde in dieser Zeit der russische Konstruktivismus wiederentdeckt, oder besser: derjenige Teil des russischen Konstruktivismus, der sich der direkten Instrumentalisierung durch Funktion und Konstruktion entzogen hatte und deshalb in den zwanziger Jahren ignoriert, unterdrückt oder beiseite geschoben worden war: das Schräge, das Dynamische, das Diskontinuierliche, das Zersplitterte, wie es dann in den Entwürfen Zaha Hadids beispielhaft zum Ausdruck kam. Starken Einfluß übten Kasimir Malewitsch und Alexander Rodtschenko aus, aber auch Jakob Tschernikow, in dessen Buch *Die Konstruktion von Architektur- und Maschinenformen* viele konzeptionelle und formale Ansätze von Koolhaas und auch von Daniel Libeskind schon erstaunlich präzise vorformuliert waren. Auch die urbanistischen Konzepte der russischen Konstruktivisten hatten direkte Auswirkungen auf die Projekte von Koolhaas und Tschumi für den Parc La Villette in Paris.

Der schon erwähnte Daniel Libeskind, der sich von 1975 bis 1977 ebenfalls an der AA aufhielt, hatte wieder andere Wurzeln, die auf einen weiteren, von den zwanziger Jahren verdrängten Aspekt zurückgingen: die dadaistische Tradition. Theo van Doesburg, der Protagonist der holländischen Künstlergruppe *De Stijl*, hatte 1922 nicht nur einen Konstruktivisten-, sondern auch einen Dada-Kongreß veranstaltet, an dem unter anderen auch Kurt Schwitters teilnahm, der später durch seinen „Merzbau" bekannt wurde. Viele frühe Arbeiten, darunter Libeskinds Ausstellungsbeitrag auf der Biennale in Venedig 1985, knüpften direkt an dadaistische Traditionen an.

Daß der Dekonstruktivismus letztlich jene Überwindung von traditionellen Positionen war, die von der Moderne der zwanziger Jahre nicht geleistet worden war, stellt auch Adolf Max Vogt fest: „Der Protest der Dekonstruktiven richtet sich mit guten Gründen darauf, daß eine echte Konfliktformulierung in der Bewegung der Moderne lediglich im ersten Jahrzehnt stattfand, daß aber spätestens 1928 jegliche sichtbare Konfliktverarbeitung gekappt wurde zugunsten einer Architektur der Idealisierung und der voreiligen Harmonisierung."[382] Das hat sich gerächt und brach fünfzig Jahre später wieder hervor als „Ästhetisierung des Konflikts, der Vieldeutigkeit"[383], als Fragmentierung, Störung, Verzerrung, Verschiebung, als „Différence", um noch einmal einen Begriff Derridas aus seinem Buch *Die Schrift und die Differenz* aufzunehmen.

‚Spatial turn' und das Herstellen von Atmosphären

Die bunte Bilderwelt der Postmoderne und die konfliktgeladenen Ausdrucksformen des Dekonstruktivismus konnten nicht ohne Gegenreaktion bleiben. In den achziger Jahren des letzten Jahrhunderts kam es unter der Bezeichnung *„spatial turn"* zu einer weiteren Wende in den Kultur- und Sozialwissenschaften, die den

Raum, vor allem aber die *Wahrnehmung* und das *Erleben* des Raumes in den Mittelpunkt stellte. Wenn auch zunächst eher von Soziologen und Geographen theoretisch behandelt, wurde das Thema von dem deutschen Philosophen Gernot Böhme durch dessen Untersuchungen zum Phänomen der Atmosphäre auch für die Architektur fruchtbar gemacht. Böhme ging es dabei weniger um Fragen der *Rezeptionsästhetik*, die durch Walter Benjamins Begriff der „Aura“ aus seinem Essay *Das Kunstwerk im Zeitalter seiner technischen Reproduzierbarkeit* und durch die Leibphilosophie des deutschen Philosophen Hermann Schmitz bereits entscheidende Impulse erhalten hatte, sondern um Fragen der *Produktionsästhetik,* also des „Machens von Atmosphären“[384]. Damit wurden seine Überlegungen für all jene Architektinnen und Architekten wichtig, die nicht länger an der Herstellung möglichst spektakulärer *Objekte* interessiert waren, sondern eher an der *Wirkung von Räumen,* oder deren Ziel es war, Orte und Räume zu schaffen, die das Erleben, Fühlen und Empfinden der Betrachter ansprachen. Es ging um den Unterschied zwischen „*gebautem Raum* und *Lebensraum*“[385], um die sinnliche Erfahrung von Architektur, die über die Wahrnehmung der äußeren Erscheinungsform hinaus die leibliche Anwesenheit der Betrachter im Raum erfordert. Ohne diese kann die „eigentümliche Zwischenstellung des Phänomens der Atmosphäre zwischen Subjekt und Objekt“[386] nicht erfahren, die ‚Aura‘ nicht gespürt werden. Subjektiv ist dieser atmosphärische Eindruck, weil er kein Bestandteil des Raumes ist, sondern nur in der Wahrnehmung der Betrachter existiert; objektiv, weil nicht nur ein einzelner, zufälliger Betrachter, sondern jeder, der etwa eine Kathedrale betritt, die gleiche Empfindung hat. Diese kann also durch Schaffung eines entsprechenden architektonischen Raumes ‚objektiv‘ erzeugt werden.

Die leibliche Nähe und die Unmittelbarkeit der Erfahrung – im Gegensatz zur rein visuellen Wahrnehmung – richtete darüber hinaus das Augenmerk erneut auf die Qualität der verwendeten Materialien und Oberflächen als zentraler Komponente der Raumwirkung und verstärkte die Renaissance der *Materialästhetik,* die in der Architektur der jüngeren Zeit eine wichtige Rolle spielt. Das architektonische Werk von Peter Zumthor, der sich auch theoretisch mit dem Phänomen der Atmosphäre auseinandergesetzt hat *(Atmosphären: Architektonische Umgebungen – die Dinge um uns herum)* steht stellvertretend für diese Richtung und zeigt darüber hinaus eine große Nähe zum *Minimalismus,* der in der Kunst durch Arbeiten von Donald Judd und Dan Flavin bekannt geworden war und in der Architektur der neunziger Jahre den Dekonstruktivismus abgelöst hatte.

Medien- und Kommunikationstheorien und der ‚Digital turn'

Spätestens seit dem Aufkommen einer neuen Spielart des Raumes, dem ‚virtuellen' Raum der Computersimulationen und des Internet, ist die theoretische Auseinandersetzung mit Medienphänomenen endgültig zum zentralen Thema der Kulturwissenschaften aufgestiegen. Allerdings hatte schon der Kanadier Marshall McLuhan, einer der Begründer der Medientheorie („The medium is the message") in den sechziger Jahren das Entstehen einer Art Internet (Global Village) vorausgesagt und stieg deshalb nach dessen realer Erfindung zu einem der meistzitierten Vordenker der Kommunikationswissenschaften auf, gefolgt von Medienphilosophen wie Vilém Flusser, der ein wichtiger Mentor der Zeitschrift *ARCH+* wurde, oder Jean Baudrillard, der mit seiner Simulationstheorie noch stark dem poststrukturalistischen Denken verhaftet blieb; von Paul Virilio, dem Philosophen und Theoretiker der Mediengesellschaft, der sich als Architekt, Stadtplaner und Ausstellungsmacher in vielen Aufsätzen mit dem Phänomen medial gesteuerter gesellschaftlicher Prozesse auseinandersetzte, oder auch von Georg Franck, der sich mit seinen Arbeiten zur *Ökonomie der Aufmerksamkeit* (und unabhängig davon zum Thema *Architektonische Qualität*) einen Namen gemacht hat.

Allerdings sind die Auswirkungen des neuen digitalen Zeitalters weder auf das reale gesellschaftliche, ökonomische und politische Leben im 21. Jahrhundert noch auf die Kulturwissenschaften als Spiegel und Reflexion dieser sich exponentiell beschleunigenden Umwälzungen auch nur in Ansätzen abzusehen. Es bedarf keiner Prophetie, um vorauszusagen, daß der sogenannte ‚digital turn' die bisher besprochenen Wechsel und Wandlungen *(linguistik, semiotic, spatial turn)* an Bedeutung weit hinter sich lassen oder sogar marginalisieren wird, da er sich eben nicht nur auf der geisteswissenschaftlichen Ebene, sondern auch (und ganz massiv) in der realen Welt abspielt. Auch auf die Architektur trifft das – vielleicht sogar in besonderem Maße – zu. In den Architekturdiskursen ist inzwischen – neben Versuchen zur Reformulierung der Architektur als Universalwissenschaft (Gerd de Bruyn)[387] – von der Perspektive des „Zweiten digitalen Zeitalters"[388] und der „Logik des digitalen Habitat"[389] (Jörg H. Gleiter) die Rede. Und in der Praxis hat die digitale Revolution inzwischen nicht nur die Produktionsbedingungen der Planung in den Architekturbüros vollständig verändert, sondern mit dem computergenerierten Entwerfen auch ganz neue Ausdrucksformen hervorgebracht.

Architekten im Spannungsfeld zwischen Gesellschaft und Ökonomie

Soweit der extrem verkürzte und unvollständige Exkurs über einige grundlegende theoretische Architekturdebatten der jüngeren Zeit und der Gegenwart.

Gerade die Vielzahl der Themen, in denen die gesellschaftliche, politische und kulturelle Dimension der Architektur deutlich wird und mit denen nicht nur die kritische Öffentlichkeit, sondern auch die Architektenschaft (neben ihren Fach- und Berufsthemen) ständig konfrontiert ist, läßt aber auch die unkomfortable Situation sichtbar werden, in der sich der Berufsstand befindet: verantwortlich zu sein für alles und jedes, vom Klimaschutz bis zur Klimaanlage, vom Öffentlichen Raum bis zum Hausanschlußraum etc. Als Akteur in einem zentralen Bereich menschlicher Lebenspraxis wird er entweder in die völlig unrealistische Rolle des Weltenretters gedrängt (Die Architektur muß wieder…, die Architekten müssen endlich … etc.), oder er findet sich als Verantwortlicher für sämtliche Mißstände der gebauten Umwelt auf der Anklagebank wieder. Hinzu kommt noch, daß jeder betroffene Bereich seinen Teil für das Ganze nimmt und von den Architekten kategorisch Abhilfe oder vollständige Lösungen verlangt, ohne sich Gedanken über die Konflikte zu machen, die diesen dadurch in anderen Bereichen ihrer Tätigkeit erwachsen.

Bei genauerem Hinsehen stellt sich jedoch heraus, daß in den meisten Fällen gar nicht über „Architektur" gesprochen wird, sondern pauschal über die „gebaute Umwelt" oder das „Bauen" insgesamt. Gestalterische Aspekte spielen bei Diskussionen über den Klimawandel, die Globalisierung, die Wohnungsnot, die Slumbildung oder die schrumpfenden Städte in der Regel keine Rolle. Zusätzlich zu den bereits angeführten und wahllos nebeneinander verwendeten Bedeutungen für das Wort „Architektur" führt daher die öffentliche Diskussion in der Regel zu einer weiteren Verallgemeinerung und daraus folgenden Verwässerung des Architekturbegriffs. Am Pranger steht die „Architektur", aber gemeint sind in Wirklichkeit die Auswüchse der ungebremst vor sich hin wuchernden Bauwirtschaft oder der ungelösten gesellschaftlichen Konflikte insgesamt.

Auf der anderen Seite hat sich gerade in architekturtheoretischen Abhandlungen die Bedeutung des Wortes „Architektur" oft vollständig von seinen konkreten Inhalten und der tatsächlichen baulichen Realität gelöst und ist zu einem *Abstraktum* geworden, das stellvertretend für allgemeine Systeme, Strukturen und Denkfiguren steht und als solches ein isoliertes Eigenleben im Rahmen wissenschaftlicher Diskurse führt.

Ausblick: Aktuelle Probleme und zukünftige Aufgaben

Bei aller Bedeutung oder sogar existentiellen Wichtigkeit der im vorangegangenen Exkurs nur flüchtig skizzierten Probleme des Bauens und der gebauten Umwelt insgesamt darf nie vergessen werden, daß eine Lösung all dieser Fragen das Problem der *architektonischen Qualität* selbst nicht löst, ja nicht einmal tangiert: ein Passivhaus garantiert keine Gestaltqualität, ein partizipatorischer Ansatz keine gelungene Ausdrucksform, ein ausgeglichener Wohnungsmarkt kann – wie in den siebziger Jahren des letzten Jahrhunderts – mit seinen Massenquartieren trotzdem einen Tiefpunkt der Baukultur markieren. Neben den theoretischen Auseinandersetzungen über gesellschaftliche, politische, energetische oder auch allgemein kulturwissenschaftliche Themen müssen daher auch die ureigensten Probleme des Bauens und der Architektur selbst dringend in Angriff genommen und geklärt werden:

- Wie können die Gesellschaft und der Berufsstand das wachsende Ausmaß des Bauens ohne Gestaltungsanspruch zurückdrängen oder reduzieren, also jenes Bauwirtschafts-Bauen jenseits der definierten Qualitätsgrenzen der Architektur, das von weiten Teilen der Bevölkerung bereits als Normalfall akzeptiert wird, obwohl es seine gestalterischen Defizite ohne den Schutz der ehemals vorhandenen Ebene handwerklicher Detaillierung und Überformung offen und ungeniert zur Schau stellt? (vgl. *Der Wegfall der Handwerkskunst,* S. 54).
- Wie können die Gesellschaft und der Berufsstand jene städtebaulichen Grundprinzipien reaktivieren oder für zukünftige Konzepte nutzbar machen, die früher das Entstehen qualitätvoller öffentliche Räume trotz Bebauung durch reine „Bauten für den Gebrauch“ wie etwa Gründerzeithäuser und Mietskasernen gewährleistet hatten? Wie können Ansätze gestärkt werden, die Qualität des Öffentlichen Raumes auch in den Neubaugebieten jenseits der museal inszenierten Innenstädte durch den Einsatz allseits bekannter Elemente wie Nutzungsmischung, Raumbildung, Maßstäblichkeit, Vielfalt und Abwechslung zu gewährleisten und gegen technokratische Infrastrukturplanung, Immobilienspekulation und autistische Objektarchitektur durchzusetzen?
- Wie können Architektinnen und Architekten bei immer weiter voranschreitender Spezialisierung dennoch Generalisten, also „Spezialisten für das Ganze“ bleiben – was die Voraussetzung für eine einheitliche Gestaltqualität ist und bleibt –, und

welche Auswirkungen hat dieser Prozeß auf ihre Ausbildung? Wie kann in diesem Zusammenhang die überholte Auffächerung des Architekturstudiums in Fachhochschulen, Technische Universitäten und Kunstakademien überwunden werden, die auf veralteten Traditionen und anachronistischen Vorstellungen von Architektur beruht?

- Welche Auswirkungen hat der immer weiter steigende Technisierungsgrad der Gebäude und die zunehmende Dominanz der technischen Infrastruktur auf unsere Vorstellungen von Architektur? Wird die alte Forderung Le Corbusiers vom ‚Haus als Maschine' doch noch Realität und die Architektur eine Art Maschinenbau, nur für Gebäude?
- Vor allem aber: Welche Auswirkungen hat der Fortschritt der maschinellen und industriellen Produktionsweisen im Bauwesen auf den *Mechanismus der Gestalterzeugung?* Wie kommen Architektinnen und Architekten in einer bald endgültig auf industriellen Fertigungsprinzipien basierenden Architektur zu ihrer Form oder Gestalt, wenn alle bisherigen Mechanismen der Gestalterzeugung, alle Ansatzpunkte für die Formfindung, alle Begründungen für eine bestimmte Ausdrucksform durch den Wegfall der materiellen und konstruktiven Beschränkungen und der handwerklichen Grenzen in der Herstellung endgültig verschwunden sind? Und wie weit wird diese Formerzeugung dann tatsächlich an Computer abgegeben?

Betrachtet man vor diesem Hintergrund die Situation der Architektur aus der Distanz, so sind seit dem Beginn der 1920er-Jahre-Moderne gerade einmal vier Prozent der vorangegangenen Baugeschichte verstrichen – ein denkbar kurzer Zeitraum. Wir befinden uns also noch ganz am Anfang jener *Neuen Architektur,* die nicht mehr auf der 2500-jährigen Tradition handwerklicher Konstruktions- und Herstellungsprinzipien basiert, aus denen die *Alte Architektur* letztlich ihr gesamtes formales Repertoire und alle Grundlagen ihres immensen Gestaltungsreichtums abgeleitet hatte. Oder anders gesagt: Wir befinden uns immer noch mitten in dem schmerzhaften Übergang von der handwerklichen zu jener industriell-basierten Architektur, die schon in den zwanziger Jahren des letzten Jahrhunderts propagiert, aber mangels Voraussetzungen nicht eingelöst wurde. Diese neue, auf maschinellen und industriellen Fertigungsprozessen basierende Architektur hatte ihren Tiefpunkt sicherlich in der Dinosaurier-Technologie der Großtafelbauweise der siebziger Jahre, hat aber inzwischen erhebliche Fortschritte gemacht und entwickelt sich seitdem mit immer größerer Geschwindigkeit weiter. Das ist ein ungeheuer spannender Prozeß, der jungen Architektinnen und Architekten alle Möglichkeiten eröffnet, jenes neue, auf gänzlich anderen technologischen Prinzipien basierende Territorium der Architektur weiter auszudehnen oder in Besitz zu nehmen und die Bedingungen der zukünftigen Form- und Gestalterzeugung neu auszuhandeln, ohne den Anspruch an die in den vorangegangenen Kapiteln definierte architektonische Qualität und die Bewahrung des Kernbereichs ihrer Profession aufzugeben.

Anmerkungen

1 Dorst 2006, S. 73
2 Lawson 2000, S. 185
3 Müller 1989, S. 90
4 Ebenda
5 Löbl, Techne I, S. 10
6 Ebenda
7 Platon, Philebos 2001, S. 404, 405, Abs. 56b und c
8 Löbl, Techne II, S. 85; Auszüge aus Platons Dialog Euthydemos
9 Ebenda, S. 141
10 Platon, Philebos 2001, S. 405 unten, Abs. 56b und c. Übersetzung von „tektonike" als „Holzbaukunst" anstellevon „Baukunst" durch den Verfasser
11 Löbl, Techne II, S. 151
12 Ebenda
13 Löbl, Techne II, S. 152 oben
14 Ebenda. (Vgl. dazu auch Horn-Onken, „Über das Schickliche", S. 131–132)
15 Aristoteles, Die Nikomachische Ethik. Ausgabe Oktober 1991, 3. Aufl., dtv, München 1998, 1140 a 3, S. 235 Vgl. auch: Aristotle, The Nicomachean Ethics. English Translation by H. Rackham. New and revised edition 1934, reprinted 1968. William Heinemann Ltd., London 1968, S. 334, 335, „architectural skill"
16 Aristotle, The Physics, Books I–IV, English Translation by Philip H. Wicksteed and Francis M. Cornford, 1929, revised and reprinted 1957, Harvard University Press, London 2005, Book II, 194 b, S. 124/125
17 Aristoteles, Metaphysik. Nach der Übersetzung von Hermann Bonitz, bearbeitet von Horst Seidl. Felix Meiner Verlag, 1995. Buch I, 981 a, mit vom Verfasser geänderten Übersetzungen für *technitas* und *architektonai*
18 Ebenda, Buch I, 981 b, mit vom Verfasser geänderten Übersetzungen für *technites* und *architekton*
19 Vitruv, Ausgabe Fensterbusch, 1996, S. 309 ff.
20 Löbl, Techne I, S. 9
21 Ebenda, S. 11
22 Ebenda S. 211
23 Ebenda
24 Löbl, Techne II, S. 275
25 Löbl, Techne III, S. 33
26 Löbl, Techne II, S. 275
27 Fischer, Vitruv 2009, S. 78
28 Ebenda, S. 78 ff.
29 Cicero, De officiis 1984, S. 130
30 Ebenda, S. 131
31 Fischer, Vitruv 2009, S. 80
32 Vitruv, Ausgabe Fensterbusch, 1996, S. 311
33 Ebenda, S. 167, Vorrede 4. Buch
34 Ebenda, mit Korrektur der falschen Übersetzung „als erster" durch „vorab".
35 Alberti, Lücke 1975, 4. Band, S. 6
36 Alberti, Theuer 1991, S. 9

37 Vitruv, Ausgabe Fensterbusch, 1996, S. 22
38 Fischer, Vitruv 2009, S. 70
39 Fischer, Alberti 2012, S. 107 f.
40 Vasari, Einführung 2012, S. 25, Überschrift (ital.)
41 Bätschmann, Alberti 2000
42 Ebenda
43 Alberti, Lücke 1975, 4. Band
44 Ricken 1990, S. 121
45 Vasari, Einführung 2012, S. 98
46 Ebenda, S. 100
47 Ebenda, S. 99
48 Ebenda
49 Ebenda, S. 25
50 Ebenda
51 Ebenda, S. 50 f.
52 Ebenda, S. 70
53 Ebenda, S. 71, Überschrift 7. Kapitel
54 Ebenda, S. 71
55 Ebenda, S. 72
56 Ebenda
57 Ebenda, S. 73
58 Ebenda, S. 74
59 Vasari, Kunsttheorie und Kunstgeschichte. Wagenbach, Berlin 2004. Vorrede des Gesamtwerks der Vite von 1568, S. 41
60 Kruft, Geschichte 1991, S. 95
61 Ebenda, S. 110
62 German, Einführung in die Geschichte der Architekturtheorie, S. 160
63 Vitruv, Ausgabe Fensterbusch, 1996, S. 22
64 German, Einführung in die Geschichte der Architekturtheorie, S. 165; Vgl. auch Kruft, Geschichte, S. 110 und Germann, Geschichte, S. 160
65 Ebenda, S. 162
66 Kruft, Geschichte 1991, S. 118
67 Ebenda, S. 120
68 Ebenda, S. 144
69 Ebenda, S. 153
70 Ebenda, S. 147
71 Ebenda, S. 149
72 Ebenda, S. 198, 199
73 J. J. Winckelmann, Anmerkungen über die Baukunst der Alten, Vorbericht, S. 2
74 J. J. Winckelmann, Geschichte der Kunst des Altertums, Vorrede, S. 9
75 Philipp, Klassizismus 2006, S. 152
76 Ebenda
77 Kruft, Geschichte 1991, S. 210
78 Winckelmann, Anmerkungen 1762, S. 1, Überschrift 1. Kapitel
79 Ebenda, S. 50
80 Ebenda
81 Ebenda

82 Alberti, Theuer 1991, S. 510
83 Winckelmann, Anmerkungen 1762, S. 50
84 Winckelmann, Johann J., Gedanken über die Nachahmung der griechischen Werke in der Malerei und Bildhauerkunst. In: Winckelmanns Werke in einem Band. Berlin und Weimar 1969, S. 1–38
85 Winckelmann, Anmerkungen 1762, S. 68
86 Winckelmann, Anmerkungen 1762, S. 51
87 Fritz Schumacher, Das bauliche Gestalten. Birkhäuser, Basel, Berlin Boston 1991, S. 77
88 Pfammatter, Die Erfindung des modernen Architekten, S. 9
89 Ebenda, S. 60
90 Ebenda, S. 54
91 Kruft, Geschichte 1991, S. 311
92 Pfammatter, Die Erfindung des modernen Architekten, S. 74
93 Ebenda, S. 228 ff.
94 Ebenda, S. 237
95 Ebenda, S. 227
96 Ebenda, S. 132/133
97 Ebenda, S. 285
98 Le Corbusier, Ausblick auf eine Architektur, S. 201
99 Hübsch, Heinrich, In welchem Style sollen wir bauen? Chr. Fr. Müller'sche Hofbuchhandlung, Karlsruhe 1828
100 Gropius, Die Entwicklung moderner Industriebaukunst, 1913, S. 17 ff.
101 Le Corbusier, Ausblick auf eine Architektur, S. 39
102 Gropius, Programm des Staatlichen Bauhauses in Weimar, 1919. In: Conrads, Programme 2001, S. 48
103 Gropius, Grundsätze der Bauhausproduktion, 1926. In: Conrads, Programme 2001, S. 90
104 Ebenda, S. 91
105 Gropius, Internationale Architektur, S. 6
106 Behne, Der moderne Zweckbau, 1964, S. 13
107 Mies van der Rohe, Arbeitsthesen, 1923. In: Conrads, Programme 2001, S. 70
108 Mies van der Rohe, Industrielles Bauen, 1924. In: Conrads, Programme 2001, S. 76
109 Gropius, Taut, Behne. Der neue Baugedanke, 1919. In: Conrads, Programme 2001, S. 44
110 Taut, Architekturlehre, S. 28
111 Fritz Schumacher, Das bauliche Gestalten. Birkhäuser, Basel, Berlin Boston 1991, S. 7
112 Le Corbusier, Ausblick 2001, S. 23
113 Ebenda, S. 150
114 CIAM, Erklärung von La Sarraz. In: Conrads, Programme 2001, S. 103/104
115 Ebenda, S. 106
116 Hannes Meyer, Bauen, 1928. In: Conrads, Programme 2001, S. 110/111
117 Loos, Ornament und Verbrechen, S. 42
118 Gropius, Internationale Architektur, S. 7
119 Häring, Schriften, Entwürfe, Bauten, S. 72
120 Le Corbusier, Ausblick 2001, S. 22
121 Philipp, K. J., Stemshorn, M., Die Farbe Weiß, S. 75
122 Ebenda
123 Sullivan, Louis H., The Tall Office Building Artistically Considered, In: Sherman Paul, Louis H. Sullivan, Ein amerikanischer Architekt und Denker, S. 148
124 Ebenda
125 Droste, Bauhaus 1919–1933, S. 18

126 Behne, Zweckbau 1964, S. 11
127 Loos, Architektur, S. 76
128 Ebenda, S. 75
129 Ebenda
130 de Bruyn, Die enzyklopädische Architektur. Zur Reformulierung einer Universalwissenschaft.
131 Philipp, K. J., Gänsemarsch der Stile
132 Fischer, Vitruv 2009, S. 167
133 Mies van der Rohe, Arbeitsthesen, 1923. In: Conrads, Programme 2001, S. 70
134 Der ganze Absatz entnommen aus: Fischer, Vitruv 2009, S. 168/169
135 Lawson 2000, S. 20
136 Fischer, Vitruv 2009, S. 177
137 Ebenda, S. 176
138 Franck, Architektonische Qualität, S. 235 ff.
139 Franck, Qualität. Von der poetischen Kraft der Architektur, S. 42 ff.
140 Ebenda
141 Fischer, Vitruv 2009, S. 167
142 Ebenda, S. 168
143 Böhme, Atmosphäre, S. 35
144 Fischer, Vitruv 2009, S. 168
145 Ebenda, S. 169
146 Müller 1989, S. 36
147 Ebenda, S. 39
148 Ebenda, S. 42
149 Ebenda, S. 41
150 Ebenda
151 Ebenda
152 Ebenda, S. 42
153 Ebenda
154 Ricken 1990, S. 105
155 Müller 1989, S. 94
156 Müller 1989, S. 90
157 vgl. die Berufsbezeichnungen insgesamt bei Müller 1989, S. 82/83
158 Ebenda, S. 85
159 Ebenda, S. 86
160 Vitruv, Ausgabe Fensterbusch, 1996, 10. Buch, 2. Kap., S. 471
161 Müller 1989, S. 111
162 Ebenda, S. 114
163 Ebenda, S. 106
164 Ebenda, S. 107
165 Ebenda
166 Ebenda, S. 103
167 Ebenda, S. 105
168 Ebenda, S. 104
169 Ebenda, S. 111
170 Ebenda, S. 116
171 Fischer, Vitruv 2009, S. 28; vgl. Vitruv, Ausgabe Fensterbusch, 1996, S. 261
172 Ebenda; vgl. Vitruv, Ausgabe Fensterbusch, 1996, S. 135

173 Ebenda; vgl. Vitruv, Ausgabe Fensterbusch, 1996, S. 457
174 Ebenda; vgl. Vitruv, Ausgabe Fensterbusch, 1996, S. 459
175 Ebenda; vgl. Vitruv, Ausgabe Fensterbusch, 1996, S. 135
176 Fischer, Vitruv 2009, S. 32
177 Ebenda
178 Fischer, Vitruv 2009, S. 71; vgl. Vitruv, Ausgabe Fensterbusch, 1996, S. 24/25
179 Ebenda, S. 32
180 Binding, 2004, S. 73
181 Ebenda, S. 124
182 Binding, 2004, S. 95
183 Ebenda, S. 93/94
184 Burckhardt, Geschichte der Renaissance 1920, S. 41
185 Alberti, Theuer 1991, S. 9
186 Fischer, Alberti 2012, S. 102
187 Alberti, Theuer 1991, S. 516
188 Ebenda, S. 518
189 Fischer, Alberti 2012, S. 163/164
190 Alberti, Theuer 1991, S. 68
191 Ebenda, S. 515
192 Ebenda, S. 9
193 Ebenda, S. 13
194 Fischer, Alberti 2012, S. 166
195 Tomann, Rolf (Hg.) Die Kunst des Barock. Tandem Verlag 2004, S. 210
196 Ricken 1990, S. 26
197 Ebenda
198 Binding, 2004, S. 255
199 Ebenda, S. 220–223
200 Ricken 1990, S. 27
201 Ebenda, S. 29
202 Binding, 2004, S. 255
203 Tomann, Rolf (Hg.) Die Kunst des Barock. Tandem Verlag 2004, S. 199
204 Binding, 2004, S. 223
205 Ricken 1990, S. 140
206 Ebenda, S. 99
207 Ebenda
208 Ebenda, S. 42
209 Ebenda, S. 97
210 Ebenda, S. 98
211 Ebenda
212 Ebenda, S. 99
213 Ebenda, S. 101
214 Conrads, Programme 2001, S. 47
215 Ebenda, S. 56
216 Ebenda, S. 43
217 Ebenda, S. 76
218 Ebenda, S. 110
219 Ebenda, S. 111

220 Peukert, Detlev J. K., Max Webers Diagnose der Moderne, Göttingen 1989, S. 73. Dort zitiert nach: Kurt Pinthus (Hg.), Menschheitsdämmerung [1920], Reinbek 1966, S. 40
221 Vgl. Fischer, Günther. Über den komplizierten Weg zu einer nachfunktionalistischen Architektur, S. 21
222 Benjamin, Walter. Medienästhetische Schriften. Suhrkamp, Frankfurt am Main, 2002, S. 355
223 Rudhof, Bettina. Design. Rotbuch 3000, Rotbuch Verlag, Hamburg 2001, S. 8
224 Koolhaas, Rem. Delirious NewYork. ARCH+ Verlag, Aachen, 2. Auflage 2002, S. 97
225 Alberti, Theuer 1991, S. 68
226 Ebenda
227 Vitruv, Ausgabe Fensterbusch, 1996, S. 79 ff. Vgl. auch die neue Übersetzung und Interpretation in: Fischer, Vitruv 2009, S. 179 ff.
228 Schmarsow, August. Das Wesen der architektonischen Schöpfung. In: Neumeyer, Fritz. Quellentexte zur Architekturtheorie. Prestel Verlag, München 2002, S. 320
229 Ebenda, S. 319
230 Rudhof, Bettina. Design. Rotbuch 3000, Rotbuch Verlag, Hamburg 2001, S. 8
231 Binding, 2004, S. 9/10
232 Ricken 1990, S. 145
233 Palladio, 1988, S. 16
234 Binding, 2004, S. 6
235 Le Corbusier, Ausblick 2001, S. 22
236 Cross, Design Thinking, 2013, S. 9
237 Norberg-Schulz, Christian, Logik der Baukunst. Vieweg Verlag, Braunschweig 1980
238 Vitruv, Ausgabe Fensterbusch, 1996, S. 22
239 Ebenda, 3. Kapitel, S. 43 f.
240 Ebenda, S. 30
241 Ebenda, S. 25 ff., vgl. auch: Fischer, Vitruv 2009, S. 85
242 Fischer, Vitruv 2009, S. 88/89
243 Ebenda, S. 76
244 Ebenda
245 Neufert 2005
246 Fischer, Vitruv 2009, S. 170
247 Ebenda, S. 150
248 Ebenda
249 Jaeggi, Annemarie. Adolf Meyer. Der zweite Mann. Ein Architekt im Schatten von Walter Gropius. Argon Verlag, Berlin 1994
250 Rittel 1992, S. 39
251 Ebenda
252 Lawson 2000, S. 32
253 Rittel 1992, S. 21
254 Ebenda, S. 20
255 Gänshirt, Werkzeuge für Ideen, 2007, S. 51
256 Rittel 1992, S. 135
257 Joedicke, Jürgen. Angewandte Entwurfsmethodik für Architekten. Stuttgart, Krämer 1976, S. 15
258 Lawson 2000, S. 121 ff.
259 Gänshirt, Werkzeuge für Ideen, 2007, S. 69
260 Lawson 2000, Teil 2, S. 51–131
261 Dorst 2006, S. 22–25
262 Ebenda, S. 28–32

263 Ebenda, S. 15
264 Ebenda
265 Ebenda
266 Honorarordnung für Architekten und Ingenieure – HOAI. Bundesanzeiger Verlagsgesellschaft mbH, Köln 2009, S. 123
267 Ebenda
268 Ebenda
269 Rittel 1992, S. 77/78
270 Ebenda, S. 79
271 Ebenda, S. 80
272 Ebenda
273 Lawson 2000, S. 152
274 Gänshirt, Werkzeuge für Ideen, 2007, S. 80
275 Dorst 2006, S. 47
276 Le Corbusier, Ausblick 2001, S. 67
277 Taut, Architekturlehre, 1977, S. 37
278 Adolf von Hildebrand. Das Problem der Form in der bildenden Kunst, in: K. Bühler, Das Gestaltprinzip im Leben der Menschen und der Tiere, Stuttgart 1960, S. 7
279 Ebenda
280 Fischer, Vitruv 2009, S. 171
281 Ebenda, S. 101
282 Ebenda, S. 171
283 Fischer, Alberti 2012, S. 115; vgl. Alberti, Theuer 1991, S. 175
284 Gänshirt, Werkzeuge für Ideen, 2007, S. 70; dort zitiert nach: Behnisch 1996, S. 30
285 Ebenda
286 Honorarordnung für Architekten und Ingenieure (HOAI). Bundesanzeiger Verlagsgesellschaft mbH, Köln 2009, Anlage 11, S. 124
287 Fischer, Vitruv 2009, S. 70
288 Vitruv, Ausgabe Fensterbusch, 1996, 1. Kap., 2. Absatz unten, S. 23
289 Dorst 2006, S. 72
290 Lawson 2000, S. 205
291 Dorst 2006, S. 73
292 Ebenda, S. 10
293 Cross, Design Thinking, 2013, S. 11
294 Dorst 2006, S. 47
295 Ebenda, S. 121
296 Dorst 2006, S. 80
297 Kleist 1964, S. 103
298 Ebenda, S. 104/105
299 Cross, Design Thinking, 2013, S. 8
300 Dorst 2006, S. 219
301 Franck, Qualität 2002, S. 44
302 Dorst 2006, S. 50
303 Lawson 2000, S. 154
304 Dorst 2006, S. 48
305 Kleist 1964, S. 104
306 Lawson 2000, S. 24

307 Vasari, Einführung 2012, S. 11
308 Ching, Design Drawing 2010, S. 9
309 Lawson 2000, S. 24; dort zitiert aus: Jones, J. C., Design Methods. John Wiley, New York 1970
310 Dorst 2006, S. 134
311 Lawson 2000, S. 24; dort zitiert aus: Schön, D. A., The Reflective Practitioner. How Professionals Think in Action. Temple Smith, London 1983
312 Cross, Design Thinking, 2013, S. 71
313 Vasari, Einführung 2012, S. 10
314 Cross, Design Thinking, 2013, S. 12
315 Ebenda, S. 71
316 Ebenda
317 Ebenda, S. 12
318 Ebenda, S. 74
319 Dorst 2006, S. 134
320 Ching, Design Drawing 2010, S. 6
321 Lawson 2000, S. 244: „Thinking pencil“
322 Vasari, Einführung 2012, S. 10
323 Gänshirt, Werkzeuge für Ideen, 2007, S. 114
324 Lawson 2000, S. 242
325 Dorst 2006, S. 56
326 Arnheim, Entropie und Kunst, 1979, S. 9
327 Fischer, Architektur und Sprache, 1991, S. 68; dort zitiert aus: Norberg-Schulz, Logik der Baukunst, 1980, S. 155
328 Arnheim, Kunst und Sehen, 1965, S. 29
329 Gibson, Die Sinne und der Prozeß der Wahrnehmung, 1982, S. 23
330 Fischer, Architektur und Kommunikation, S. 46
331 Arnheim, Kunst und Sehen, 1965, S. 34
332 Arnheim, Die Dynamik der architektonischen Form, 1980, S. 117
333 Gänshirt, Werkzeuge für Ideen, 2007, S. 59; dort zitiert aus: Chastel 1987, S. 385
334 Fischer, Architektur und Kommunikation, S. 46; dort zitiert aus: Norberg-Schulz, Logik der Baukunst, S. 34
335 Ching, Design Drawing 2010, S. 5
336 Vgl. Fischer, Architektur und Kommunikation, S. 46
337 Ebenda, S. 48
338 Ebenda
339 Ehrenstein, Wahrnehmungslehre 1947, S. 294
340 Ebenda, S. 302; Reihenfolge entsprechend der Wirksamkeit geändert
341 Ebenda, S. 282
342 Ebenda, S. 39
343 Ehrenfels, Chr. von, Über „Gestaltqualitäten“. Vierteljahresschrift für wissenschaftliche Philosophie 14, 1890, S. 242–292
344 Fitzek, H. / Salber, W., Gestaltpsychologie. Geschichte und Praxis. Wissenschaftliche Buchgesellschaft, Darmstadt 1996, S. 23
345 Dorst 2006, S. 60
346 Fischer, Vitruv 2009, S. 70
347 Vgl. Dorst 2006, S. 60
348 Rittel 1992, S. 56/57

349 Ebenda, S. 119
350 Lawson 2000, S. 63
351 Rittel 1992, S. 144
352 Mies v. d. Rohe, Baukunst und Zeitwille! 1924. In: Neumeyer 2002, S. 410
353 Rittel 1992, S. 87
354 Ebenda, S. 272
355 Ebenda, S. 275
356 Ebenda, S. 277
357 Ebenda, S. 81/82
358 Ebenda, S. 279
359 Ebenda, S. 91
360 Kleist 1964, S. 102–104
361 Vgl. Gänshirt, Werkzeuge für Ideen, 2007, S. 133; aber auch Kleist 1964, S. 108, der den Ausdruck auf Kant zurückführt
362 Vgl. Vitruv, Ausgabe Fensterbusch, 1996, 6. Buch, 8. Kap., S. 299: „Denn alle Menschen, nicht nur die Baumeister, können beurteilen, was gut ist".
363 Vgl. Gänshirt, Werkzeuge für Ideen, 2007, S. 76
364 Taut, Architekturlehre 1977, S. 39
365 Ebenda, S. 39/40
366 Gänshirt, Werkzeuge für Ideen, 2007, S. 73
367 Ebenda; dort zitiert aus: Behnisch 1996, S. 31
368 Dorst 2006, S. 19
369 Franck, G., Ökonomie der Aufmerksamkeit, Hanser 1998
370 Wright, Frank Lloyd, Schriften und Bauten. Gebr. Mann Verlag, Berlin 1997, S. 228
371 Ebenda, S. 229
372 Koolhaas, S,M,L,XL. Rotterdam 1995, S. 1239: The Generic City
373 Fischer, Architektur und Sprache, 1991, S. 16
374 Ebenda, S. 35; dort zitiert aus: Die Welt als Zeichen. Klassiker der modernen Semiotik. Hrsg.: M. Krampen u. a., Severin und Siedler, Berlin 1981, S. 121
375 Ebenda, S. 16
376 Ebenda; dort zitiert nach: Bierwisch, M. Strukturalismus. In: Kursbuch 5, 1966, S. 81
377 Vitruv, Ausgabe Fensterbusch, 1996, S. 22
378 Fischer, Vitruv 2009, S. 197
379 Ebenda, S. 84
380 Vgl. Fischer, Über den komplizierten Weg zu einer nachfunktionalistischen Architektur, S. 9/10
381 Pahl, J., Architekturtheorie des 20. Jahrhunderts, S. 191; dort zitiert aus: A. Papadakis (Hg.), Dekonstruktivismus, Klett-Cotta, Stuttgart 1989, S. 74
382 Ebenda, S. 191/192
383 Ebenda, S. 192
384 Böhme, Atmosphäre 1995, S. 34
385 Fromm, L., Die Kunst der Verräumlichung, Kiel 2009, S. 21
386 Böhme, Atmosphäre 1995, S. 28
387 de Bruyn, G., Die enzyklopädische Architektur, Bielefeld 2008
388 Gleiter, J. H., Homepage der TU-Berlin, Fakultät VI Planen, Bauen, Umwelt, Fachgebiet Architekturtheorie, unter: 3. Forschungsschwerpunkte, Architekturtheorie als kritische Reflexion aktueller Praxis. Abgerufen am 15.07.2014.
389 Gleiter, J. H., Architekturtheorie heute, 2008, S. 11

Bibliographie

Alberti, Leon Battista: De re aedificatoria, Florenz 1485. Faksimileband der Inkunabel ed. princ. Florenz 1485, in: Alberti-Index, bearbeitet von Hans-Karl Lücke, 4. Band, Prestel Verlag, München 1975

Alberti, Leon Battista: Zehn Bücher über die Baukunst. Übersetzung Max Theuer. Wissenschaftliche Buchgesellschaft, Darmstadt 1991

Aristoteles: Die Nikomachische Ethik. Ausgabe Oktober 1991, 3. Aufl., dtv, München 1998

Aristotle: The Nicomachean Ethics. English Translation by H. Rackham. New and revised edition 1934, reprinted 1968. William Heinemann Ltd., London 1968

Aristotle: The Physics, Books I–IV, English Translation by Philip H. Wicksteed and Francis M. Cornford, 1929, revised and reprinted 1957, Harvard University Press, London 2005

Aristoteles: Metaphysik. Nach der Übersetzung von Hermann Bonitz, bearbeitet von Horst Seidl. Felix Meiner Verlag, 1995

Arnheim, Rudolf: Entropie und Kunst. Ein Versuch über Unordnung und Ordnung. DuMont-Verlag, Köln 1979

Arnheim, Rudolf: Kunst und Sehen. Eine Psychologie des schöpferischen Auges. De Gruyter, Berlin 1965

Arnheim, Rudolf: Die Dynamik der architektonischen Form. Dumont, Köln 1980

Bätschmann, Oskar: Leon Battista Alberti. Das Standbild, Die Malkunst, Grundlagen der Malerei, herausgegeben von O. Bätschmann, Chr. Schäublin, Wissenschaftliche Buchgesellschaft, Darmstadt 2000

Behne, Adolf: Der moderne Zweckbau. Bauwelt Fundamente 10. Ullstein Verlag, Frankfurt/M. und Berlin 1964

Benjamin, Walter: Das Kunstwerk im Zeitalter seiner technischen Reproduzierbarkeit. In: Medienästhetische Schriften. Suhrkamp, Frankfurt am Main 2002, S. 351–383

Binding, Günther: Meister der Baukunst. Primus-Verlag, Wissenschaftliche Buchgesellschaft, Darmstadt 2004

Böhme, Gernot: Atmosphäre. Edition Suhrkamp, Suhrkamp Verlag, Frankfurt am Main 1995

Broadbent, Geoffrey: Design in Architecture. Architecture and the Human Sciences. London, New York, John Wiley, 1973. Reprint 1975, 1981, 1988

de Bruyn, Gerd: Die enzyklopädische Architektur. Zur Reformulierung einer Universalwissenschaft. Transcript Verlag, Bielefeld 2008

Burckhardt, Jacob: Geschichte der Renaissance in Italien. 6. Auflage. Paul Neff Verlag, Esslingen 1920

Ching, Francis D. K.: Design Drawing. Second edition. John Wiley & Sons, Hoboken, New Jersey 2010

Cicero, Marcus Tullius: De officiis. Vom pflichtgemäßen Handeln. Reclam, Stuttgart 1984

Conrads, Ulrich: Programme und Manifeste zur Architektur des 20. Jahrhunderts. Bauwelt Fundamente 1. Unveränderter Nachdruck der 2. Auflage 1981. Birkhäuser, Basel 2001

Cross, Nigel: Design Thinking. Bloomsbury Academic, London, New York 2013

Dorst, Kees: Understanding Design. 175 Reflections on Being a Designer. BIS Publishers, Amsterdam 2003/2006

Droste, Magdalena: Bauhaus 1919–1933. Taschen, Köln 2002

Eco, Umberto: Zeichen. Einführung in einen Begriff und seine Geschichte. 1. Auflage, Suhrkamp Verlag, Frankfurt am Main 1977

Eco, Umberto: Einführung in die Semiotik. Wilhelm Fink Verlag, München 1972

Ehrenfels, Christian von: Über „Gestaltqualitäten“. Vierteljahresschrift für wissenschaftliche Philosophie 14, 1890, S. 242–292
Ehrenstein, Walter: Probleme der ganzheitspsychologischen Wahrnehmungslehre. Barth-Verlag, Leipzig 1947

Fischer, Günther: Architektur und Sprache. Grundlagen des architektonischen Ausdruckssystems. Karl Krämer Verlag, Stuttgart 1991
Fischer, Günther: Über den komplizierten Weg zu einer nachfunktionalistischen Architektur. In: Fischer, Fromm, Gruber, Kähler, Weiß. Abschied von der Postmoderne. Bauwelt Fundamente 64, Vieweg-Verlag, Braunschweig 1987
Fischer, Günther: Architektur und Kommunikation. In: Fischer, Fromm, Gruber, Kähler, Weiß. Abschied von der Postmoderne. Bauwelt Fundamente 64, Vieweg-Verlag, Braunschweig 1987
Fischer, Günther: Vitruv Neu oder Was ist Architektur? Bauwelt Fundamente Nr. 141, Birkhäuser, Basel 2009
Fischer Günther: Leon Battista Alberti. Sein Leben und seine Architekturtheorie. Wissenschaftliche Buchgesellschaft, Darmstadt 2012
Fitzek, H. / Salber, W.: Gestaltpsychologie. Geschichte und Praxis. Wissenschaftliche Buchgesellschaft, Darmstadt 1996
Franck, Georg und Dorothea: Architektonische Qualität. Carl Hanser Verlag, München 2008
Franck, Georg und Dorothea: Qualität. Von der poetischen Kraft der Architektur. In: Der Architekt 1–2, 2002
Franck, Georg: Ökonomie der Aufmerksamkeit. Carl Hanser Verlag, München 1998
Fromm, Ludwig: Die Kunst der Verräumlichung. Gestalt und Diskurs, Band VII. Muthesius Kunsthochschule, Kiel 2009
Fuhrmann, Manfred: Die antike Rhetorik. ppb-Ausgabe Patmos-Verlag, Düsseldorf 2007

Gänshirt, Christian: Werkzeuge für Ideen. Einführung in das architektonische Entwerfen. Birkhäuser Verlag, Basel 2007
Georges, Heinrich: Ausführliches Lateinisch-Deutsches Handwörterbuch. Band I und II. Unveränderter Nachdruck der 8. Auflage. Hahnsche Buchhandlung, Hannover 1995
Germann, Georg: Einführung in die Geschichte der Architekturtheorie. 3. Auflage, Wissenschaftliche Buchgesellschaft, Darmstadt 1993
Gibson, James J.: Die Sinne und der Prozeß der Wahrnehmung. 2., unveränderte Auflage, Verlag Hans Huber, Bern 1982
Gleiter, Jörg H.: Architekturtheorie heute. Transcript Verlag, Bielefeld 2008
Gropius, Walter: Die Entwicklung moderner Industriebaukunst. In: Die Kunst in Industrie und Handel, Jahrbuch des Deutschen Werkbundes 1913, Jena 1913
Gropius, Walter: Internationale Architektur. Florian Kupferberg Verlag, Mainz und Berlin 1981

Häring, Hugo: Schriften, Entwürfe, Bauten. Karl Krämer Verlag, Stuttgart 1966
Hassenewert, Frank: Lehren des Entwerfens. Promotion TU-Berlin 2006
Hertzberger, Herman: Vom Bauen – Vorlesungen über Architektur. Aries Verlag München 1995. Zuerst: Lessons for Students in Architecture. Uitgeverij 010, Rotterdam 1991
Hitchcock, H. R. / Johnson, Ph.: Der Internationale Stil. 1932. Friedr. Vieweg & Sohn, Braunschweig 1985
Horn-Oncken, Alste: Über das Schickliche. Vandenhoeck & Ruprecht, Göttingen 1967
Hübsch, Heinrich: In welchem Style sollen wir bauen? Chr. Fr. Müller'sche Hofbuchhandlung, Karlsruhe 1828

Jaeggi, Annemarie: Adolf Meyer. Der zweite Mann. Argon Verlag, Berlin 1994
Jencks, Charles: Die Sprache der Postmodernen Architektur. DVA, Stuttgart 1980
Joedicke, Jürgen: Angewandte Entwurfsmethodik für Architekten. Karl Krämer Verlag, Stuttgart 1976

Kleist, Heinrich von: Über die allmähliche Verfertigung der Gedanken beim Reden. In: Über das Marionettentheater, Briefe, Kleine Schriften... Deutsche Literatur, Band 14. Rowohlt 1964
Klotz, Heinrich (Hg.): Revision der Moderne. Postmoderne Architektur 1960–1980. Prestel Verlag, München 1984
Köhler, Wolfgang: Die Aufgabe der Gestaltpsychologie. De Gruyter, Berlin, New York 1971
Koolhaas, Rem: Delirious New York. ARCH+ Verlag, Aachen, 2. Auflage 2002
Koolhaas, Rem: S,M,L,XL / O.M.A. / Rem Koolhaas and Bruce Mau. 010 Publishers, Rotterdam 1995
Kruft, Hanno-Walter: Geschichte der Architekturtheorie. 3. Auflage, C. H. Beck, München 1991

Laugier, Marc-Antoine: Das Manifest des Klassizismus. Verlag für Architektur, Zürich und München 1989
Lawson, Bryan: How Designers Think. The Design Process Demystified. Oxford, Architectural Press, 3rd ed. 2000
Le Corbusier: Ausblick auf eine Architektur. 1922. Bauwelt Fundamente 2. 3., unveränderter Nachdruck der 4. Auflage 1982. Birkhäuser, Basel 2001
Löbl, Rudolf: Techne I. Untersuchungen zur Bedeutung dieses Wortes in der Zeit von Homer bis Aristoteles. Band I: Von Homer bis zu den Sophisten. Königshausen & Neumann, Würzburg 1997
Löbl, Rudolf: Techne II. Untersuchungen zur Bedeutung dieses Wortes in der Zeit von Homer bis Aristoteles. Band II: Von den Sophisten bis zu Aristoteles. Königshausen & Neumann, Würzburg 2003
Löbl, Rudolf: Techne III. Untersuchungen zur Bedeutung dieses Wortes in der Zeit nach Aristoteles. Band III: Die Zeit des Hellenismus. Königshausen & Neumann, Würzburg 2008
Loos, Adolf: Ornament und Verbrechen. In: Warum Architektur keine Kunst ist. Metroverlag, Wien 2009
Loos, Adolf: Architektur. In: Warum Architektur keine Kunst ist. Metroverlag, Wien 2009

Müller, Werner: Architekten in der Welt der Antike. Koehler & Amelang, Leipzig 1989

Neufert, Ernst: Bauentwurfslehre. Vieweg & Sohn/GWV Fachverlage, Wiesbaden 2005
Neumeyer, Fritz: Quellentexte zur Architekturtheorie. Prestel Verlag, München 2002
Norberg-Schulz, Christian: Logik der Baukunst. Vieweg Verlag, Braunschweig 1980

Ostendorf, Friedrich: Sechs Bücher vom Bauen. Wilhelm Ernst & Sohn, 1922

Pahl, Jürgen: Architekturtheorie des 20. Jahrhunderts. Prestel Verlag, München 1999
Palladio, Andrea: Die vier Bücher über Architektur. 3., überarbeitete Auflage. Verlag für Architektur Artemis, Zürich und München 1988
Papadakis, Andreas (Hg.): Dekonstruktivismus. Eine Anthologie. Klett-Cotta Verlag, Stuttgart 1989
Pfammatter, Ulrich: Die Erfindung des modernen Architekten. Birkhäuser, Basel-Boston-Berlin 1997
Philipp, Klaus Jan: Architektur des Klassizismus und der Romantik in Deutschland. In: Klassizismus und Romantik. Architektur, Skulptur, Malerei, Zeichnung 1750–1848. Tandem Verlag 2006
Philipp, Klaus Jan: Gänsemarsch der Stile. Skizzen zur Geschichte der Architekturgeschichtsschreibung. DVA, Stuttgart 1998
Philipp, K. J., Stemshorn, M.: Die Farbe Weiß. Gebrüder Mann Verlag 2003

Platon: Werke in acht Bänden, Griechisch und Deutsch. Herausgegeben von Gunther Eigler. Siebter Band. Timaios-Kritias-Philebos. Bearbeitet von Klaus Widdra. 2., unveränderte Auflage (1990) der Ausgabe Darmstadt 1972. Wissenschaftliche Buchgesellschaft, Darmstadt 2001

Posener, Julius: Vorlesungen zur Geschichte der Neuen Architektur (1750–1933). ARCH+ Nr. 48, 53, 59, 63/64, 69/70. ARCH+ Verlag, Aachen

Ricken, Herbert: Der Architekt. Ein historisches Berufsbild. DVA, Stuttgart 1990

Rittel, Horst W. J.: Planen, Entwerfen, Design. Ausgewählte Schriften zu Theorie und Methodik. Herausgegeben von Wolf D. Reuter. Kohlhammer, Stuttgart 1992

Rossi, Aldo: Die Architektur der Stadt. Skizze zu einer grundlegenden Theorie des Urbanen. Bauwelt Fundamente, Bertelsmann Fachverlag, Düsseldorf 1973

Rowe, Colin, Koetter, Fred: Collage City. 5., erweiterte Auflage, Birkhäuser Verlag, Basel 1997

Rudhof, Bettina: Design. Rotbuch 3000. Rotbuch Verlag, Hamburg 2001

Schlosser, Julius von: Vasari. In: Die Kunstliteratur. Kunstverlag Anton Schroll & Co, Wien 1985 (unveränderter Nachdruck der Ausgabe von 1924)

Schmarsow, August: Das Wesen der architektonischen Schöpfung. In: Neumeyer, Fritz. Quellentexte zur Architekturtheorie. Prestel Verlag, München 2002

Schumacher, Fritz: Das bauliche Gestalten. Birkhäuser, Basel, Berlin, Boston 1991

Semper, Gottfried: Der Stil. Band I. Nachdruck der Ausgabe Frankfurt a. Main 1860, Mäander Kunstverlag, Mittenwald 1977

Sörgel, Herman: Theorie der Baukunst. Erster Band, Architektur-Ästhetik. 1918, 3. Auflage , München 1921

Sullivan, Louis H.: The Tall Office Building Artistically Considered. In: Sherman Paul, Louis H. Sullivan. Ein amerikanischer Architekt und Denker. Bauwelt Fundamente, Ullstein-Verlag Frankfurt/M. und Berlin

Taut, Bruno: Architekturlehre. VSA-Verlag, Hamburg/Westberlin 1977

Tomann, Rolf (Hg.): Die Kunst des Barock. Architektur, Skulptur, Malerei. Tandem Verlag 2004

Tomann, Rolf (Hg.): Klassizismus und Romantik. Architektur, Skulptur, Malerei, Zeichnung 1750–1848. Tandem Verlag 2006

Vasari, Giorgio: Leben der ausgezeichnetsten Maler, Bildhauer und Baumeister. Herausgegeben von Ludwig Schorn und Ernst Förster, Nachdruck der ersten deutschen Gesamtausgabe Stuttgart und Tübingen 1832–1849, Werner'sche Verlagsgesellschaft, Darmstadt 1983

Vasari, Giorgio: Kunsttheorie und Kunstgeschichte. Wagenbach, Berlin 2004

Vasari, Giorgio: Mein Leben. Wagenbach, Berlin 2005

Vasari, Giorgio: Einführung in die Künste der Architektur, Bildhauerei und Malerei. 2., verbesserte Auflage, Wagenbach, Berlin 2012

Venturi, Robert: Komplexität und Widerspruch in der Architektur. Bauwelt Fundamente 50, unveränderter Nachdruck 2003, Birkhäuser Verlag, Basel 2003

Vitruv: Vitruv. Zehn Bücher über Architektur. Ausgabe Fensterbusch. Wissenschaftliche Buchgesellschaft, Darmstadt, 5. Auflage 1991; Primus-Verlag, Lizenzausgabe 1996

Wertheimer, Max: Drei Abhandlungen über Gestalttheorie. Erlangen 1925

Winckelmann, Johann J.: Anmerkungen über die Baukunst der Alten. Verlegt von Johann Gotfried Dyck, Leipzig 1762

Winckelmann, Johann J.: Geschichte der Kunst des Altertums. Wissenschaftliche Buchgesellschaft, Darmstadt 1972

Winckelmann, Johann J.: Gedanken über die Nachahmung der griechischen Werke in der Malerei und Bildhauerkunst. In: Winckelmanns Werke in einem Band. Berlin und Weimar 1969, S. 1–38

Wilkens, Michael: Architektur als Komposition. Zehn Lektionen zum Entwerfen. Birkhäuser Verlag, Basel 2010

Wittkower, Rudolf: Grundlagen der Architektur im Zeitalter des Humanismus. Deutscher Taschenbuch Verlag, München 1983. Originalausgabe: Architectural Principles in the Age of Humanism, London 1949

Wright, Frank Lloyd: Schriften und Bauten. Gebr. Mann Verlag, Berlin 1997

Zumthor, Peter: Atmosphären: Architektonische Umgebungen – die Dinge um uns herum. Birkhäuser, Basel 2006

Bildnachweis

Bilder 1, 2, 4, 5, 10, 11, 16: Quelle: Autor

Bild 3a: Getreidesilo Buenos Aires. In: Die Kunst in Industrie und Handel. Jahrbuch des Deutschen Werkbundes 1913, Jena 1913. Dort bei: Walter Gropius, Die Entwicklung moderner Industriebaukunst.

Bild 3b: Getreidesilo in Kanada. In: Le Corbusier, Ausblick auf eine Architektur. 1922. Bauwelt Fundamente 2. 3., unveränderter Nachdruck der 4. Auflage 1982, Birkhäuser, Basel 2001, S. 39

Bilder 6 und 9: Rittel, Horst W. J., Planen, Entwerfen, Design. Ausgewählte Schriften zu Theorie und Methodik. Herausgegeben von Wolf D. Reuter. Kohlhammer, Stuttgart 1992, S. 141 (6), S. 80/81 (9a/9b)

Bild 7: Joedicke, Jürgen. Angewandte Entwurfsmethodik für Architekten. Karl Krämer Verlag, Stuttgart 1976, S. 15

Bild 8: Gänshirt, Werkzeuge für Ideen. Einführung in das architektonische Entwerfen. Birkhäuser Verlag, Basel 2007, S. 69. Dort zitiert aus: Engel, Heino. Methodik der Architektur-Planung. Berlin, Bauwerk 2003

Bild 12: Fischer, Günther. Architektur und Sprache. Karl Krämer Verlag, Stuttgart 1991, S. 123

Bild 13: Fitzek, H. / Salber, W., Gestaltpsychologie. Geschichte und Praxis. Wissenschaftliche Buchgesellschaft, Darmstadt 1996, S. 41 (vom Autor bearbeitet)

Bild 14: Figur A und B: Arnheim, Rudolf, Kunst und Sehen. Eine Psychologie des schöpferischen Auges. De Gruyter, Berlin 1965, S. 38; Figur C,Ebenda S. 52; Figur D.1 und D.2: Arnheim, Rudolf, Entropie und Kunst. Ein Versuch über Unordnung und Ordnung. DuMont-Verlag, Köln 1979, S. 12

Bild 15: Köhler, Wolfgang, Die Aufgabe der Gestaltpsychologie. De Gruyter, Berlin / New York 1971, S. 39

Bauwelt Fundamente (lieferbare Titel)

1 Ulrich Conrads (Hg.), Programme und Manifeste zur Architektur des 20. Jahrhunderts
2 Le Corbusier, 1922 – Ausblick auf eine Architektur
12 Le Corbusier, 1929 – Feststellungen
16 Kevin Lynch, Das Bild der Stadt
50 Robert Venturi, Komplexität und Widerspruch in der Architektur
53 Robert Venturi / Denise Scott Brown / Steven Izenour, Lernen von Las Vegas
118 Thomas Sieverts, Zwischenstadt – zwischen Ort und Welt, Raum und Zeit, Stadt und Land *
126 Werner Sewing, Bildregie. Architektur zwischen Retrodesign und Eventkultur
127 Jan Pieper, Das Labyrinthische
128 Elisabeth Blum, Schöne neue Stadt. Wie der Sicherheitswahn die urbane Welt diszipliniert
131 Angelus Eisinger, Die Stadt der Architekten **
132 Karin Wilhelm / Detlef Jessen-Klingenberg (Hg.), Formationen der Stadt. Camillo Sitte weitergelesen *
133 Michael Müller / Franz Dröge, Die ausgestellte Stadt
134 Loïc Wacquant, Das Janusgesicht des Ghettos und andere Essays *
135 Florian Rötzer, Vom Wildwerden der Städte *
136 Ulrich Conrads, Zeit des Labyrinths *
137 Friedrich Naumann, Ausstellungsbriefe Berlin, Paris, Dresden, Düsseldorf 1896–1906. Anhang: Theodor Heuss – Was ist Qualität? **
138 Undine Giseke / Erika Spiegel (Hg.), Stadtlichtungen. Irritationen, Perspektiven, Strategien *
140 Erol Yildiz / Birgit Mattausch (Hg.), Urban Recycling. Migration als Großstadt-Ressource *
141 Günther Fischer, Vitruv NEU oder Was ist Architektur? *
142 Dieter Hassenpflug, Der urbane Code Chinas **
143 Elisabeth Blum / Peter Neitzke (Hg.), Dubai. Stadt aus dem Nichts
144 Michael Wilkens, Architektur als Komposition. Zehn Lektionen zum Entwerfen *
145 Gerhard Matzig, Vorsicht Baustelle! *
146 Adrian von Buttlar u. a., Denkmalpflege statt Attrappenkult *
147 André Bideau, Architektur und symbolisches Kapitel
148 Jörg Seifert, Stadtbild, Wahrnehmung, Design *
149 Steen Eiler Rasmussen, LONDON, The Unique City *
150 Dietmar Offenhuber / Carlo Ratti (Hg.), Die Stadt entschlüsseln *
151 Harald Kegler, Resilienz. Strategien & Perspektiven für die widerstandsfähige und lernende Stadt *
152 Günther Fischer, Architekturtheorie für Architekten. Die theoretischen Grundlagen des Faches Architektur *

* auch als E-Book lieferbar
** nur als E-Book lieferbar